積極財政宣言

なぜ、アベノミクスでは豊かになれないのか

島倉原
shimakura hajime

新評論

まえがき

一九八〇年代のバブル経済崩壊以降の日本の長期低迷は、「失われた二〇年」と呼ばれている。国全体の所得の合計を示す名目GDPは、一九九七年をピークとして、以後一度も当時の水準を上回っていない。それどころか、一九九八年以降一五年あまり、世界でも稀に見る長期デフレーション（物価の継続的な下落、デフレ）が続き、産業の空洞化も進行している。

しかも、こうした混迷状況は今や日本だけのものではない。リーマン・ショック以降の世界経済の停滞感はいまだに払拭されず、欧米諸国では時として、「ジャパナイゼーション（日本化）」という言葉で自国経済の先行きへの懸念が表明されることもある。

こうした状況下の二〇一二年一二月、第二次安倍晋三内閣が発足した。デフレ・円高対策として「大胆な金融緩和」を掲げた安倍内閣の経済政策は「アベノミクス」と呼ばれ、各方面から期待を集めた。実際、安倍内閣誕生のきっかけとなった二〇一二年一一月の衆議院解散以降、わずか半年で日経平均株価は七割近く上昇した。アベノミクスの理論的支柱となっているのは「リフ

コラム

リフレーション（Reflation）は「通貨再膨張」とも訳され、経済がデフレから脱して、物価が継続的に上昇するインフレ状況になることを言う（ただし、インフレといっても年率数％程度の緩やかで安定的な状態を意味している）。リフレーションを起こそうとする政策のことを「リフレーション政策（リフレ政策）」と言い、金融政策や財政政策といったマクロ経済政策を通じて経済全体の需要（総需要）を引き上げるのが通常である。

その意味では、本書が提唱する積極財政もまた、リフレ政策の一つの姿である。ところが近年の日本では、長期デフレの原因を日本銀行の不十分な金融緩和に求め、大規模な金融緩和がその解決策であると主張する経済学者・エコノミストのグループ（岩田規久男日銀副総裁、浜田宏一内閣官房参与、原田泰日銀審議委員など）を「リフレ派」と称するのが通例である。よって便宜上ではあるが、本書でもその通例に従うこととする。

レ派」と呼ばれる経済学者・エコノミストのグループであり、彼らは「日本銀行の不十分な金融緩和が長期デフレの原因である」と主張してきた。

ところが、安倍内閣が消費税八％への引き上げを断行した二〇一四年四月以降、二・四半期連続の実質マイナス成長を記録するなど、日本経済は急激な落ち込みを見せている。こうした状況を受けて、安倍首相は二〇一五年一〇月に予定されていた消費税再引き上げの延期を掲げ、その信を問うとして二〇一四年一一月には衆議院を解散した。

解散総選挙は自民・公明の連立与

党が圧勝し、首相は「アベノミクスが信任を得た」との認識を示したが、他方でアベノミクスにもっとも批判的な共産党が議席を倍増し、投票率も戦後最低の五二・六六%を記録した。直前に行われた世論調査でも、景気回復の実感がないとの回答が大半を占めた。

- 日本経済はなぜ長期低迷しているのか?
- アベノミクスは果たして正しい経済政策なのか?
- バブル経済崩壊やリーマン・ショックのような巨大金融危機が、なぜ周期的に発生するのか?

本書は、これらの問いに対して「積極財政論」「内生的景気循環論」という立場から、包括的な解答を提示しようという試みである。

積極財政論とは、政府支出の拡大によって経済全体の総需要不足解消と適度な経済成長を目指すものであり、イギリスの経済学者ジョン・メイナード・ケインズ(John Maynard Keynes, 1883~1946)が『雇用、利子、お金の一般理論』で約八〇年前に唱えた政策論でもある。

一方、内生的景気循環論とは、経済が好景気と不景気を繰り返す原因を外的要因のみに求めるのではなく、人間の経済活動それ自身のなかに、好景気から不景気へ、不景気から好景気へと切り替わるメカニズムが内蔵されているという世界観である。

これらはいずれも、合理的経済人の仮定のもと、経済全体の需要と供給が市場メカニズムを通じて均衡することを想定した主流派経済学の世界観とは根本的には相いれない。したがって、いずれも経済学界において非主流派の座に追いやられ、異端の烙印さえ押されてきた理論である。

しかしながら、経済データを長期的観点から虚心坦懐眺めれば、日本の失われた二〇年の原因が一九九〇年代後半以降の緊縮財政であることは否定しがたい事実である。主流派経済学の世界観を受け継ぐリフレ派の理論に支えられたアベノミクスが、消費税増税以降崩壊の兆しを見せているのもその表れである。海外を見わたしても、巨大金融危機の周期的な発生を説明できない主流派経済学は根本的な見直しを迫られている。

結局のところ、非現実的な世界観を前提に成り立っている主流派経済学をいくら緻密に展開したところで、現実はうまく解明できない。かえって非現実的な、場合によっては有害な政策論が生じるだけである。

したがって、今求められているのは、現実的な事実認識に基づいた世界観の見直しであろう。投機家や実業家としての経験がケインズの『一般理論』をもたらしたことに象徴されるように、積極財政論も内生的景気循環論も、実務経験を通じて主流派経済学の枠組みにとらわれない現実的な世界観を培った先人たちが生み出した理論である。経済学者の肩書をもたない、一介の企業人である筆者が本書を世に問う意義もそこにある。

本書では、学術的な論点に踏み込みながらも、あくまで歴史的事例も含めた現実のデータを分析の出発点として、現実とより整合的な理論的枠組みを追求する。したがって、本書の読者には複雑で難解な経済学モデルの知識は不要である。必要なのは読者自身の現実的な経済感覚であり、「誰かの支出は別の誰かの所得である」「誰かの金融資産は別の誰かの負債である」「価格は、需要と供給のバランスを反映して変化する」という経済における三つの原則に基づいて、論理的かつ常識的に思考・判断する姿勢である。しかも、分析対象としているデータはいずれも公開されたものばかりで、その大半は読者自身がインターネットを使って確認することも可能である。

本書はまた、議論の対象を経済理論の枠組みにとどめず、政府債務（いわゆる「国の借金」問題）、公共投資、エネルギーといった、国民的な重要課題についても取り上げている。これらが今や深刻な課題となっている背景にも、主流派経済学の誤った世界観が影響を及ぼしている。こうした課題に対しても、より現実的な世界観のもとで解決に向けた道筋を示し、ひいてはより良い社会の形成に貢献する、これこそ本書が最終的に目指すところである。

本書の草稿段階で、藤井聡氏（京都大学大学院教授）、松行輝昌氏（大阪大学准教授）、朝香豊氏（会社経営者）の三氏に目を通していただいた。藤井氏には、内閣官房参与という多忙な身であるにもかかわらず、学術的論点における議論の作法も含め、丁寧なアドバイスをいただいた。経済学者で学生時代からの友人でもある松行氏には、本書のもとになった研究を筆者が独学で進めている段階からさまざまな協力をいただいた。そして、会社経営のかたわら、自身でもブロガーとして良質な記事を執筆されている朝香氏には、幅広い読者層を見据えた的確なアドバイスをいただいた。本書が多くの読者にとっていささかなりとも有益な書物に仕上がっているとしたら、それは三氏の協力あってのことである。ここに改めて感謝の意を表したい。

また、評論家の中野剛志氏には、折に触れての意見交換を通じて、本書に関連するさまざまなテーマについて有益な情報やアドバイスを数多くいただいた。もちろん、本書はここには書き切れない数多くの方々の存在もあって初めて世に出たものではあるが、とりわけ中野氏からは多くの後押しをいただいた。あえて、この場を借りて謝意を表したい。

最後になるが、無名の筆者の処女作を出版いただくこととなった新評論の代表取締役武市一幸氏および編集部の吉住亜矢氏にも、改めてお礼申し上げたい。

なお、本書で示されている分析やそれに基づく見解は、あくまでも筆者個人のものであり、筆者が属する組織、あるいは前述した各氏のものではない。したがって、何らかの誤りや不適切な内容が含まれているとすれば、それはすべて筆者個人の責に帰すべきものであることをあらかじめお断りしておく。

もくじ

第1章 「積極財政宣言」とは何か　3

第2章　失われた二〇年を検証する
――「マクロ経済政策の失敗」以外の説明は可能か　27

第6章 おわりに
――「より良い社会」を実現するために

積極財政宣言——なぜ、アベノミクスでは豊かになれないのか

第1章

「積極財政宣言」とは何か

「積極財政」とは、「経済の安定化や活性化を実現するため、政府が支出を積極的に拡大する」という経済政策を指す。日本経済が「失われた二〇年」と呼ばれる長期停滞から脱却し、多くの人々が豊かさや安全・安心を享受するためには、財政支出を持続的に拡大すべき——これが、経済の現実をふまえて本書のタイトルに込めたメッセージである。

こうした議論は、「経済全体の効率を高めるためには、政府の役割は小さいほうが望ましい」という主流派経済学の見解とは正反対のものである。また「日本のデフレ不況は、日銀の金融緩和が不十分だったことが原因である」とし、アベノミクスにも大きな影響を与えているリフレ派の見解とも大きく異なる。財政赤字や政府債務の大きさが、「国の借金問題」としてマスメディアでしばしば報道されている昨今では、多くの人々にとっても非現実的な議論に映ることだろう。

しかしながら、二〇〇七年に勃発したアメリカ発のグローバル金融危機以降、従来の支配的な見解である主流派経済学自体が説得力を失い、揺らぎはじめているのが全世界的な現実である。一人ひとりの生活にも大きな影響を与えているこの長期停滞を解決するためには、主流派経済学に根ざした誤ったモノの見方を根本的に改め、理にかなった経済政策を実行する必要がある。これは、主流派経済学の非現実的な世界観をくつがえし、一九三〇年代の世界恐慌からの脱却に貢献した「ケインズ革命」にも通じるものである。

本章では、一九九〇年代以降の日本経済の長期低迷を振り返りながら、本書で積極財政を「宣言」するに至った背景と、その基本的な枠組みを述べてみたい。

日本経済の失われた二〇年

一九九〇年ごろをピークとするバブル経済の崩壊以降、日本経済は長期停滞を続け、今や「失われた二〇年」と呼ばれる状況である。実体経済の鏡ともいわれる株価は、二〇一二年後半からの「アベノミクス相場」で大幅に上昇しているが、それでも一九八九年末のピーク時から見れば約半分の水準にすぎない（代表的な株価指数の一つである日経平均ベース。二〇一五年二月末時点）。先進国全体の代表的な株価指数であるＭＳＣＩワールド・インデックスが同じ期間に円建

図表１－１：バブル経済崩壊以降の日本経済の状況

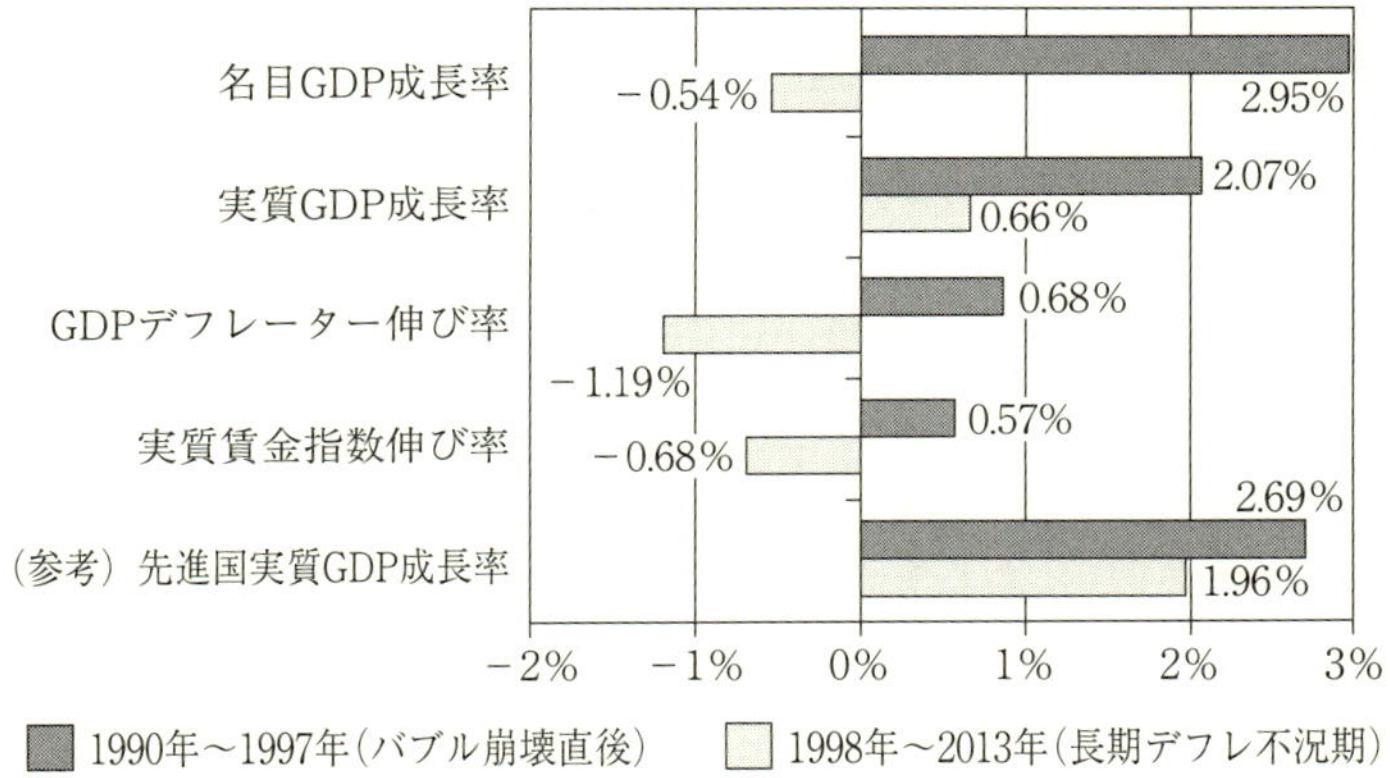

※出所：内閣府、厚生労働省、IMF（いずれも年率）。
※バブル崩壊直後の実質賃金指数伸び率は1991〜1997年のもの。

てベースで約二・六倍になっていることからしても、日本経済の停滞状況がよく分かる。

それでも一九九七年ごろまでは、停滞期とはいえ比較的ましな状況にあったと見ることもできる。**図表１－１**は、バブル経済崩壊以降の経済状況を、一九九七年までとその後について示したものである。一九九七年までは、国全体の所得の合計を表す名目ＧＤＰ、名目ＧＤＰから物価変動の影響を除いた実質ＧＤＰ（国全体でのモノやサービスの生産量に相当する）のいずれについても、年率二％を超える成長を保っていた。この時期の実質ＧＤＰ成長率は、先進国全体の水準を若干下回るとはいえ、その差は年率で〇・六二％にとどまっている。

長期デフレを伴う不況の深刻化

ところが、それ以降、状況が一変する。名目ＧＤＰは、山一證券、北海道拓殖銀行など大手金融機関の経営破たんが相次いだ一九九七年に五二三兆円でピークを打ち、以後一度もその水準を上回っていない。実質ＧＤＰ成長率もそれ以前と比べて年率一・四一％低下し、先進国全体との成長率格差も一・三〇％に広がっている。

先ほども述べたとおり、名目ＧＤＰとは国全体の所得の合計である。ここでの所得には、家計の給与所得、企業の営業利益、企業や政府の減価償却費（費用項目であるが、現金支出を伴わないため、実際には同額の所得が発生している）、消費税や関税などの間接税（税金の徴収主体である政府の所得と認識される）などが含まれる。

現在の日本のように国全体の所得がマイナス成長の環境では、家計も企業も、自らの所得を増やすことは非常に困難となる。実際、ＧＤＰ統計において家計の給与所得に相当する「雇用者報酬」は、名目ＧＤＰと同じく一九九七年にピークを打っている。民間企業の営業利益に相当する「営業余剰」に至っては、バブル期の過大な投資による減価償却負担もあり、一九九一年がピークとなっている。

そして、名目ＧＤＰのマイナス成長に伴って発生したのが、一九九八年から一六年間続いた物価の継続的な下落（デフレーション）、いわゆる「デフレ」である。デフレとはお金で測ったモノの価値が下がる現象であり、「経済全体で、モノを売ろうとする意欲（供給）と比べて、お金を支出してモノを買おうとする意欲（需要）が弱い状態」と言い換えることもできる。

誰かにとっての所得とは、本人にとっては支出の元手である一方で、経済全体から見れば別の誰かの支出によって生み出された結果でもある。したがって、国全体の所得である名目GDPが頭打ちになるとともに、支出意欲の相対的な低下状況であるデフレに陥ったのは、ある意味必然的と言えるだろう。

デフレの本質は経済成長停止による投資意欲減退

このような状況下で起きたのが企業の投資意欲減退である。企業経営の主要な目的は、企業にとっての所得である利益を維持、拡大することである。投資とは、将来の利益につながることを見込んで現在の所得や借り入れた資金を元手に行う、生産力強化のための支出行為である。

しかしながら、日本は一九九八年以降、利益も伸びず、商品の販売価格も下がり続けるデフレ不況に陥った。このような経済環境では、投資による生産力強化は企業にとって自ら首を絞めるに等しい。むしろ、投資を減らすことで生産力を抑制し、需要とのバランスを取ろうとするのが

図表1－2：主な経済主体の貯蓄投資バランスの推移

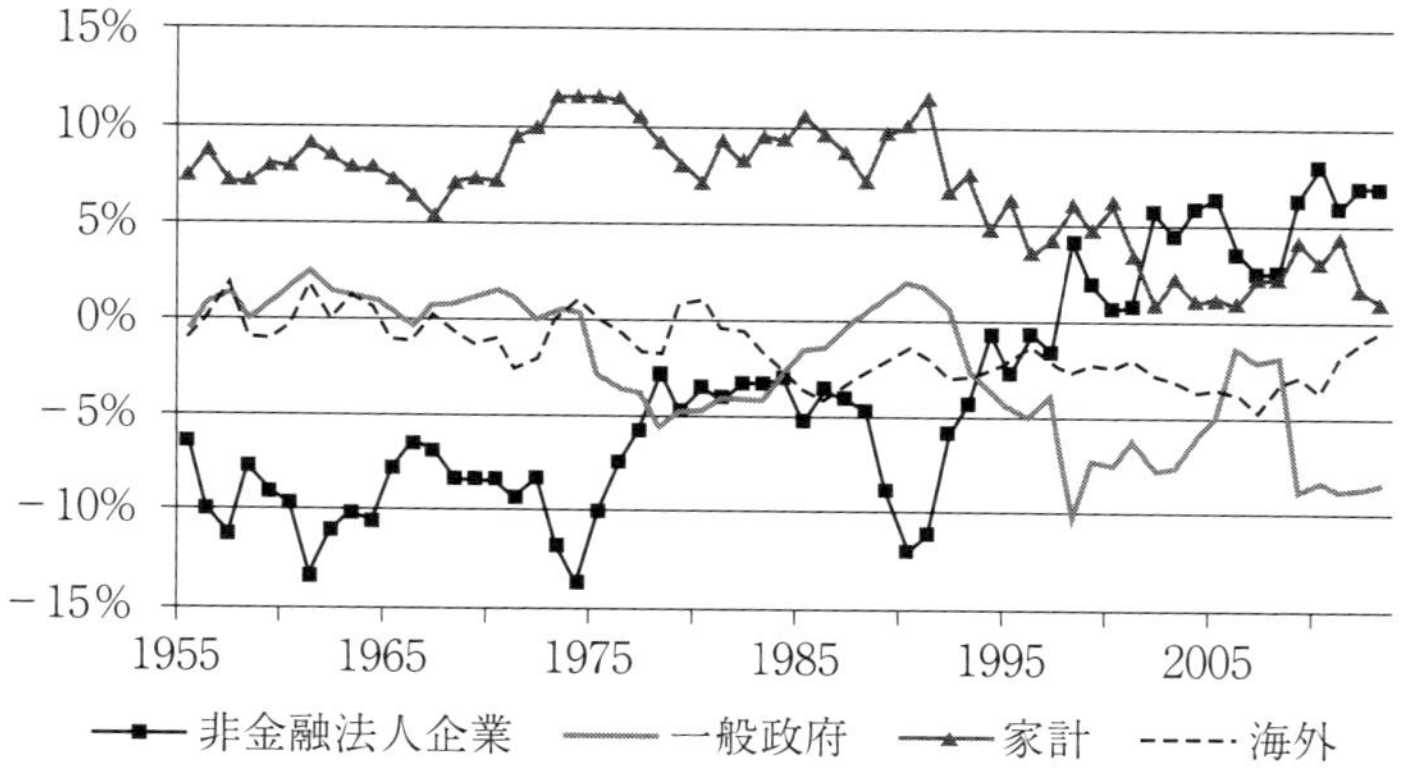

※出所：内閣府。

※「家計」は対家計民間非営利団体の数字を含む。

自然な行動である。

他方、経済全体から見れば、投資自身がお金を支出する行為の一部である。したがって、投資意欲の減退が逆にデフレを促進し、経済全体がますます縮小に向かう悪循環を招いている、と見ることも可能である。

図表1－2は、主な経済主体の貯蓄投資バランス（資金収支、あるいはフリー・キャッシュ・フローに近い概念）の長期的な推移を示している。一九九七年前後でもっとも顕著な変化を示しているのが企業部門（図表の「非金融法人企業」）であることは一目瞭然である。一九九七年以前の企業部門の貯蓄投資バランスは、稼いだ所得以上の金額を将来に向けた投資に充てていたため、恒常的にマイナスで推移していた。ところが、一九九八年以降は逆に恒常的な

図表１－３：製造業生産能力と対外直接投資の推移

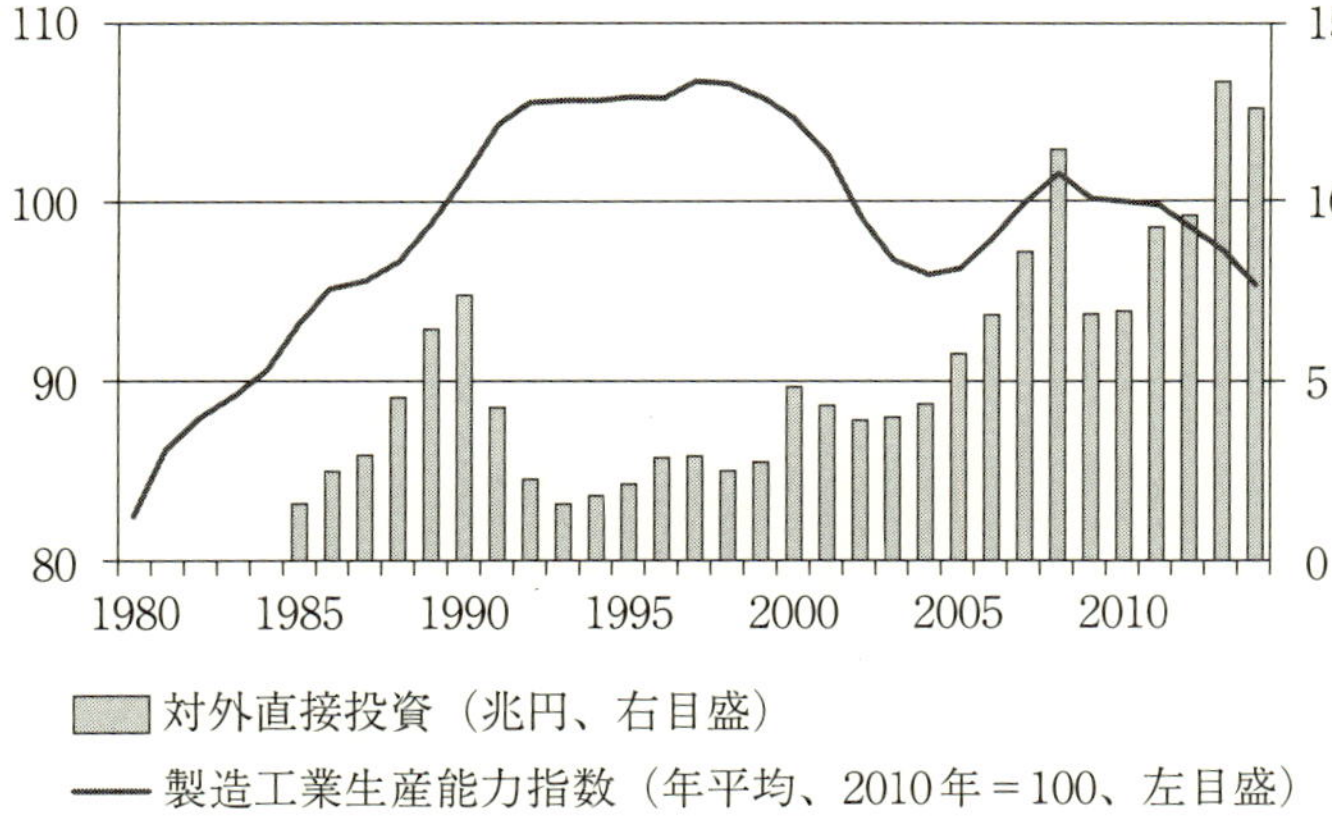

※出所：経済産業省、財務省（対外直接投資は1985年以降）。

プラスとなっている。この変化は、投資意欲の減退を反映した純投資の減少でほぼ説明できる。そして、その結果積み上がった企業貯蓄の大半は借入金の返済に充てられている。

こうした状況を反映して、国内製造業の生産力は名目ＧＤＰと同じく一九九七年でピークアウトしている。これは、名目所得の頭打ちが国全体の生産力、すなわち国力の停滞を引き起こし、結果として実質所得も伸び悩んでいるという構図である。

また、従来は国内景気の動向に連動して増減していた海外向けの投資も、近年では連動以上の勢いで拡大傾向にある。これは、国内に利益成長機会を見いだせなくなった企業の投資が海外に流出する、いわゆる「産業空洞化」にほかならない（**図表１－３**参照）。

このように国内生産力の抑制を強いられる状況下では、企業が自らの生産活動の担い手である従業員への投資、すなわち人件費（個人・家計から見れば給与所得）の削減に向かうのは避けられない。格差問題としてもしばしば取り上げられる、若年層をはじめとした就職難や非正規雇用の拡大は、こうした背景によって生じている。

そうなれば、家計所得は当然落ち込む。その結果もたらされる家計の支出意欲低下も、またデフレ圧力となる。しかも、企業の投資意欲低下を反映してか、物価以上に賃金が落ち込む、いわゆる実質賃金の低下が長期にわたって生じているのは**図表1－1**でも示したとおりである。すなわち、働いている現役世代を中心として、家計単位でも豊かさが実感しにくい状況になっている。

このように、「名目経済成長の停止に伴う企業の投資意欲低下」によって主導された深刻なデフレ不況が、日本では一五年以上も続いてきたわけである。

混迷する世界経済と経済学

ところが、こうした経済の停滞は、今や日本だけの問題ではない。そのきっかけとなったのが、アメリカの住宅バブル崩壊に端を発する、二〇〇七年以降のグローバル金融危機である。

アメリカの中央銀行ＦＲＢ（Federal Reserve Board・連邦準備制度理事会）の元議長グリー

ンスパン氏[1]が「一〇〇年に一度」と称したこの危機により、世界全体の株価は米ドル建てでピークから一時約六〇％も下落した。その過程では、アメリカの大手投資銀行リーマン・ブラザーズが経営破たんして金融市場が大混乱し（リーマン・ショック）、数多くの欧米大手金融機関に公的資金が注入されるなど、世界の金融市場は一時的に機能不全に陥った。

リーマン・ショック翌年の二〇〇九年には、一九八〇年以降初めて、世界全体の実質ＧＤＰがマイナス成長に落ち込んだ。さらには、ギリシャ財政の粉飾決算が明らかになったことをきっかけに、ユーロ圏で財政不安を抱えた国々の国債が暴落し、これらの国々はＥＵやＩＭＦの金融支援を受ける事態に陥った。

世界経済は、いまだに金融危機後の停滞状況から抜け出したとは言いがたい。欧米諸国では、自国経済が日本同様長期停滞の道を歩みはじめたのではないかと懸念する向きもあり、時として「ジャパナイゼーション（日本化）」という表現も用いられる。実際、先進国全体の失業率は一九八〇年以降の最高水準に張り付いたままである。とりわけ、ユーロ圏の失業率は高水準で、ギリシャやスペインなどは四人に一人以上が失業している状況にある。

それまで、「ゴルディロックス経済（Goldilocks Economy・インフレでもなく、景気後退でも

（1）（Alan Greenspan, 1926〜）一九八七年から二〇〇六年まで、第一三代ＦＲＢ議長を務めた。

ない適度な経済状態。童話『三匹のクマ』[2]の主人公の少女の名前が語源）」「グレート・モデレーション（Great Moderation・大いなる安定）」といった言葉に酔い、「経済学はインフレや景気変動を抑えながら経済を発展させる方法を手に入れた」と考えていた多くの経済学者にとって、こうした事態はまったく想定外のことであった。とくに、「主流派」とされる経済学への不信感が高まり、議論も混乱するなか、いまだ満足のゆく処方箋が提示されていないのが現状である。

リーマン・ショック直後の二〇〇八年一一月、イギリスのエリザベス女王（Elizabeth II, 1926〜）は「なぜ誰も信用の収縮を予測できなかったのか」という問いを発したが、同国の経済学者たちは満足な回答を返すことができなかった。[3]また、二〇〇八年にノーベル経済学賞を受賞したアメリカの経済学者ポール・クルーグマン（Paul Robin Krugman, 1953〜）は、二〇〇九年六月に講演した際に、「過去三〇年のマクロ経済学のほとんどは、良く言って役立たず、下手をすれば有害でしかない代物だ」と発言した。[4]こうしたエピソードは、混迷する現代経済学の状況を如実に示したものと言えるだろう。

アベノミクスの「三本の矢」

こうした経済の低迷、さらには東日本大震災の発生やそれに伴う原発事故によってますます閉塞感が高まるなかで登場したのが「アベノミクス」である。アベノミクスとは、デフレ・円高からの脱却に最優先で取り組むことを政権公約に明記し、二〇一二年一二月の衆議院選挙で圧勝した自民党の安倍晋三内閣が打ち出した一連の経済政策の通称である。

アベノミクスは、「大胆な金融緩和」「機動的な財政政策」「民間投資を喚起する成長戦略」の「三本の矢」からなると言われている。このうち、第一の矢である「大胆な金融緩和」と第二の矢である「機動的な財政政策」は、政府がお金や支出の量を直接コントロールすることによって経済全体の需要（総需要）を引き上げ、デフレ不況からの脱却を目指すものである。

第一の矢と第二の矢のルーツは、前回版「一〇〇年に一度の危機」である世界恐慌の最中（一九三六年）に出版された、イギリスの経済学者ジョン・メイナード・ケインズの著書『雇用、利子、お金の一般理論』（以下『一般理論』）で唱えられた経済理論にある。

「大胆な金融緩和」としては、二〇一三年四月、金融政策の担い手である日本銀行が、その前月

（2）L・N・トルストイ著、バスネツォフ絵、小笠原豊樹訳、福音館書店、一九六二年。

（3）「経済学って役に立つの？　今こそ考える「市場とは」」（日本経済新聞、二〇一二年五月一四日）http://www.nikkei.com/article/DGXNASGH08009_Y2A500C1000000/

（4）"Paul Krugman's London lectures: Dismal science | The Nobel laureate speaks on the crisis in the economy and in economics," The Economist, 6/11/2009. http://www.economist.com/node/13832580

に就任した黒田東彦総裁のもと「量的・質的金融緩和」を導入した。これは、自民党も選挙公約に掲げていた「消費者物価上昇率二％」という目標を、二年程度を目途にできるだけ早期に実現するための金融政策で、マネタリーベース（日銀が供給する通貨量）を二年間で二倍に拡大するほか、日銀が購入する長期国債の平均残存期間を当時の二倍以上に延長するなど、量・質ともに従来とは次元の異なる金融緩和の実現を目指したものである。さらに二〇一四年一〇月には、マネタリーベースの拡大ペースを加速させる追加金融緩和が決定された。

これに対し、「機動的な財政政策」としては、政権発足早々の二〇一三年二月に一〇・二兆円の補正予算が成立した。これは、政府自身が支出を増やして総需要を引き上げるための政策である。他方で、「経済情勢を見極めながら判断する」としていた消費税については、予定どおり二〇一四年四月より五％から八％に引き上げた。その二か月前には、増税による経済への悪影響の緩和を目的とした補正予算が成立したものの、その金額は前年度より大幅に少ない五・四兆円にとどまった。

このように、アベノミクスでデフレ不況脱却の柱となっているのはあくまで金融政策である。財政政策の「機動的」とは収支均衡を図ることを前提とした表現で、二〇一四年以降は、むしろ支出を抑制する緊縮財政色を強めている。消費税増税後の著しい景気悪化を受けて、二〇一五年一〇月に予定されていた追加増税は一年半延期されたが、今度は増税見送りの余地を残すための景気条項が法律から削除される予定であり、緊縮財政のスタンスは引き続き維持されている。

　これには、あくまでも増税を推進したい財務官僚の意向に加え、安倍政権下でそれぞれ日銀副総裁、内閣官房参与に就任している岩田規久男氏（一九四二〜）、浜田宏一氏（一九三六〜）をはじめとした、いわゆる「リフレ派経済学者」の主張が強く影響している。リフレ派は、「デフレ不況の原因は日銀による不十分な金融緩和、特に不十分なマネタリーベースの供給にある」と主張する一方で、財政政策の有効性については総じて否定的ないしは消極的な評価を下している。

日本経済の単純な真実

　では、こうした大規模金融緩和を柱としたアベノミクスが実現したことで、日本経済は長期不況から脱却できるのだろうか。「政府主導でデフレ不況脱却に取り組むという着眼点は正しいが、緊縮財政を基調とした今の方向性では実現は難しい」というのが筆者の見解である。
　図表1－4は、名目GDPに加え、財政政策の動向を示す名目公的支出（GDP統計上の中央政府、地方政府、公的企業の支出額合計）や、金融政策の動向を示すマネタリーベース／政策金利／長期国債金利といったマクロ経済指標の一九八〇年以降の推移を示したものである。名目GDP／名目公的支出／マネタリーベースについては、一九八〇年の数値が一〇〇となるよう指数

図表１－４：1980年以降の日本のマクロ経済指標の推移

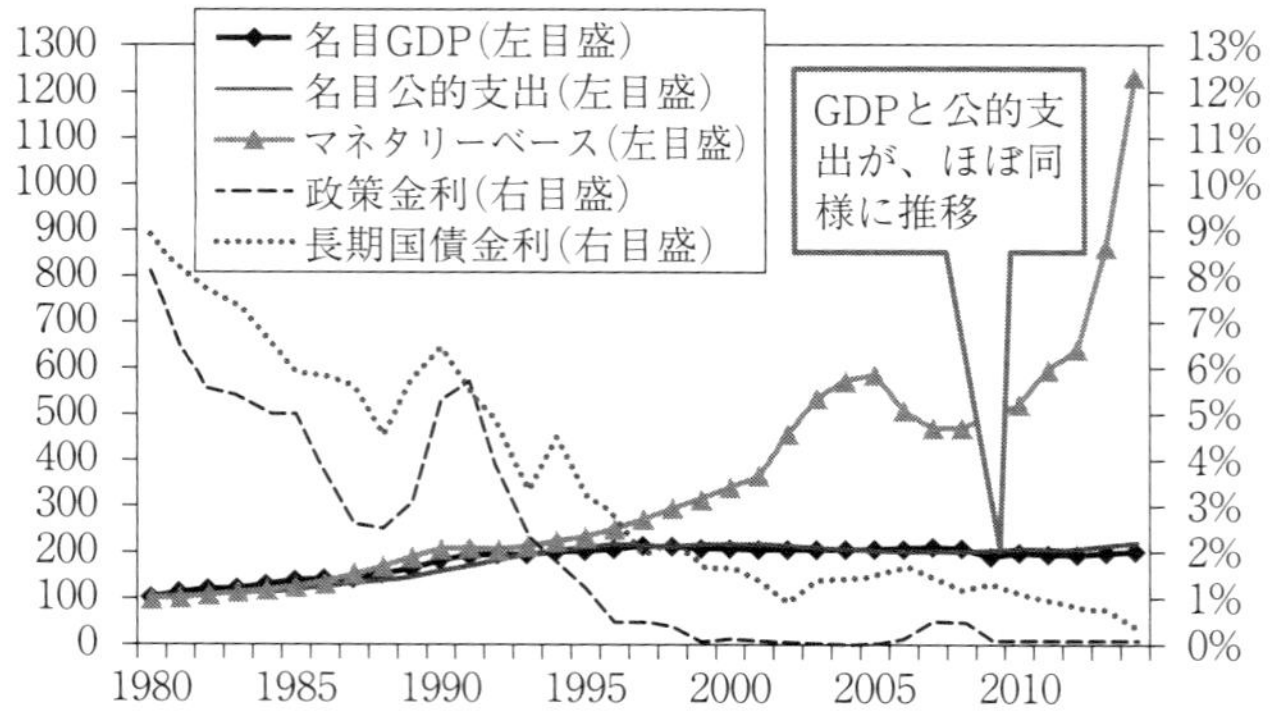

※出所：内閣府、日本銀行。

※名目GDP、名目公的支出、マネタリーベースは1980年＝100として指数化。

※政策金利は1994年までは公定歩合、1995年以降は無担保コール翌日物金利。

化している。

　この図から明らかな事実、すなわち、

「名目公的支出は、一貫して名目ＧＤＰとほぼ同じような動きで推移している」

「マネタリーベースは、一九九〇年代前半までは名目ＧＤＰとほぼ同じように推移していたが、それ以降は大幅に上方乖離している」

が意味するのは、

「名目公的支出の伸びが止まったことが、名目ＧＤＰの成長を止め、長期にわたるデフレ不況をもたらした」

　さらには、

「一九九〇年代後半以降は、日銀によって大幅な金融緩和が行われたにもかかわらず、お金の借入コストである金利が低下しただけで、名目ＧＤＰの成長にはつながっていない」

という構図ではないだろうか。

実際、名目公的支出の伸びが止まったのは名目ＧＤＰより一年早い一九九六年である。[5] 翌一九九七年には、当時の橋本龍太郎内閣が打ち出した「財政構造改革」のもと、公的支出の削減と消費税の引き上げ（三％→五％）が実施されるとともに、赤字国債を減らして財政再建を目指す財政構造改革法も制定され、緊縮財政に突入している。

この一九九七年が名目ＧＤＰのピークであり、翌一九九八年からは長期デフレ不況に陥ったことは既に述べたとおりである。こうした前後関係からも、「総需要引き上げに逆行した緊縮的な財政政策こそが、長期デフレ不況の原因である」と考えるほうが筋が通っている。直近でも、二〇一四年四月の消費税引き上げ後、日本経済は二・四半期連続の実質マイナス成長を記録するなど急激に落ち込んでおり、緊縮財政の効果はてきめんである。

他方で、アベノミクスがスタートする以前、すなわち一九九七年から二〇一二年までの間に、日本のマネタリーベースは約二・四倍に拡大している。これは、同時期の日本を除くＧ７各国（アメリカ、ドイツ、フランス、イギリス、イタリア、カナダ）の名目ＧＤＰの拡大ペース（一・

（５）二〇一五年三月九日に発表されたＧＤＰ第二次速報によれば、二〇一四年の名目公的支出は、一九九六年のそれを一・六兆円上回っている。しかしながらこの数字は、この間の消費税増税による年間国民負担増加額（推定約一三兆円）をはるかに下回っており、緊縮財政の基調はいまだ変わっていないというべきであろう。

四～二・〇倍）のいずれをも上回るハイペースな拡大である。

日本の名目GDPとマネタリーベースは、一九九〇年代前半までは概ね同じペースで拡大していた。そうした事実を無視して、ゼロ成長のもとで二・四倍もマネタリーベースを拡大させた日銀を「金融緩和が不十分」として批判するリフレ派の議論は、きわめていびつなものである。ましてや、財政政策と経済成長の長期にわたる密接な関係が厳然と存在するにもかかわらず、財政政策の効果を軽視して金融政策をことさらに取り上げる姿勢は、常識的に考えて、きわめて不自然なものではないだろうか。

こうした見方をさらに裏づけるのが**図表1-5**である。これは、日本の名目GDPのピークである一九九七年を起点として、以後一六年間、二〇一三年までの名目公的支出と名目GDPの伸び率（年換算）を、日本を含む先進国を中心とした二九か国について示したものである。

この図が示しているのは、「公的支出を積極的に拡大している国ほど経済成長率も高い」という単純明快な事実である。公的支出伸び率と経済成長率の相関係数は〇・九五を超えており、「名目GDP伸び率＝名目公的支出伸び率」と言っても過言ではないほど両者の関係は密接である。

もちろん、こうした統計上の関係が、「公的支出を積極的に拡大している『から』、経済成長率が高い」という因果関係を示しているとはかぎらない。しかしながら、**図表1-4**と**図表1-5**が示す事実は、「長期不況の原因として、より重要なのは金融政策ではなく財政政策である」と

図表1−5：名目公的支出伸び率と名目GDP伸び率の関係（1997年⇒2013年、年換算、29か国）

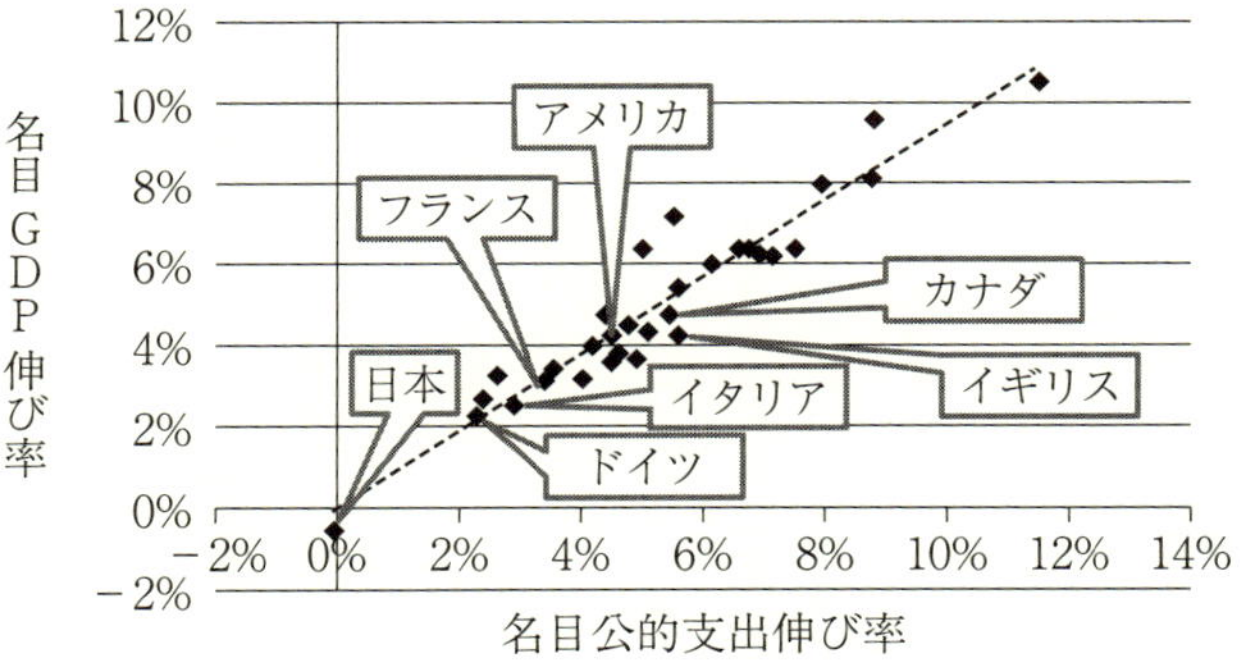

※出所：内閣府、米統計分析局、韓国銀行、豪統計局、アイスランド統計局、OECD（日本とオーストラリアのみ、公的支出に公的企業の支出を含む）。

※1997〜2013年の統計が取得できた29か国の実績をプロットしている。

※点線は名目公的支出伸び率を説明変数、名目GDP伸び率を目的変数とした時の回帰直線「名目GDP伸び率＝0.9495×名目公的支出伸び率−0.0002」を示している。（相関係数は0.9543）

いう仮説の妥当性を高めるものであることは間違いない。少なくとも、それなりの経済成長を達成している国々のなかで、日本のように公的支出の抑制を続けている国など一つとして存在しないのである。

「積極財政宣言」とは何か

こうした明白ともいうべき事実こそ、筆者が「デフレ不況脱却のためには、緊縮財政路線を打ち切り、政府支出を持続的に拡大する積極財政路線に転換するべきである」(6)と確信するに至ったきっかけである。しかも、「不況からの脱却は（金融政策ではなく）財政政策を主導として行うべき」というのは、ケインズの『一般理論』の提言でもある。

ところが、大半の経済学者やエコノミスト、マスメディアの論調を要約すれば、「国の借金（国債などの政府債務）は今や一〇〇〇兆円を突破し、名目ＧＤＰの二倍を超えている。このままではいずれ財政が破たんする。したがって、これ以上借金を増やさないよう、政府はむしろ支出削減に努めるべきだ」

「政府が支出を拡大しても、非効率で無駄な使い道に回るだけで、かえって民間の経済活動を圧迫してしまう。むしろ政府の役割は縮小すべきだ」

「ケインズの理論など既に破綻していて、財政政策など無効である。日本でも、財政出動を中心とした一九九〇年代の景気対策の効果が乏しかったことは、既に実証されている」

など、積極財政あるいは財政政策の役割に否定的なものばかりであろう。

こうした論調には、非現実的な前提を出発点とした理論によって現実を説明しようとする主流派経済学が強い影響を与えている。しかしながら、前提が非現実的であれば、いくら緻密な論理を展開したとしても（場合によっては、論理が緻密であればあるほど）、正しい結論にたどり着くのは困難となる。

事実、主流派の議論では財政政策と経済成長の間に存在する前述の単純明快な関係を説明できない。加えて、主流派経済学ではリーマン・ショックや日本のバブル経済崩壊のような巨大金融危機がしばしば発生するメカニズムをうまく説明できないこともまた、既に述べたとおりである。

にもかかわらず、こうした議論が世論や現実の政策にも大きな影響を与え、経済の長期低迷や社会全体の閉塞感をもたらしているのが日本の現状である。こうした実情を明らかにしつつ、より現実的な前提に基づく経済に対する異なる見方、すなわち世界観を提示する。そのうえで、経済政策のあるべき姿を論じ、日本経済やその先にある国民生活の再生に向けて一石を投じたい。これこそが、あるべき経済政策としての積極財政を、本書を通じて筆者が「宣言」する理由である。

現実的な議論を行うために

筆者自身は経済学ではなく法学の学位をもつ、一介の会社員にすぎない。本書で出てくる経済学に関する議論も、ほぼすべて独学で身に着けたものである。このような人間が、経済学や経済政策のあり方について論じることについて違和感を覚える向きもあるだろう。

（6）　筆者にこのようなきっかけを与えてくれたのは、ともに廣宮孝信氏によって書かれた『国債を刷れ！――「国の借金は税金で返せ」のウソ』（彩図社、二〇〇九年）、『さらば、デフレ不況――日本を救う最良の景気回復論』（同、二〇一〇年）の二冊である。

しかしながら、現在のように主流派経済学の非現実的な物の見方が現実の政治や経済に混乱をもたらしている状況では、現実的な感覚に基づいて理論そのものを組み立て直すことのほうが、主流派の理論に精通していることよりもむしろ重要である。また、学界の人間でないからこそ、主流派の枠組みにとらわれない、現実的な議論が行えるという意味もある。事実、経済学のこれまでの歴史のなかにも、そうした取り組みが存在しなかったわけではない。

たとえば、『一般理論』を書いたケインズも、経済学の学位を取得していない。彼が取得したのは数学の学位であり、経済学を大学で学んだのはわずか八週間であったと言われている。(7) もちろん、彼はケンブリッジ大学の講師として経済学を教えていて、経済学者としても認められていたわけだから、その意味では比較の対象にはならないと言う向きもあろう。(8)

しかしながら、ケインズが経済学の学位を取得しなかったのは彼の実務志向の強さの表れであった。那須正彦氏（一九二八〜）が著した『実務家ケインズ――ケインズ経済学形成の背景』は、「ケインズ革命」とも呼ばれる経済学の根本的な革新をなしとげた『一般理論』形成の背景を、経済官僚、個人投資家、保険会社役員などのケインズの実務家経験、あるいはそこで培われた彼の現実感覚のなかに探っている。

そして、主流派経済学を乗り越える世界観を提示するために本書が拠って立つ「内生的景気循環論」もまた、職業的経済学者ではなく、むしろ実業界の人々を中心に、非主流のまま一九世紀以降発展してきた経済学の一分野である。本書でも明らかにするように、こうした流れもまた、主流派経済学の世界観とは根本的に相いれない現実的な前提をはらむがゆえの必然であった。

筆者自身は、金融会社における新規事業開発業務や経営企画業務などを通じて現実感覚を養ってきた者である。そのなかには、リーマン・ショック直後の不動産子会社再建プロセスへの参加といった、本書のテーマに深くかかわる仕事もあった。また、ケインズに比肩すべくはないものの、個人投資家として金融や経済に向き合った経験なども、本書を執筆するに際しての重要な拠り所の一つとなっている。

本書は、ケインズをはじめとして現実の経済と向き合ってきた先人たちの業績を出発点としつつ、筆者自身の現実感覚に基づき、長期にわたる現実データを解釈したものである。やや大げさに言えば、主流派経済学の非現実的な枠組みに押し込められ歪められてきたケインズの理論が本来もつ現実感覚を、やはり現実感覚に基づいて生み出された内生的景気循環論のそれと結び付け

（7）　東谷暁『経済学者の栄光と敗北――ケインズからクルーグマンまで一四人の物語』（朝日新書、二〇一三年）三一ページ。

（8）　ただし、那須正彦『実務家ケインズ――ケインズ経済学形成の背景』（中公新書、一九九五年）によれば、ケインブリッジ大学でも経済学講師のポストにあったのはわずか数年で、四半世紀に及ぶ大半の期間は会計官としてカレッジの管理運営にあたっていた（同書三ページ）。

ることによって、主流派経済学の限界を乗り越える新たな視点を提示しようという試みである。

とはいえ、いや、だからこそ、本書は過度な専門知識や現実離れした抽象的な思考を読者に求めはしない。むしろ、本書が提示する世界観やそれに基づく経済政策のあるべき姿についての評価を、主流派の理論に囚われない、一人でも多くの読者の現実感覚に委ねるため、極力専門用語に頼らず、かつ判断の根拠となるべき現実のデータを明らかにした議論を行うよう努めている。

なお本書では、現実に即した経済理論や経済政策にたどり着くため、「誰かの支出は別の誰かの所得である」「誰かの金融資産は別の誰かの負債である」「価格は、需要と供給のバランスを反映して変化する」という三つの原則を重視して検討を行っている。この三つは、主流派であろうとなかろうと、経済理論が従わざるを得ない原則と考えられるからである。読者諸氏も、「〇〇理論や経済学者の××がこう言っているから」といった思考停止に陥ることなく、絶えずこれらの原則を頭に入れて本書を読み進め、「正しいものは何なのか」を自分なりに見極めて欲しい。

本書の構成

ここで、本書の構成を述べておこう。

第2章では、失われた二〇年の原因を、財政政策や金融政策といった、マクロ経済政策の失敗以外に求める所説を検証する。そして、これらの説では、いずれも現実をうまく説明できないことを明らかにする。

第３章では、アメリカの大恐慌や日本の昭和恐慌が発生した一九三〇年代までさかのぼり、失われた二〇年の原因が金融緩和の不足にあるとするリフレ派、あるいはその源流にあるマネタリズムの議論を検討する。これらの説は非現実的な前提に基づいて組み立てられているため、結局のところ、過去の事例も含めた現実の経済をうまく説明できていない。こうした検証を通じて、かつてケインズが洞察したままに、緊縮財政が長期不況の原因であることがむしろ明らかになる。

第４章では、「一九九〇年代以降、財政政策の効果は失われている」という主流派経済学やリフレ派の議論に反論する枠組みとして、前述した「内生的景気循環論」という理論を提示し、財政政策の有効性が失われていないことを論じる。内生的景気循環論とは、主流派経済学とは相いれない現実的な世界観から発展した理論であり、ケインズ、ケインズと並び「二〇世紀経済学の巨人」と称されるヨゼフ・アロイス・シュンペーター（Joseph Alois Schumpeter, 1883～1950）[9]、あるいはリーマン・ショック以降注目を集めるようになったハイマン・ミンスキーといった先人たちもまた、同様な世界観を共有していた。そして、内生的景気循環論に基づけば、巨大金融危機が頻発するなかで長期停滞する現代の日本経済についても、より整合的な解釈が可能になる。

第５章では、以上の分析を踏まえて、積極財政を主眼とした、経済政策のあるべき姿を論じている。一般的な論調とは異なり、積極財政こそが健全財政や成長戦略の根幹であることを示すとともに、財政政策と密接にかかわるテーマとして、公共投資や、原発問題を中心としたエネルギー政策を取り上げている。そして、総括となる第6章では、第5章までの考察を踏まえたうえで、積極財政のもとでより良い社会を実現するための展望を述べている。

(9) (Hyman Philip Minsky, 1919～1996) シカゴ出身で、ワシントン大学の経済学教授であった。専攻は金融経済学。金融市場への政府介入を支持し、一九八〇年代に人気のあった規制緩和路線に反対したため、「ポスト・ケインジアン」の一人とされた。

第2章

失われた二〇年を検証する
――「マクロ経済政策の失敗」以外の説明は可能か

第1章では、「デフレ不況脱却に必要なのは、金融緩和よりも積極財政に基づく財政支出の拡大である」という本書の基本的な考え方を述べた。しかしながら、デフレ不況の原因がこうしたマクロ経済政策とはそもそも無関係のものだとすれば、いずれの政策を採用したところで、何ら問題の解決にはならないだろう。

そこで本章では、まず、本書やリフレ派とは異なる立場から失われた二〇年の原因を説明しようとする諸説を検証する。このうち、生産性低下説、貿易デフレ説、および人口減少説については、マクロ経済政策が直接の解決策とはならない要因を想定している。その他の有力な説として、マクロ経済政策に解決を求める点は共通しているものの、バブル期に発生した過剰債務に原因を求めるバランスシート不況説も取り上げている。

しかしながら、これらの説を日本経済の現実と照らし合わせてみると、いずれも大きな矛盾が生じてくる。結局、金融政策や財政政策といったマクロ経済政策以外の手段でデフレ不況を解決することは現実的でないのである。

1 長期デフレが説明できない主流派経済学

「生産性」ですべてを説明しようとする主流派経済学

筆者が日本経済の長期低迷原因に疑問をもち、本格的に調べ始めたのは二〇一〇年のことである。「そのテーマに関して経済学界で有名な論文」として当時知人に紹介されたのが、二〇〇二年に出版された"The 1990s in Japan: A Lost Decade"（日本の一九九〇年代：失われた一〇年）という論文であった。(1)

これは、林文夫氏、(2) エドワード・プレスコット氏(3)という、日米の著名な経済学者の共同論文（以下「林＝プレスコット論文」）である。とくにプレスコット氏は、「リアル・ビジネス・サイクル理論」という、主流派経済学のなかでも最先端とされている理論の創始者として、二〇〇四年にノーベル経済学賞を受賞したほどの大物である。

林＝プレスコット論文の論旨は、「日本の長期不況の真の原因は、（金融政策や財政政策の不足、バブル期の過剰投資の反動、金融システムの崩壊などではなく、）生産性伸び率の低下である」というものであった。これは、主流派である新古典派経済学の経済成長理論に基づく議論である。

新古典派経済学の経済成長理論では、国全体の生産量を示す実質ＧＤＰの定義に着目して、

実質ＧＤＰ＝生産要素×技術水準

実質ＧＤＰ成長率＝生産要素の伸び率＋技術水準の伸び率

というように、経済成長の要因を分解する。そして、生産要素と技術水準がどれだけ伸びている

（1）Fumio Hayashi and Edward C. Prescott, "The 1990s in Japan: A Lost Decade," Review of Economic Dynamics, 2002.

（2）（一九五二〜）一橋大学教授。専門はマクロ経済学・計量経済学。アメリカ芸術科学アカデミー外国人名誉会員。Econometric Sosiety 終身特別会員。二〇〇一年、日本学士院恩賜賞受賞。

（3）（Edward Christian Prescott, 1940〜）ニューヨーク州生まれ。現在、ミネアポリス連邦準備銀行に籍を置く経済学者。

のかを求めたうえで、経済成長（あるいは経済不振）の原因として、各々がどれだけ貢献しているかを特定しようとする。実務上は、生産要素は生産設備と労働力を組み合わせた量として計測する一方で、技術水準については実質ＧＤＰを生産要素で割ること（その結果は「全要素生産性」と呼ばれる）によっていわば逆算する。

林＝プレスコット論文は、こうした理論的枠組みに基づいて経済統計を分析し、日本経済の長期低迷の主な原因が、全要素生産性すなわち技術水準の伸び率低下であることを「実証」している。そのうえで、「問題解決のためには、生産性を取り戻すためにどのような政策変更（構造改革）が必要か追究すべきである」という提言も行っている。

「主流派経済学の大前提」を覆した長期デフレ

実質ＧＤＰの定義を出発点とした林＝プレスコット論文の議論は、ある意味で単純明快である。著名な経済学者によってなされたこのような議論は、当然のように現実の政策にも少なからぬ影響を与えることになった。それ以前から存在した「日本経済の成長を実現するには構造改革が必要だ」という議論は、同論文の影響もあって現在も根強く、アベノミクスの「成長戦略」にも色濃く反映されている（その問題点については第５章で取り上げる）。

しかしながら、そうした影響力の強さが必ずしも同論文の議論を正当化するわけではない。問題は、「全要素生産性が、技術水準を意味するとはかぎらない」という点にある。たとえば、海外に輸出している自動車メーカーの生産工場があったとしよう。あるとき、輸出相手国で戦争が勃発し、輸出が停止した。そうなると、自動車メーカーとしては工場の生産も停止せざるを得ない。このとき、生産量はゼロとなる一方で、工場の生産設備や従業員からなる生産要素はそのままである。したがって、前述の式によって算出される全要素生産性もまたゼロ（＝ゼロ÷生産要素の量）となる。

だからといって、このとき、自動車メーカーの技術水準がゼロになっているわけではない。[4]起こったのは需要サイド（買う側）である輸出相手国の問題から生じた経済活動の低迷であって、生産サイド（売る側）の問題ではない。つまり、ゼロになったのは技術水準ではなく工場の稼働率であることは明らかである。

そもそも前述のとおり、全要素生産性とは生産量と生産要素から逆算した結果にすぎない。技術水準を示す何らかの実体を反映した結果とは、必ずしも言えないのである。実際、一九九〇年

（4）このように、ＧＤＰは総生産量や総所得であるとともに、「総支出（総需要）」の側面ももっている（誰かがお金を支出するからこそ、別の誰かに所得が生まれるため）。これは「ＧＤＰ三面等価の原則」と呼ばれている。

代における日本の全要素生産性低下の主因が、生産要素の稼働率低下であることを示した実証研究も存在する。(5)

これに対して主流派経済学では、「需要が経済に与える影響は短期的なものにとどまり、長期の経済動向を説明するのは生産サイドの要因である」という前提に立っている。実際、林＝プレスコット論文のオリジナルが発表された二〇〇〇年当時は、日本が需要不足現象であるデフレ不況に突入してまだ二年しか経過しておらず、同論文でも「この低成長状態は恐らく長引かない」と予想されていた。

しかし、その予想は外れ、デフレ不況はその後一三年間も継続した。林＝プレスコット論文が述べているように生産性の低下が原因なら、それだけの期間があれば生産力が不足状態に陥り、とっくの昔にむしろインフレになっていたはずである。少なくとも、「需要の影響は短期的」とは到底言えない状況である。

つまり、「長期の経済動向を説明するのは生産サイドの要因である」という大前提自体がそもそも成り立っていないため、主流派経済学の理論で日本の長期不況を説明することには相当な無理があるというのが現実の経済の姿である。このことは、二〇〇一年から二〇〇六年にかけての小泉純一郎政権下で唱えられた、「構造改革なくして景気回復なし」というフレーズの空虚さを浮かび上がらせている。

2 貿易デフレ説の問題点

新興国の工業化がデフレの原因？

デフレ不況が現実のものとなるなか、「新興国から安い商品の輸入が増えていることが、デフレの原因である」という「新興国輸入デフレ説」が早くから指摘されてきた。

確かに、食料品や衣料品、果ては家電製品に至るまで、私たちの周りは新興国でつくられた価格の安い商品であふれている。事実、近年における新興国の工業化には著しいものがある。とくに中国は、今や世界一の輸出国であるとともに、二〇一〇年には名目ＧＤＰで日本を抜き、世界第二位の経済大国に躍進している。国内のメーカーによるアジアを中心とした新興国への投資も活発で、現地の工場で生産されたものの輸入も拡大している。

新興国は一人当たりの所得が先進国と比べて大幅に低く、国によっては一〇分の一以上低い場

（5） 川本卓司「日本経済の技術進歩率計測の試み：「修正ソロー残差」は失われた10年について何を語るか？」（金融研究、第二三巻第四号、一四七〜一八六ページ、二〇〇四年）http://www.imes.boj.or.jp/japanese/kinyu/2004/kk23-4-7.pdf

合もある。つまり、製造コストの一部である人件費が安いわけなので、

「新興国の工業化が国内への投資意欲を低下させるとともに、低価格品の輸入拡大によるデフレをもたらしている」

と言われると、一見もっともな話に聞こえるかもしれない。

さらに、「新興国の工業化」という世界共通の現象によって日本だけが長期デフレに陥った原因として、日本の消費に占める「サービス」の比率が低いことを挙げる議論も存在する。たとえば、一橋大学名誉教授で経済学者の野口悠紀雄氏（一九四〇〜）は、著書『金融緩和で日本は破綻する』（ダイヤモンド社、二〇一三年）のなかで、次のように述べている。

九三年から〇八年の間に、工業製品は約六％下落したのに対し、サービスは約八％上昇した。（中略）サービスの多くは貿易ができず、価格は主として国内要因で決まる。実際、〇四年までは、サービスの価格は上昇を続けていた。したがって、「日本経済が全体として需要不足に落ち込んでおり、それが消費者物価を押し下げた」という見解は誤りである。

（中略）

日本では工業製品のウエイトがかなり高く、半面でサービスの比重がアメリカなどに比べて低い（日本では財四九三一に対してサービス五〇六九だが、アメリカでは財三九・二一八

――に対してサービス六〇・七八二）。このため、総合指数を低下させる力が強く働くのである。（同書、一〇九～一一〇ページ）

これは、「新興国の工業化という世界共通の現象が原因で、日本だけデフレなのは筋が通らないではないか」という反論を意識した記述である。

新興国の工業化では説明できない日本のデフレ

しかしながら、野口氏の議論では日本の長期デフレは説明できない。**図表２－１**は、日米の消費者物価について、総合指数・財指数・サービス指数の推移を示したものである。

確かに、日米ともサービス指数の方が財指数よりも大きく上昇しているのは野口氏の指摘どおりであるが、アメリカの財指数は一九九八年以降もそれ以前とさほど変わらず上昇している。つまり、「新興国の工業化」という世界共通の現象によって、日本固有の現象である長期デフレを説明することにはやはり無理があるのである。

しかも、日本の輸入依存度（ＧＤＰに占める輸入の比率）は、原発が停止して化石燃料の輸入が増えている直近二〇一四年でも二〇％にとどまっている。これは国際的に見ても非常に低い水

図表２－１：日本とアメリカの消費者物価指数推移（1997年＝100）

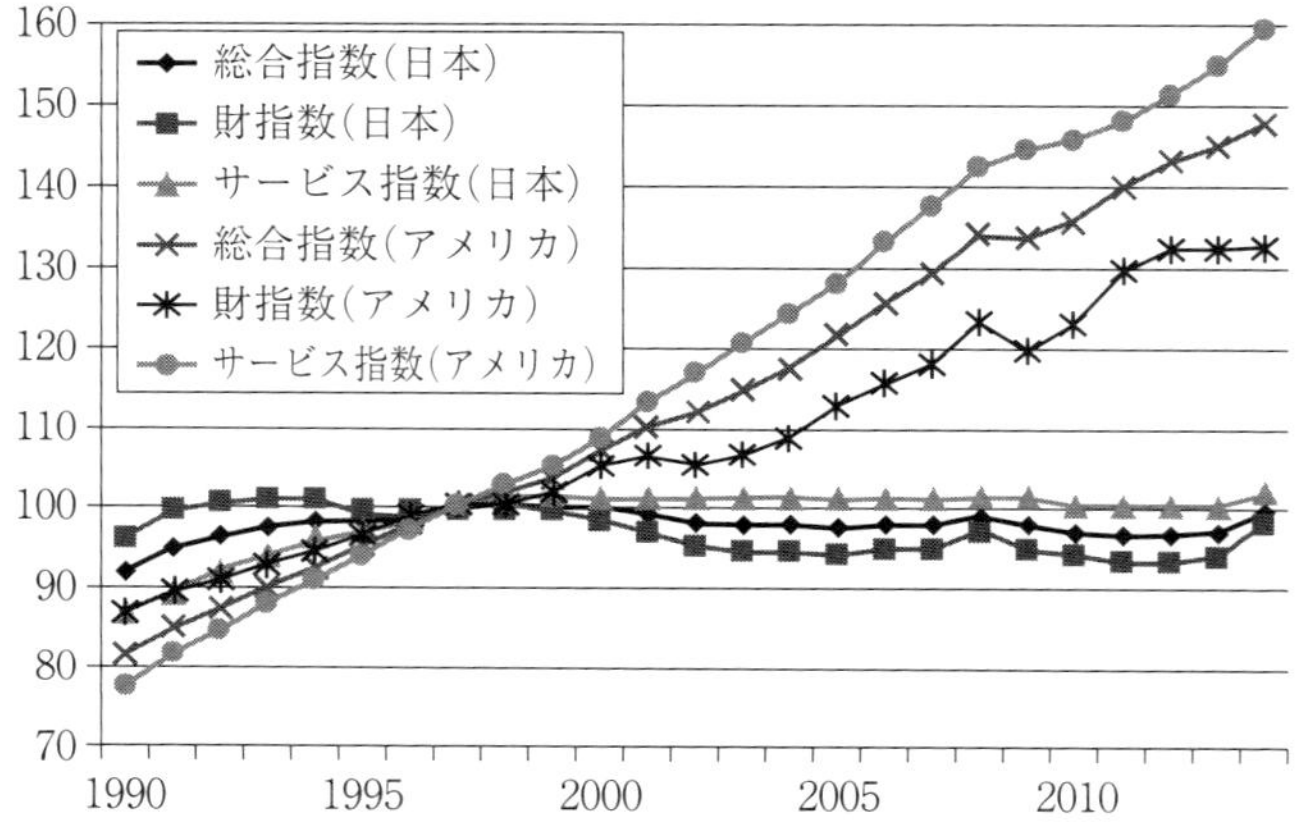

※出所：総務省、米経済分析局

準であり（たとえば、G7諸国のなかで日本より輸入依存度が低いのはアメリカだけである）、日本はむしろ「輸入デフレ」の影響を相対的に受けにくいはずである。

このことは、世界的に見て低インフレで知られるスイスと比較してもまったく同様で、スイスの財指数も一九九八年以降、二〇〇八年まではそれ以前と変わらず上昇を続けていた（**図表2－2**参照）。しかも、スイスの輸入依存度は日本の倍以上であり、輸入デフレ論で彼我の差を説明しようとすれば、ますます矛盾が拡がってしまう。

むしろ、スイスの消費者物価指数がマイナス基調に転じているのは二〇〇九年以降であり、これは明らかにリーマン・ショック以降の経済の停滞を反映したものである。こうした事実か

図表２−２：日本とスイスの消費者物価指数推移（1997年＝100）

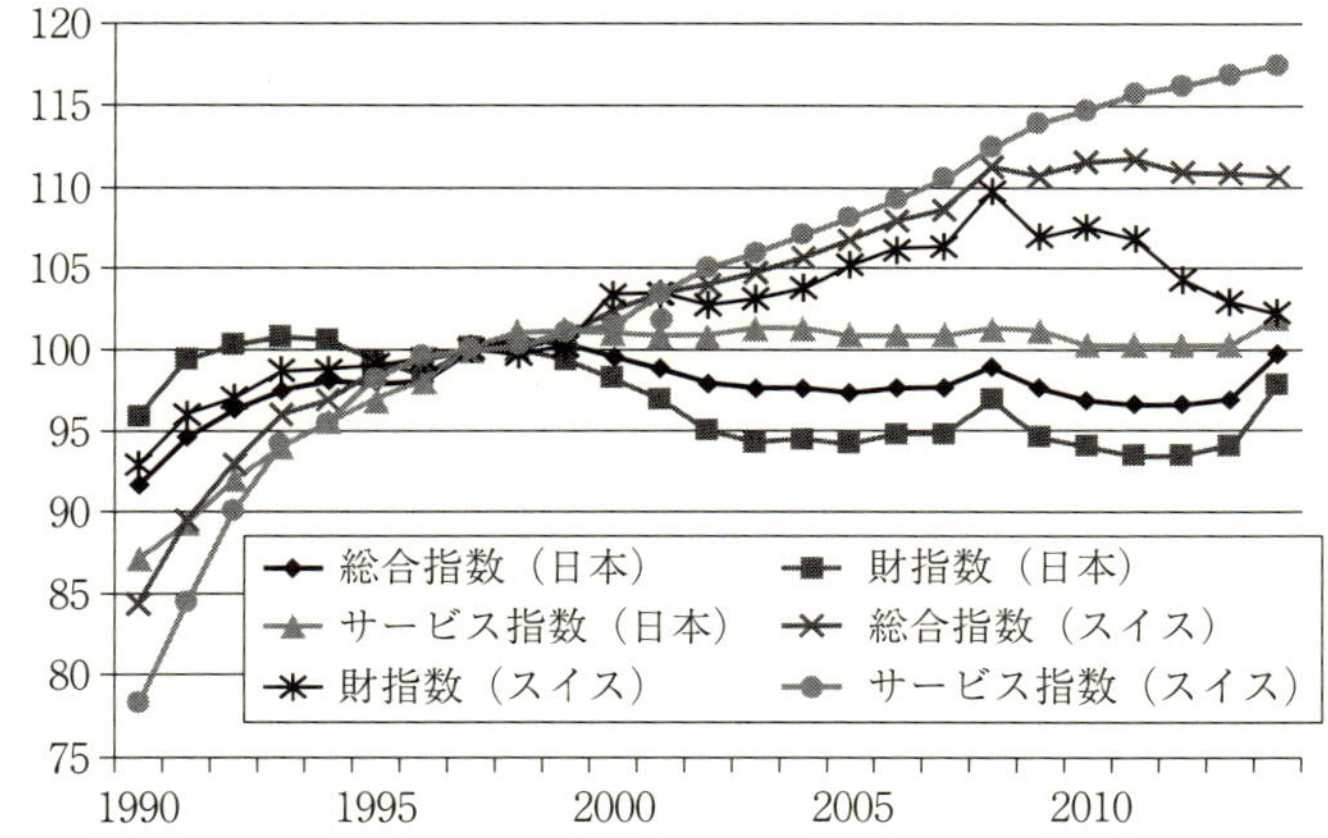

※出所：総務省、スイス国立銀行

らも、長期デフレは新興国の工業化が原因ではなく、各国の経済不振と結び付いた現象であることが分かる。

さらに、「人件費の安い新興国への投資資金流出が、日本経済の不振を招いている」という説明も現実と矛盾している。財務省が統計を作成している地域別対外直接投資の推移を見ると、二〇〇五年から二〇一四年にかけて、新興国を中心としたアジアへの投資が一・七兆円から三・七兆円に拡大する一方で、北米（一・四兆円→四・六兆円）や欧州（〇・九兆円→二・六兆円）への投資も同等以上に拡大している。これらの大半は、アメリカ、イギリスをはじめとした先進国向けの投資である。

そもそも、企業が投資を決める主な要因は「現地でのビジネスチャンスの可能性」であって、「人件費の安さ」ではない。たとえば、経済産業省が毎年実施している海外事業活動基本調査（二〇一二年度）を見ると、「投資決定のポイントについて」という質問（複数回答）に対してもっとも回答率が高かったのは「現地の製品需要が旺盛又は今後の需要が見込まれる」（六六・七％）であり、「良質で安価な労働力が確保できる」の回答率は四位（二一・四％）にとどまっている（こうした回答傾向は、毎年ほとんど変わらない）。「名目経済成長が止まって利益成長期待が失われると共に、企業の投資意欲が低下した」という第1章で述べた現象も、海外要因というよりは、こうした企業の行動原理を反映した国内要因によるものと考えるべきである。

「円高不況論」も現実とは矛盾している

新興国の工業化とは別に、「円高によって国内産業がコスト競争上不利になり、国内経済の停滞とデフレを招いている」という議論も根強い。「通貨価値の上昇⇓相対的な物価の下落⇓デフレ」という連想が働くため、納得しやすい議論なのかもしれない。

しかしながら、各国との貿易比率を勘案した円の実効為替レートの推移をたどってみると、デフレ不況に陥った一九九〇年代後半以降は、名目・実質ともそれまでの円高トレンドが終息している。名目実効為替レートについては概ね横ばいに転じているし、貿易収支とより関連の深い実

図表２−３：円の実効為替レートの推移

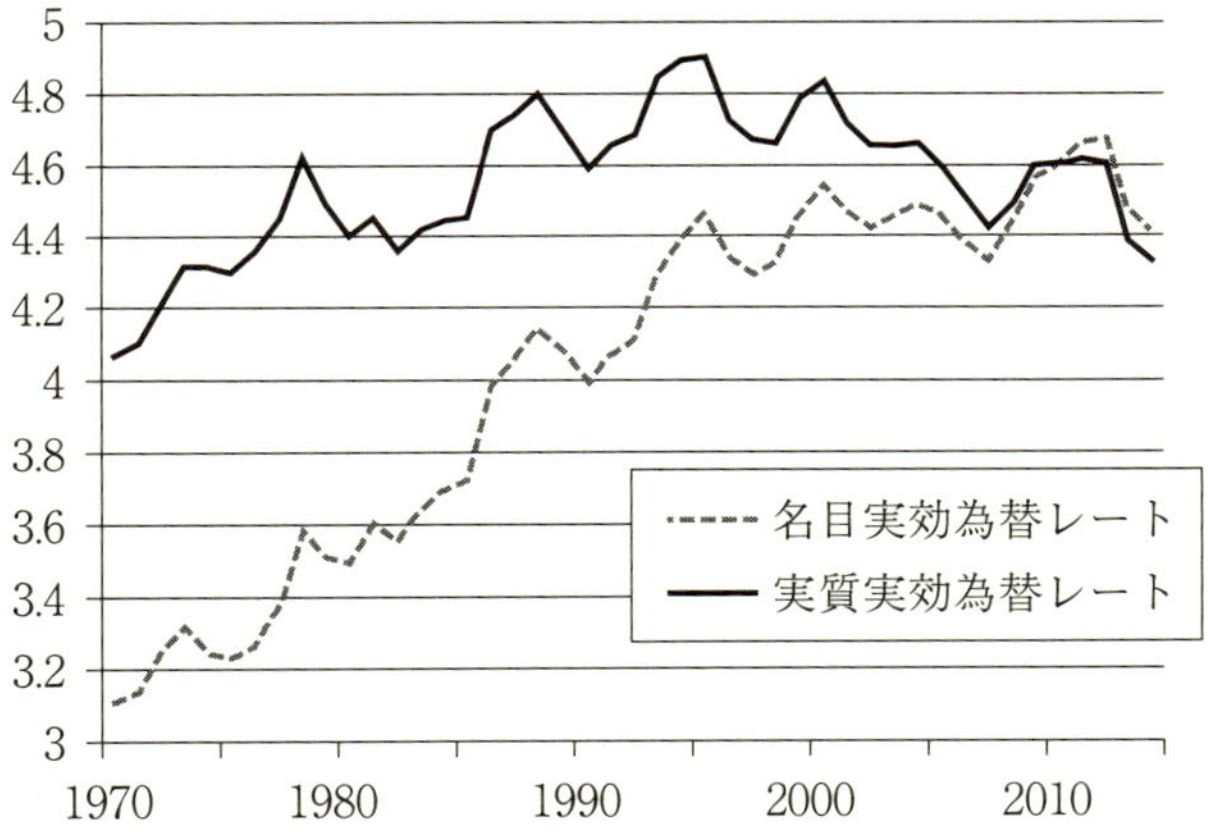

※出所：日本銀行（年平均値を対数変換、上に行くほど円高）

図表２−４：ドル円レート（年平均値）の長期推移

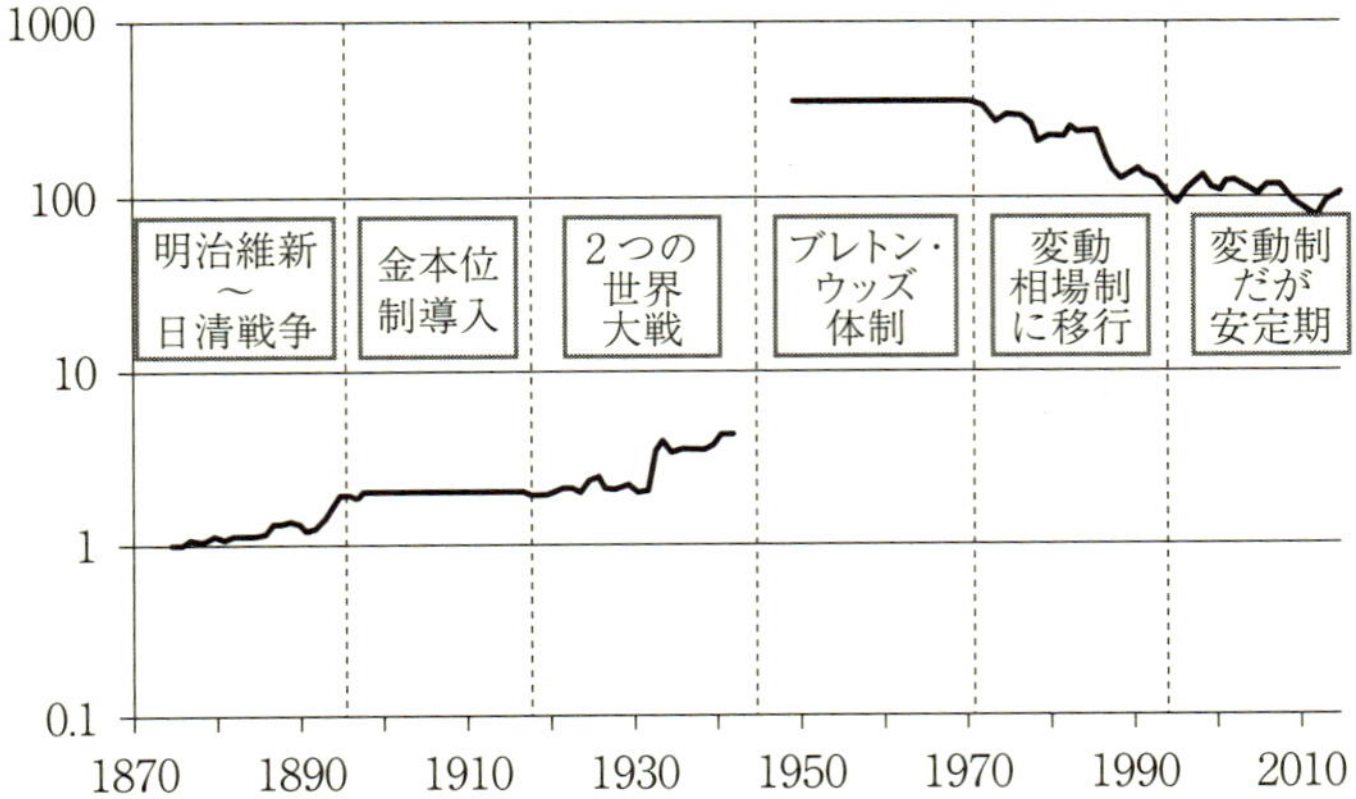

※出所：日本銀行他（下に行くほど円高）

質実効為替レートに至っては円安傾向で推移している（**図表2－3**参照）。

また、**図表2－4**は、一八七四年以降のドル円レートの推移を、歴史的な観点も交えながら図示したものである（変化率の推移を見やすくするため、対数目盛で表示している）。価格変動が激しい時期と穏やかな時期が二〇～三〇年の周期で交互に訪れており、一九九〇年代後半以降は歴史的に見れば「変動相場制ながらも安定期」ということができる。

つまり、仮に円高が国際競争上不利な要因であったとしても、今回の長期的なデフレや国内経済停滞の根本的な要因は円高とは別のところに存在するのが日本の現実である。為替レートについては、むしろ「（為替レートは長期的には物価水準の動向を反映するにもかかわらず）デフレの割には円高が進行しなかった」とするのが正しい見方である。

3 人口減少説は明らかな誤り

人口減少がデフレの正体？

人口減少説とは、「人口の減少、とくに生産年齢人口（生産活動の中核をなす、一五歳以上六五歳未満の人口）の減少がデフレ不況の原因である」とする説で、今や貿易デフレ説よりもポピュラーかもしれない。この説をポピュラーにしたのは、二〇一〇年に出版され、五〇万部を超えるベストセラーになった『デフレの正体──経済は「人口の波」で動く』だろう。同書の著者は、当時日本政策投資銀行の参事役だった藻谷浩介氏（一九六四〜）であり、その分析を要約すれば「人数が多い終戦前後生まれ世代の高齢化により、高齢者の急増と同時に生産年齢人口が減って就業者が減少していることが、モノが売れずにデフレに陥った原因である」ということになる。

これは、国内でモノが売れるためには個人所得が増える必要があり、そのためには個人所得を稼ぐ就業者数が増えなければならないことを前提とした分析である。同書はさらに、こうした人口構造の変化を「景気の波と関係なく襲ってくる「生産年齢人口の波」」（同書、一一五ページ）と称し、「その影響たるや、景気の波を簡単に打ち消してしまう威力があり、景気循環に対処するための各種方策（筆者注＝金融緩和や財政出動などのマクロ経済政策）はこれには全く通用しません」（同書、一一六ページ）とまで述べている。

実際、生産年齢人口は、名目ＧＤＰ・ＧＤＰデフレーター（経済全体の物価動向を示す指数）とほぼ同時期にピークを打っている（前者は一九九五年、後二者は一九九七年）。「人口が減少すればモノが余って物価が下落するのでデフレになる」という理屈も一見すると単純明快で、経済に関する比較的最近の評論や分析記事においても、前提としてしばしば用いられている。

矛盾だらけの人口減少説

『デフレの正体』では、都道府県別の人口・個人所得・小売売上高といったさまざまな統計データを駆使しながら、先述した議論が展開されている。しかしながら、現実のデータを一つ一つ検証してみると、「生産年齢人口減少がデフレ不況の原因」という藻谷氏の分析は到底成り立たないことが分かる。

まず、「生産年齢人口減少と共にデフレが起きているのは、世界を見ても日本だけ」という事実が反証として挙げられる。**図表２－５**は、ドイツのマクロ経済や人口に関するデータの推移を示したものだが、生産年齢人口が一九九七年をピークに減少し続けているのに対し、名目ＧＤＰもＧＤＰデフレーターも増加を続けていることが分かる。こうした事例はドイツ一国にとどまらず、ロシア、ハンガリーなど枚挙にいとまがない。しかも、**図表１－４**で示した日本とまったく同様に、名目ＧＤＰはここでも名目政府支出とほぼ同じトレンドで推移している。

また、日本の個人所得減少の主な要因は「就業者数の減少」ではなく、むしろ「一人当たり所得の減少」である。内閣府のＧＤＰ統計によると、給与所得と自営業所得の合計額は一九九七年から二〇一三年にかけて一三・三％減少しているが、この間の就業者数の減少は四・五％にとどまり、残りの約九％が一人当たり所得の減少によるものである。しかも、国税庁の民間給与実態

図表２−５：ドイツのマクロ経済および人口関連データの推移
（1997年＝100）

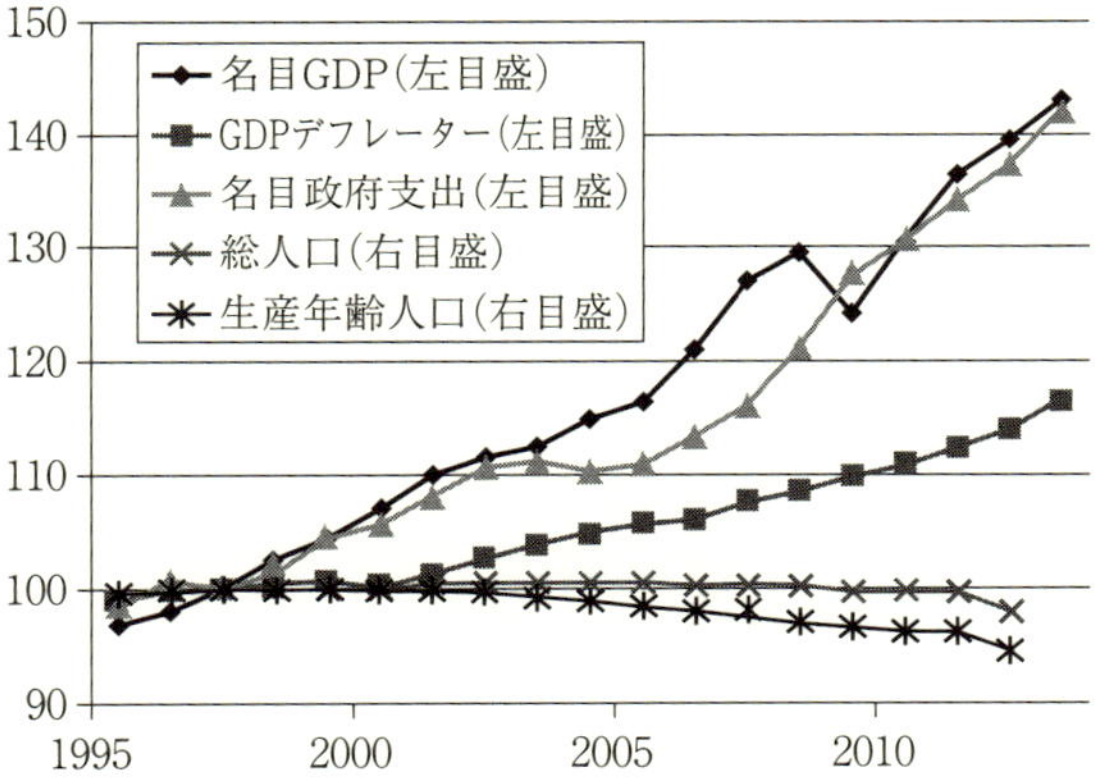

※出所：OECD、世界銀行

統計調査からも明らかなように、この間の平均給与減少は「平均給与が高い中高年層の退職」ではなく、「全世代における平均給与の低下」によって生じている。

そもそも、一国の経済成長（この場合は物価変動の影響を除いた実質ベース）に人口が与える影響はごくかぎられたものであることが知られている。日本の場合、一九二〇年から二〇一〇年にかけて実質ＧＤＰが二九・六倍に拡大したが、この間の生産年齢人口の拡大は二・五一倍で、経済成長に対する人口増加の貢献度はわずか八・四％にすぎなかった。残り九〇％以上は、生産設備の拡大や技術進歩によるものである。

以上の事実は、藻谷氏の分析とは逆に、「人口の波よりも景気の波の威力のほうが大きい」ことを示唆している。

図表２－６：日本の非生産年齢人口比率と家計消費性向の推移

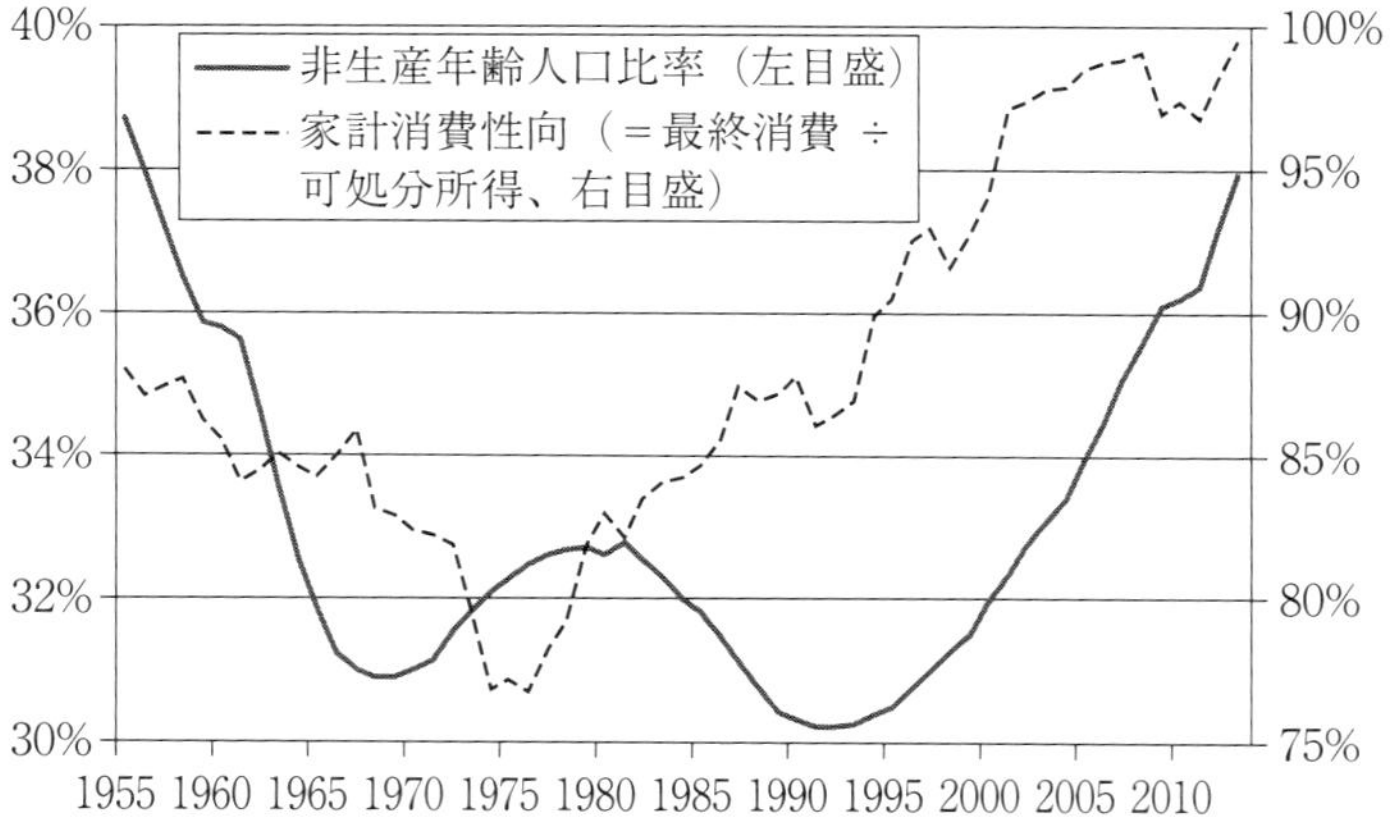

※出所：総務省、内閣府

「生産年齢人口減少、ゆえにデフレ」は不自然な理屈

そもそも、「高齢化による生産年齢人口の減少がデフレをもたらした」という分析は、理屈としても不自然なものである。このことは、

生産年齢人口＝生産も消費も行う人々の数
非生産年齢人口＝生産は行わず、消費だけする人々の数（子どもや高齢者）

であることを考えれば明らかである。

すなわち、生産年齢人口が減って高齢者が急増する状況では、生産年齢人口の減少による消費（需要）のマイナスの一部は高齢者人口の増加によって相殺される一方で、生産年齢人口の減少による生産（供給）のマイナスは相殺され

ない。したがって、トータルでは生産のマイナスの影響のほうが大きく、むしろインフレ圧力が働くはずである。実際、「可処分所得の何パーセントを消費に回したか」を示す家計消費性向は、総人口に占める非生産年齢人口の比率とともに上昇する傾向にある（**図表2－6**参照）。

結局、人口減少説は理論的にも実証的にも根拠に乏しく、到底日本の長期不況を説明できる代物ではない。

4　バランスシート不況説も現実と矛盾

日本発のバランスシート不況説

最後に、バランスシート不況説を取り上げておこう。これは、政府による経済刺激に解決策を求める点では本書の主張やリフレ派の主張と共通するものの、不況の原因を経済政策以外に求める点が異なっている。バランスシート不況説は、バブル崩壊後の日本経済の低迷を説明するものとして、野村総合研究所のエコノミストであるリチャード・クー（Richard C. Koo, 1954〜）氏が従前から唱えていた(6)。

バランスシート不況説は、株式や不動産といった資産価格が暴落して借金だけが残り、多数の民間企業や個人の財務内容が悪化したことが不況の原因と主張する。同説では、過剰債務を抱えた企業が「利益成長を見込んだ投資拡大」よりも「支出抑制や借金返済による債務圧縮」を優先するようになることで、「投資をはじめとした需要の冷え込み→経済低迷によるさらなる資産価格下落→一段の財務内容悪化によるさらなる債務圧縮」といった悪循環が生じることを想定している。

そして、このような状況では政府による経済刺激が必要になるものの、お金を借りようという需要が存在しないため、金利引き下げや量的緩和といった金融緩和策は効果がない、という結論が導き出される。したがって、むしろ財政出動によって民間の代わりに需要を創出することが必要でなおかつ効果も高い、というのがクー氏の主張である。ただし、クー氏が唱えるのはあくまでも「バランスシート不況期限定の財政出動」であって、本書が主張する「積極財政を前提とした、持続的な財政支出拡大」とは異質のものである。

企業のバランスシート圧縮は、不況の原因ではなくむしろ結果

第1章の**図表1－2**でも確認したとおり、企業部門が一九九八年以降貯蓄超過に転じ、投資よ

りも借金返済を優先させているのは事実である。「需要」に着目している点においては、バランスシート不況説は、たとえば先に紹介した主流派経済学の説明と比べると、より現実的なものであると言えるだろう。しかしながら、企業のバランスシートの実際の動きは、バランスシート不況説と整合性のとれたものではない。

図表2－7は、一九五五年以降の国内法人企業（金融・保険業除く）の自己資本比率の推移を示している。自己資本比率が高いほど逆に借金の比率は低くなるため、その動きを見ることで、企業の投資や借入に対する意欲がどのように変化してきたかを確認できる。

自己資本比率の大きなトレンドの変化は、一九七〇年代半ばを境に生じている。すなわち、一九七〇年代前半までの高度成長期は投資意欲が活発で、自己資本比率もほぼ一貫して低下トレンドであったのに対し、一九七〇年代後半以降は長期的な上昇トレンドを継続している。ところが、一九八七年ごろからは、自己資本比率の上昇ペースは横ばいに近いほど緩やかになっている。これは、バブル経済の本格化によって、それ以前よりも投資・借入意欲が活発化したことを反映していると考えられる。

（6）　たとえば、リチャード・クー／楡井浩一訳『デフレとバランスシート不況の経済学』（徳間書店、二〇〇三年）を参照。

図表２−７：国内法人企業（金融・保険業除く）の自己資本比率推移

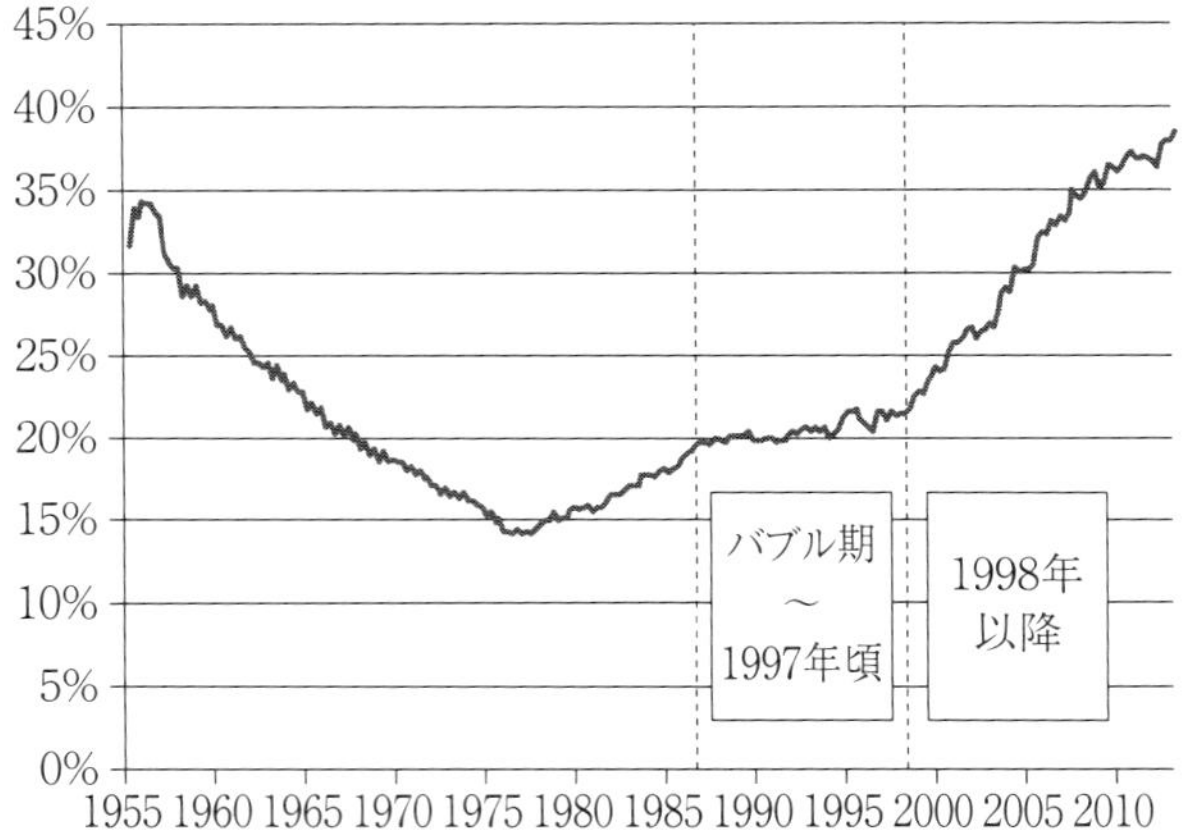

※出所：財務省

そして、自己資本比率上昇ペースの減速は、バブル崩壊以降も一九九七年ごろまでは続いている。株式は一九八九年、不動産は一九九〇年をピークとして既に大幅に下落していたのだから、バランスシート不況説に従えば、この時点で上昇ペースがそれなりに加速しているはずだが、現実はそうではない。実際に上昇ペースが加速するようになったのは一九九八年以降のことである。

一九九八年といえば、第１章でも述べたとおりデフレ不況が始まり、企業部門が貯蓄超過に転じたタイミングである。こうして見ると、バランスシート不況説で日本経済の長期停滞を説明することには相当の無理がある。むしろ、「企業の債務圧縮行動が経済の停滞をもたらしたのではなく、むしろその逆である」と考えるほうが筋が通っている。

さらに、二〇〇八年以降の自己資本比率は高度成長期のそれをも上回る水準で、企業部門のバランスシートは、悪化どころか「統計期間中最高に健全な状況」にある。言うまでもなく、この段階でもデフレ不況は継続してきた。いくら一九七〇年代後半以降の自己資本比率上昇トレンドの延長線上にあるとはいっても、こうした現実は到底バランスシート不況説で説明し切れるものではない。

第3章

金融政策か、財政政策か
——大恐慌、昭和恐慌、そして失われた二〇年

前章では、「政府のマクロ経済政策の失敗による需要不足」以外に原因を求める諸説では、いずれも日本経済の長期低迷を説明できないことを確認した。本章では、需要不足を解消する政策手段である金融政策と財政政策について、今の日本経済にはいずれの手段が必要なのか、あるいは不足しているのかを検証する（両方とも不足している、という結論も当然ありうる）。

第1章でも述べたように、「金融緩和が続く一方で、緊縮財政とともに経済成長が停止した」というのが、データから見た日本経済の単純な真実である。しかも、マクロ経済政策を初めて体系化したケインズの主張は「不況からの脱却は財政出動を主導とするべき」というものであった。にもかかわらず、なぜリフレ派は金融緩和主導による問題解決を主張するのだろうか。

本章では、マクロ経済学の展開や経済政策論にも大きな影響を与えてきた一九三〇年代のアメ

リカ大恐慌、あるいは同時期に日本で発生した昭和恐慌といった歴史的事例の分析を出発点として、現代の日本が長期デフレ不況を脱却するための正しい処方箋を検討する。と同時に、これらの事例をめぐる諸学説の検証によって、リフレ派のルーツや論理構造が明らかになる。

分析の結論は、リフレ派、あるいはその源流であるマネタリズムの議論は現実的な根拠に乏しく、やはり財政出動主導で問題解決を図るべきである、というものである。リフレ派やマネタリズムの議論の背景にある「経済活動で用いられるマネーの量は中央銀行によってコントロールされている」という主流派経済学の暗黙の前提は、当然のようで実は部分的な真理にすぎず、とくに現在のような不況からの脱却を目指す局面にはあてはまらない。こうした理論と現実との乖離が、アベノミクスも含めた経済政策論の混乱をもたらす根本原因の一つとなっている。

1 アメリカ大恐慌を検証する

世界規模での経済崩壊をもたらした大恐慌

一九二九年一〇月二四日にニューヨーク証券取引所で株価が大暴落したことをきっかけに、現代の我々がリーマン・ショックで目の当りにしたような金融市場の崩壊が生じ、世界全体が大規模な不況に陥った。当時から世界経済の中心だったアメリカでは、一九二九年から一九三三年にかけて名目ＧＤＰがほぼ半分になり、失業率は三〇％を超えるなど、昨今の経済危機をはるかに上回る悲惨な状況となった。

この当時の世界的な経済後退は「世界恐慌」と呼ばれ、なかでもアメリカにおける経済後退は「大恐慌」と呼ばれている。大恐慌の影響は一九三〇年代を通して継続し、アメリカの失業率がようやく一〇％を切ったのは、第二次世界大戦に参戦した一九四一年のことであった。

世界恐慌がもたらしたケインズ革命

当時の経済学の主流派は、現在の主流派経済学の土台にもなっている新古典派経済学であった。新古典派経済学の世界観を一言でいえば、「人々が経済的に最適な行動を取るため、経済全体の需要と供給は基本的に均衡している」というものである。また、大恐慌が発生する直前には、「景気変動を永久に制御する方法を体得した」という議論も一部あったようで、その意味でも現代の状況と類似していた。

そうした世界観からは、「政府による民間経済への干渉は、均衡状態を乱すことになるため、経済全体にとってむしろマイナスである」という結論が導き出される。したがって、「今回の経済後退も一時的な調整プロセスなのだから、政府は自らの収入と支出を等しくすることに専念し（均衡財政）、民間経済への介入は最小限にとどめるべきである。そうやって民間経済の自己調整を促せば、失業の増加なども短期間で解消されるはずだ」という「清算主義」が、当時の主流となる考え方であった。

アメリカでも、大恐慌勃発当時のフーヴァー大統領(1)は清算主義に基づいた政策を採用し、不況による税収の落ち込みを受けて支出削減と増税を実施した。しかしながら、主流派の理論では到底説明がつかないほど経済が悪化し、高い失業率の解消にも一〇年以上かかったことは前述のとおりである。その結果、主流派の経済理論は現在同様説得力を失っていった。

こうしたなかで一九三六年に出版されたのが、ケインズの『一般理論』である。

「労働者は賃金の額そのもの（名目賃金）ではなく、その賃金でどれだけのモノやサービスを買うことができるか（実質賃金）にもとづいて働くかどうかを判断する」というのが主流派の想定だが、ケインズはこれに異論を唱えた。ケインズによれば、むしろ名目賃金の動きが人々の行動に強い影響を与える（こうした現象を「貨幣錯覚」という）のが現実の経済の姿であるため、「需要と供給が自動的に均衡する」という主流派の想定は特殊なケースでしか成立しない。

そもそも、主流派の枠組みでは、「お金とは、モノやサービスの交換手段であり、複数のモノやサービスの間の相対価値を示す尺度にすぎない」という前提のもと、お金自体が実体経済に独自の影響を与えるとは基本的に想定されていなかった。ケインズの主流派批判は、こうした想定を真っ向から否定したものである。

たとえば、給料が変わらずに物価だけ上がれば実質的な所得は減少する。この場合、人々が不満を抱くことは事実だが、だからといって仕事そのものを簡単に辞めたりするわけではない。逆に、住宅ローンを組んだ後に物価が下がったからといって（この場合、「実質的な借金」は物価下落分だけ増加する）、銀行に返済元本を減らしてもらえるわけでもない。企業に至っては、「利益」という名目ベースの値がもっとも重要な活動目標である。確かに、こうした事例を見るだけでも、「お金自体は実体経済に独自の影響を与えず、需要と供給は自ずと均衡する」という新古典派経済学の枠組みはいかにも非現実的である。

そして、「現実の経済」を踏まえたうえでケインズが唱えたのが、「有効需要の原理」であった。「経済活動の水準を決めるのは、経済全体の生産設備や労働力からなる供給力ではなく、『貨幣所得の裏付けを伴う需要（＝有効需要）』の大きさである」というのが有効需要の原理である。平たく言えば、「買う側に先立つお金がなければ、売る側がいくら商品を用意しても、取引すな

（1）（Herbert Clark Hoover, 1874～1964）第三一代アメリカ大統領

わち経済活動は成り立たない」ということである。

ケインズはこの有効需要の原理に基づき、「不況＝有効需要の不足による経済の不均衡状態の拡大」と診断した。そして、不均衡状態を緩和して完全雇用（非自発的な失業が存在しない状態）を達成するために、政府の手による有効需要の創出を主張した。具体的には、「公共事業などの政府支出の拡大と、結果としての民間部門の所得拡大を通じた民間消費の刺激（財政出動）」と「金利引き下げによる民間投資の刺激（金融緩和）」の二つの政策手段を提唱した。

財政出動と金融緩和の役割

ここで、財政出動や金融緩和が経済の活性化にどのような役割を果たす（と考えられている）かを整理しておこう（**図表3－1**参照）。

まず、ケインズも唱えた政府支出拡大は、政府が民間からのモノやサービスの購入を拡大する行為である。これは、有効需要の不足を補うとともに、それらを供給する企業や労働者の経済活動の活性化を狙っており、公共事業がその典型である。

しかも、政府支出拡大の効果はこうした直接的な効果にとどまらない。「誰かの支出＝別の誰かの所得」という原理により、政府にモノやサービスを供給した企業や労働者の所得が拡大する。

図表３−１：財政出動・金融緩和の具体的な手段、および想定される効果

	具体的な手段	想定される効果
財政出動	・政府支出拡大 ・減税	・政府自ら支出を拡大して有効需要の不足を補う（政府支出拡大の場合のみ）。 ・民間（可処分）所得を増やして民間の支出意欲を刺激する（乗数効果）。
金融緩和	・政策金利引下げ ・通貨量の拡大 ・インフレ目標設定	・借入のハードルを低くして民間の支出意欲を刺激する。 ・資産価格上昇を通じて民間の支出意欲を刺激する。 ・自国通貨を安くして貿易収支を改善すると共に民間の支出意欲を刺激する。 ・インフレ期待を喚起して民間支出意欲を刺激する。

すると、増えた所得を元手にして、企業や労働者は投資や消費といった支出を拡大し、さらに別の誰かの所得が拡大する……。

こうしたプロセスが繰り返されることで、当初の政府支出増加額の何倍もの大きさで、ＧＤＰの増加が期待できる。これを「乗数効果」という。

これに対して減税は、同じ財政出動でも有効需要の不足を直接補う政策ではない。経済活動における民間部門の最終的な取り分（可処分所得）を増やすことで民間部門の需要を刺激し、それが新たな支出に回る効果のみに期待した政策である。

他方で、金融緩和は民間部門の所得を直接増やすものではない。お金を借りる際のコストである金利の引き下げなど、金融環境の変化を通じた民間部門の支出意欲刺激を目的とした政策である。

したがって、その効果は、財政出動と比較して間接的なものである。

また、**図表3-1**に掲げた三つの手段（政策金利引下げ、通貨量拡大、インフレ目標設定）は、それぞれが必ずしも独立しているわけではない。たとえば、政策金利引き下げやインフレ目標を達成しようとする場合、中央銀行は民間銀行から国債その他の有価証券を買い取るなど、通貨量を拡大するような手段を大抵採用する。

したがって、金融緩和によって想定されものとして**図表3-1**に掲げた効果は、どれがどの手段によるものかも、必ずしも明確ではない。ある効果を狙った政策を行った場合でも、現実には他の効果も副次的に生じる可能性がある。

ただし、不況が深刻な状況での金融緩和は効果が乏しい、というのが経験則に基づくケインズの判断だった。そもそも、企業の投資行動に与える影響は、資金調達コストである金利よりも将来の収益見通しのほうがはるかに大きいため、金利引き下げの効果は常に限定的なものである。(2)しかも深刻な不況期には、資金需要の落ち込みによって既に低金利であることに加え、将来に対する不確実性も高まっているため、それ以上金利を引き下げること自体がそもそも困難である。したがって、ケインズが提言したのは、あくまでも民間部門の所得を増やす行為である財政政策、とくに有効需要の不足を直接補う公共事業を主導とする不況からの脱却であった。

こうしたケインズの理論は、世界恐慌という現実を前に無力化した新古典派経済学の影響力を低下させ、経済学の枠組みを変革した（ケインズ革命）。同時に、アメリカのルーズヴェルト政権[3]のニューディール政策をはじめとして幾つかの国で当時すでに行われていた、公共事業を中心とした財政出動による経済対策に理論的根拠を与えた。そして、「財政政策を主体として経済全体の有効需要をコントロールし、経済を安定的に成長・発展させる」という考え方は、一九七〇年代頃まで資本主義諸国の経済政策をリードすることになった。

ミルトン・フリードマン――反ケインズ革命の旗手

ところが、一九五〇年代以降、こうしたケインズ革命に異を唱える動きが出てきた。その旗手とされるのが、アメリカの経済学者で一九七六年にノーベル経済学賞を受賞したミルトン・フリードマン（Milton Friedman, 1912～2006）である。

（2）伊東光晴『ケインズ――〝新しい経済学〟の誕生』（岩波新書、一九六二年）では、『一般理論』出版直後に実施されたオックスフォード大学の実態調査をはじめとした当時の調査結果が、金利の低下が投資の増加につながらないことを示したことによって、財政出動がより一層重視されるようになった、というエピソードが紹介されている（同書一六九ページ）。

（3）（Franklin Delano Roosevelt, 1882～1945）第三二代アメリカ大統領。

フリードマンは、「財政出動によって経済全体の需要を拡大しようとしても、その結果生じる金利の上昇が民間の投資意欲を阻害するため、経済全体の拡大にはつながらない」という新古典派経済学の立場から一八六七年以降のアメリカ経済を分析し、「中央銀行であるFRBの金融緩和が不十分だったことが、大恐慌を引き起こした原因である」と結論づけた。(4)

フリードマンは、一九二九年から一九三三年にかけて、経済全体に流通するお金の量を示すマネーストック（金融機関や中央政府以外の経済主体が保有する現預金の合計）が三分の一以上減少した事実に着目し、これが名目GDPの大幅な減少や深刻なデフレの原因であると考えた。そして、マネーストックの減少を引き起こしたのは、民間銀行の経営不安を背景に預金引き出しが多発したにもかかわらず十分にマネタリーベース（現金、および金融機関が中央銀行に保有する当座預金の合計）を供給せずに貸しはがしを引き起こしたFRBの責任であり、信用度の低い企業が発行する低格付社債の利回りが同時期に急上昇したのがその証拠であると主張した。また、大恐慌から脱却できた要因もニューディール政策下の財政出動ではなく、同じルーズヴェルト政権下で政権初年度の一九三三年に行われた金本位制の停止、およびそれ以降の金融緩和政策であると分析している。

こうした分析の背後にある、「名目GDPや物価水準に影響を与えるのは、中央銀行がコントロールするマネーストックである（ただし、実質GDPの長期的な動向には影響を与えない）」

というフリードマンの考え方は「マネタリズム」と呼ばれている。マネタリズムは、新古典派経済学の復権や「経済は極力市場原理に委ね、政府の介入は最小化すべきである」という新自由主義の台頭に大きな影響を与えた。日本でもバブル崩壊直後の一九九二年以降、リフレ派の代表的な経済学者である岩田規久男・現日銀副総裁（当時は上智大学教授）が、「バブル経済時のマネーストック膨張、バブル崩壊後のマネーストック急減のいずれも、マネタリーベース量を通じてマネーストック量を操作可能な日銀の金融政策に問題があったからで、従ってバブル膨張もバブル崩壊も日銀の責任である」という議論を展開しているが、これもマネタリズムの流れをくむものと言えよう。(5)

フリードマン以後のアメリカでは、金融政策が大恐慌に与えた影響を検証する実証研究が盛んになった。このうち、二〇〇九年から二〇一〇年にかけて大統領経済諮問委員会委員長を務めたクリスティーナ・ローマー(6)の実証研究は、(7)大恐慌期のマネーストックや財政赤字の動向と実質G

---

(4)　ミルトン・フリードマン、アンナ・シュウォーツ／久保恵美子訳『大収縮1929－1933：「米国金融史」第7章』（日経ＢＰ社、二〇〇九年）

(5)　岩田規久男『金融政策の経済学』日本経済新聞社、一九九三年。

(6)　（Christina D. Romer, 1958～）イリノイ州生まれの経済学者。カリフォルニア大学バークレー校の教授で、専門はマクロ経済学・税制。

DPとの相関性に基づき、「大恐慌からの回復はほとんど金融政策によるもの」と結論づけたものとして有名である。日本のリフレ派の一部には、ローマー論文を「ケインズ経済学者によって、大恐慌からの回復過程で財政政策は大した効果がなかったことが示された事例」と評する向きもある。[8]

また、一九三〇年代前後の各国経済を比較分析することによって、金本位制離脱と結び付いたマネタリーベース供給拡大や為替レート引き下げを回復のポイントと結論づける実証研究が相次いで発表されるようになった。[9]「大恐慌の権威」とされるベン・バーナンキ前FRB議長なども、そうした系譜に属する人物の一人である。[10]これらのなかには、政府がそれまでの政策の枠組みを大胆に変えたこと（レジーム・チェンジ）がポイントで、金本位制離脱のみならず、財政出動もその重要な要素であったと指摘する議論も存在するものの、[11]学界で支配的になったのは、不況脱却の主役は金融政策であるという見解であった。[12]

これに対してケインズ経済学は、一九七〇年代にインフレと不況が同時に起こる「スタグフレーション」が発生したこともあって信認が低下し、影響力を失っていった。つまり、「インフレ＝需要が供給よりも過剰であるがゆえに起こるはずの現象」が不況と同時に起きたことによって、「不況＝総需要の不足」というケインズの診断では現実を説明できない、という評価が下されてしまったというわけである。

マネタリーベースとマネーストック

マネタリズムに端を発するこうした議論の妥当性を判断するには、「マネタリーベース」と「マネーストック」という二つの概念の違いや関係を理解する必要がある。

（7） Christina Romer, "What Ended the Great Depression?" The Journal of Economic History, 1992.

（8） 浜田宏一、若田部昌澄、勝間和代『伝説の教授に学べ！ 本当の経済学がわかる本』東洋経済新報社、二〇一〇年、一九九～二〇〇ページ参照。ただし、ローマーが属するとされるニュー・ケインジアンとは、新古典派経済学の基礎の上にケインズが主張した賃金や価格の硬直性を一部取り入れたものであり、経済の不均衡状態を前提としたケインズの流れを汲むポスト・ケインジアンとは別の学派である。

（9） たとえば、Barry Eichengreen and Jeffrey Sachs, "Exchange Rates and Economic Recovery in the 1930s," Journal of Economic History, 1985.

（10） （Benjamin Shalom "Ben" Bernanke, 1953～）専門はマクロ経済学。連邦準備制度理事会（ＦＲＢ）の第一四代議長を、二〇〇六～二〇一四年まで務めた。

（11） 大恐慌に関するバーナンキの研究論文を集約したのが、ベン・バーナンキ／栗原潤・中村亨・三宅敦史訳『大恐慌論』（日本経済新聞出版社、二〇一三年）である。

（12） たとえば、Peter Temin and Barrie Wigmore, "The End of One Big Deflation," Explorations in Economic History, 1990. 比較的最近のものとしては、Gauti Eggertsson, "Great Expectations and the End of the Depression," American Economic Review, 2008. など。

先述のとおり、マネーストックとは「金融機関や中央政府以外の経済主体（家計、民間非金融法人、地方公共団体等）が保有する現金・預金の合計」である。我々が保有する現金や預金は、経済活動に伴って必ず発生する「代金決済」に用いられる。したがって、その量が減ってしまうような状況では、経済活動全体の規模を示す名目ＧＤＰも縮んでしまうといわれれば、確かにそうであろう。

では、中央銀行がマネーストックの量を本当にコントロールできるのだろうか。中央銀行は一万円札などの現金通貨を発行する権限をもっているため、「『マネー』ストック＝中央銀行が供給するもの（したがって、コントロールも可能）」とイメージするかもしれないが、それはほとんど誤ったイメージである。なぜなら、中央銀行が供給する「マネー」とは、「現金、および金融機関が中央銀行に保有する当座預金の合計」である「マネタリーベース」のことだからである。

図表３－２は、国内の各経済主体の金融資産や負債の状況をバランスシート形式で示したものである。日本銀行（日銀）のバランスシートの右側「負債等」に計上されている「現金」と「金融機関（が保有する日銀）当座預金」の合計がマネタリーベースで、二〇一三年一二月末時点で二〇一兆円になっている。

日銀当座預金とは、「銀行の銀行」かつ「政府の銀行」でもある日銀が、それ以外の金融機関や政府に提供している預金口座のことである。日銀当座預金の残高は、日銀と金融機関や政府と

図表3−2：国内各部門の金融資産および負債の状況（2013年12月末時点、中央政府除く）

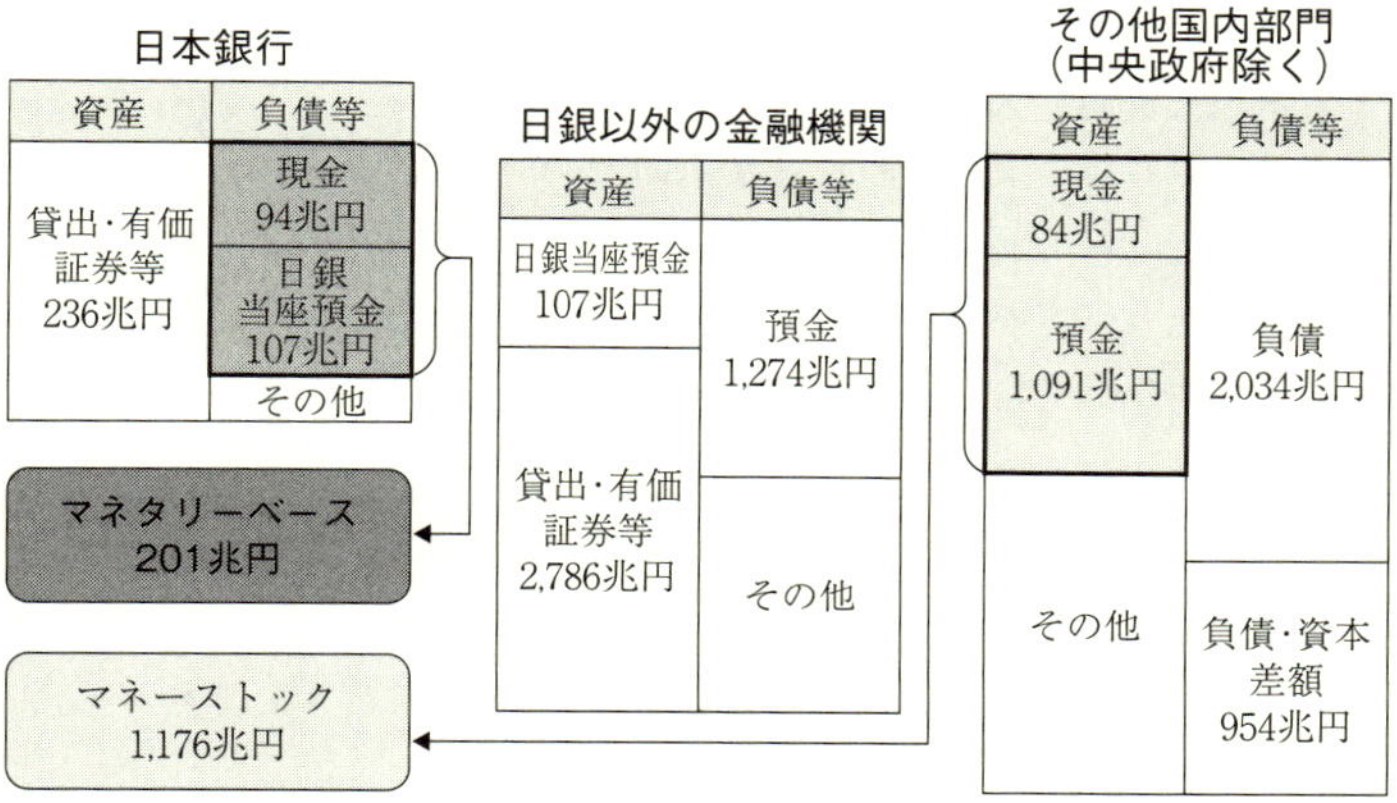

※出所：日本銀行

の取引に応じて増減する（たとえば、日銀が金融機関から国債を購入した場合、当該金融機関の日銀当座預金残高は、購入代金が振り込まれる分増加する）。また、金融機関同士、あるいは金融機関と政府との間で取引を行う際の資金決済口座としても用いられている。

　これに対して、我々の経済活動で用いられるマネーストックは二〇一三年一二月末時点で一一七六兆円と、日銀が供給しているマネタリーベースの五倍以上にも達している。このうち、現金（八四兆円）を供給しているのはもちろん日銀だが、マネーストック全体の七％程度にすぎない。

　残り約九三％（一〇九一兆円）は家計や企業などが民間銀行その他に保有する預金で、これだけでもマネタリーベースをはるかに上回る金額である。たとえば、給与振込あるいはクレジットカードの利用代金や公共料金の引き落としなどを思い浮かべてみて欲しい。こうした取引には現金は介在していない。預金口座間の決済、すなわち帳簿上の数字の書き換えによって取引が完了している。我々は自分名義の預金を現金として引き出す権利をもってはいるものの、預金残高に見合った現金が世の中に存在するわけではなく、また存在する必要もないのだ。

では、この膨大なマネーストックはどのように生み出されるのだろうか。その手段となるのが、金融機関のバランスシートの資産側に計上されている「貸出」や「有価証券（への投資）」であり、これらは「信用創造」と呼ばれている。

たとえば、A氏が銀行から住宅ローンを借りるしよう。このとき、A氏の負債（銀行から見れば貸出債権）が借入額分だけ増加するが、それだけではない。借入金はA氏の預金口座に振り込まれるため、A氏の資産である預金残高も同額増加する（ただし、増えた預金は住宅購入代金の支払いに充てられるため、最終的には売り手である不動産会社などの預金口座に移動する）。これが、信用創造である。

このように、我々がもつ預金は、元をたどれば誰かの借入によって生まれたものである。また、現金にしても、発行主体である日銀と取引をして得たものではなく、民間金融機関の信用創造によって生み出された預金を引き出して入手しているにすぎないのだ。

そうしてみると、（日銀職員への給与支払いなど、ごく一部の取引は例外として）すべてのマネーストックは、中央銀行が直接関与しない取引によって生み出されると言っても過言ではない。言い換えれば、マネーストックは中央銀行が供給するものではなく、「直接」コントロールできる対象でもない。したがって、大恐慌時の急激なマネーストックの縮小も、現金通貨の発行主体であるＦＲＢの責任とはかぎらないのである。

マネーストックをめぐる外生論と内生論

では「間接的」であれば、中央銀行はマネーストックの量をコントロールできるのだろうか。民間銀行は自行が取り扱う預金残高の一定比率に見合った金額を、中央銀行当座預金として確保することがルール上求められる（この比率を「預金準備率」と言い、日本であれば概ね一％前後）。また、預金を取り扱う以上、民間銀行は家計や企業の現金引出ニーズに対応せざるを得ないため、少なくともその分は中央銀行から現金を入手しておく必要が生じる。したがって、中央銀行がマネタリーベースの供給を抑制すれば、民間銀行としても信用創造を抑制せざるを得ない。

しばしば「お金（金融）は経済の血液である」と言われる。ここでのお金とは、マネーストックのことである。血液は、赤血球、白血球のような血球成分と、水分その他から成り立っているわけだが、マネーストックが血液だとしたら、マネタリーベースは血球成分のようなものだろう（民間銀行の信用創造は、残りの成分である水分その他の補給に相当する）。骨髄が血球をつくらなければそもそも血液が生成されず、体に不調をきたすように、中央銀行がマネタリーベースを供給しなければマネーストックも生成されず、経済活動は円滑に行われないだろう。

したがって、中央銀行が究極的に「マネーストックの上限」をコントロールできることについては、学説の間でもほぼ争いがない。問題は、とくに経済活動が停滞する不況期において、マネーストックを自由に増やすことができるかどうかである。

主流派経済学では、信用創造の外側にいる中央銀行がマネタリーベースを増やすことによって、マネーストックを自由に増やすことができると想定する。これを「外生的貨幣供給論」と言い、マネタリズムも、先述の岩田氏の議論も、同様な想定に基づいている。

たとえば、日銀が民間銀行から国債を一億円買い取ると、購入代金が民間銀行のもつ日銀当座預金口座に振り込まれ、マネタリーベースが一億円増加する。預金準備率が一％と仮定すると、この民間銀行には今よりも一〇〇億円多く預金を取り扱う余力、言い換えれば、新たに一〇〇億円貸し出す余力が生まれたことになる。こうなると、民間銀行は一〇〇億円目一杯を貸し出そうとして、借り手と貸し手の需要と供給が一致するところまで貸出金利が下がるので、現実に新たな貸出が実行されてマネーストックが一〇〇億円増えるという理屈である。

これに対して、中央銀行がマネタリーベースを増やしたからといって、それに見合って自動的に貸出やマネーストックが増えるわけではないというのが「内生的貨幣供給論」である。内生的貨幣供給論では、中央銀行がマネーストックの量を決める借り手と貸し手の動向に影響を与える手段はあくまでも金利であって、マネタリーベースの量ではないと想定している。

ここで言う「金利」とは、民間銀行の資金調達コストと直結した政策金利のことで、理屈のうえではゼロにすることも可能である。さらに、マネタリーベースを増やす過程で国債などを購入すれば、その分市場金利、ひいては民間銀行の資金調達コストが低下する可能性もある。

ところが、民間銀行が企業や個人にお金を貸し出す際の金利を決める要素は、自行の資金調達コストだけではない。預金業務や貸出業務を行う際に発生する「事務コスト」や、貸したお金の一部が返済されないことで生じる「貸倒れコスト」もカバーできるだけの利幅を確保する必要がある。したがって、仮に民間銀行の資金調達コストがゼロであったとしても、貸出金利の引き下げには自ずと限界がある。

また、借り手である企業や個人から見れば、お金を借りるという行為には、返済できなかった場合に自己の事業や財産を失うリスクが伴う。したがって、返済のめどが立たないかぎりは、いくら貸出金利が低下しても、借り手の側が借り入れを増やそうとしない可能性もある（もちろん、貸出金利が元本保証された預金や国債の金利を下回っていれば話は別だが、それでは民間銀行が採算割れとなってしまうので、経済全体としては非現実的な想定である)。

こうなると、「貸出余力目一杯のところで借り手と貸し手の需要と供給が一致するように貸出金利が下がる」という外生的貨幣供給論の想定自体が成り立たなくなる可能性がある。とくに不況の局面では、借り手側から見た「お金を借りて行った事業が失敗するリスク」と貸し手側から見た「貸倒れリスク」(いずれもケインズが言うところの「将来の不確実性」に相当する)がともに高まるので、借り手と貸し手の間のギャップはより一層広がるであろう。経済全体の所得であるGDPの伸びが見込めない現在の日本は、まさにこうした状況にあると考えられる。

経済の不均衡状態を前提に『一般理論』を展開したケインズの流れを汲む「ポスト・ケインジアン」という学派に属する経済学者の多くは、内生的貨幣供給論を前提としている。内生的貨幣供給論は、主要国の中央銀行関係者の間でも概ね共有されている。[13] 総裁、副総裁がリフレ派である現在の日銀に関しては微妙なところであるが、リフレ派が批判の対象としてきたいわゆる「日銀理論」もまた、内生的貨幣供給論に属するものである。

外生的貨幣供給論では説明できない大恐慌の現実

では、大恐慌の現実は、どちらの見解を裏付けるものなのだろうか。

図表３−３：大恐慌当時のアメリカの各種金利の推移

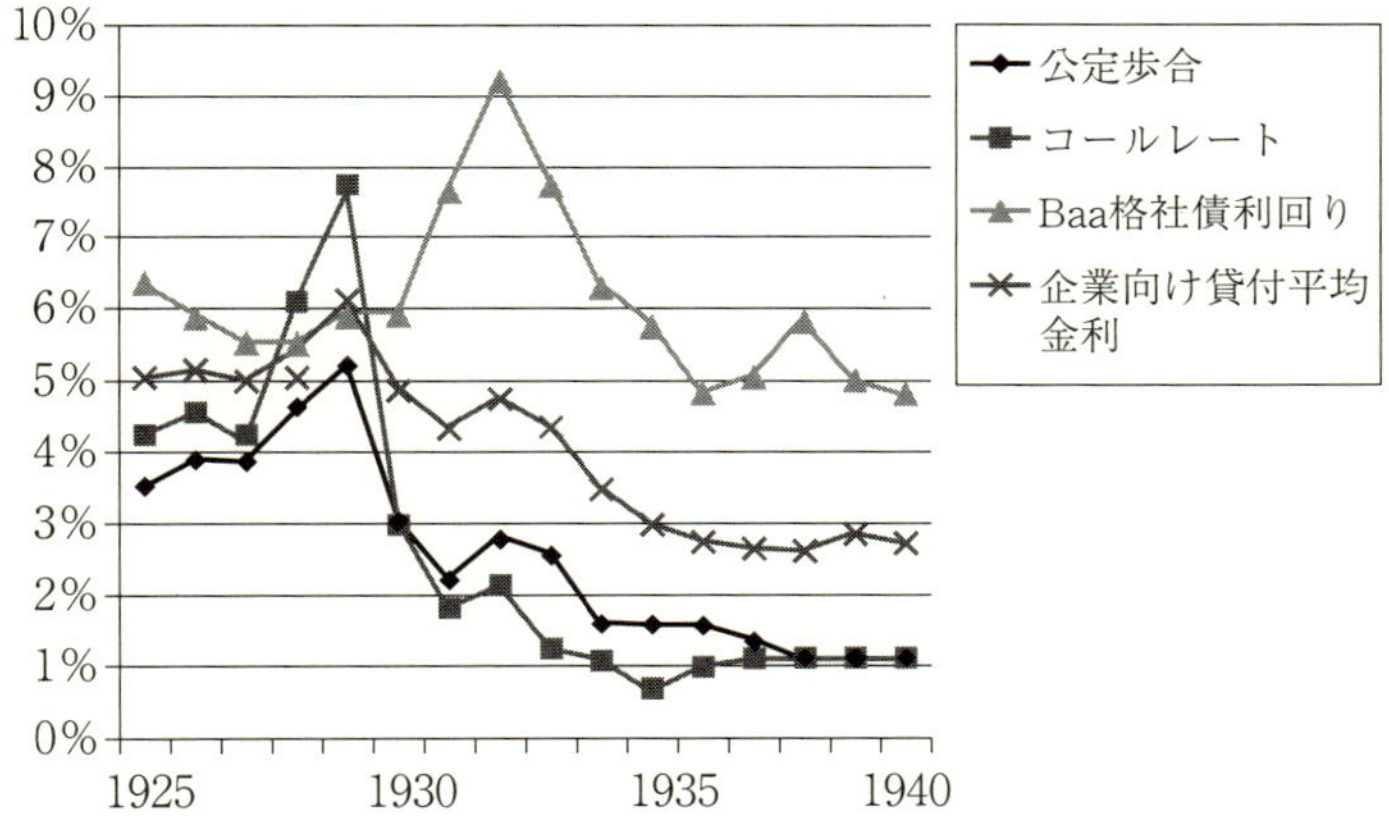

※出所：米国勢調査局、FRB、Homer&Sylla "A History of Interest Rate"

まず、当時の金融緩和が不十分だったことの根拠としてフリードマンが指摘する低格付社債の利回りだが、確かに一九二九年から一九三三年の間に大きく上昇している（**図表３−３**の「Ｂａａ格社債利回り」参照）。しかしながら、こうした利回りはあくまで、民間経済におけるお金の貸し借りの需要と供給のバランスで決定され、中央銀行であるＦＲＢが直接関与するものではない。

ＦＲＢの取引相手となるのはあくまで民間銀

(13)　たとえば、イングランド銀行の二〇一四年第１四半期報に掲載されたMichael McLeay, Amar Radia and Ryland Thomas, "Money creation in the modern economy," Bank of England Quarterly Bulletin 2014 Q1, 2014. http://www.bankofengland.co.uk/publications/Documents/quarterlybulletin/2014/qb14q102.pdf

行であり、両者の間のお金の貸し借りの需要と供給のバランスは、民間銀行自身の調達金利（民間経済における資金供給の原材料コストに相当する）に反映される。そして、ＦＲＢが民間銀行にお金を貸し出す際の金利である公定歩合、民間銀行同士で資金を融通し合う際の金利であるコールレートは、いずれも一九二九年以降低下している（一九三一年に一時的に上昇しているのは、イギリスが前年に金本位制を離脱して、金融市場が一時的に混乱したことが原因である）。このことは、ＦＲＢが民間銀行側の需要に見合う以上の資金供給を行っていたことを示している。

しかも、低格付社債で資金調達していたのは企業全体から見ればごく一部に過ぎない。企業の主要な資金調達手段であり、したがって全体的な資金調達コストの動向を示す企業向け貸付の平均金利もまた、この間ほぼ低下の一途を辿っている。

「金利＝お金を借りる価格」である。すなわち金利の低下とは、借り手の意欲（需要）が貸し手の意欲（供給）よりも弱いために生じる現象である。「貸出によって生み出されるマネーストックが、貸出金利の低下と共に縮小した」ということは、マネーストック縮小をもたらした主因が借り手側の資金調達ニーズの低下であることを意味している。仮に資金を供給する民間銀行側の要因でマネーストックが縮小したのであれば、需給関係がひっ迫し、貸出金利は逆に上昇したはずである。

すなわち、大収縮期のアメリカのマネーストック縮小は実物経済の担い手である借り手側（需

図表３－４：大恐慌当時のアメリカの鉱工業生産指数とマネーストックの推移（1929 年８月＝100）

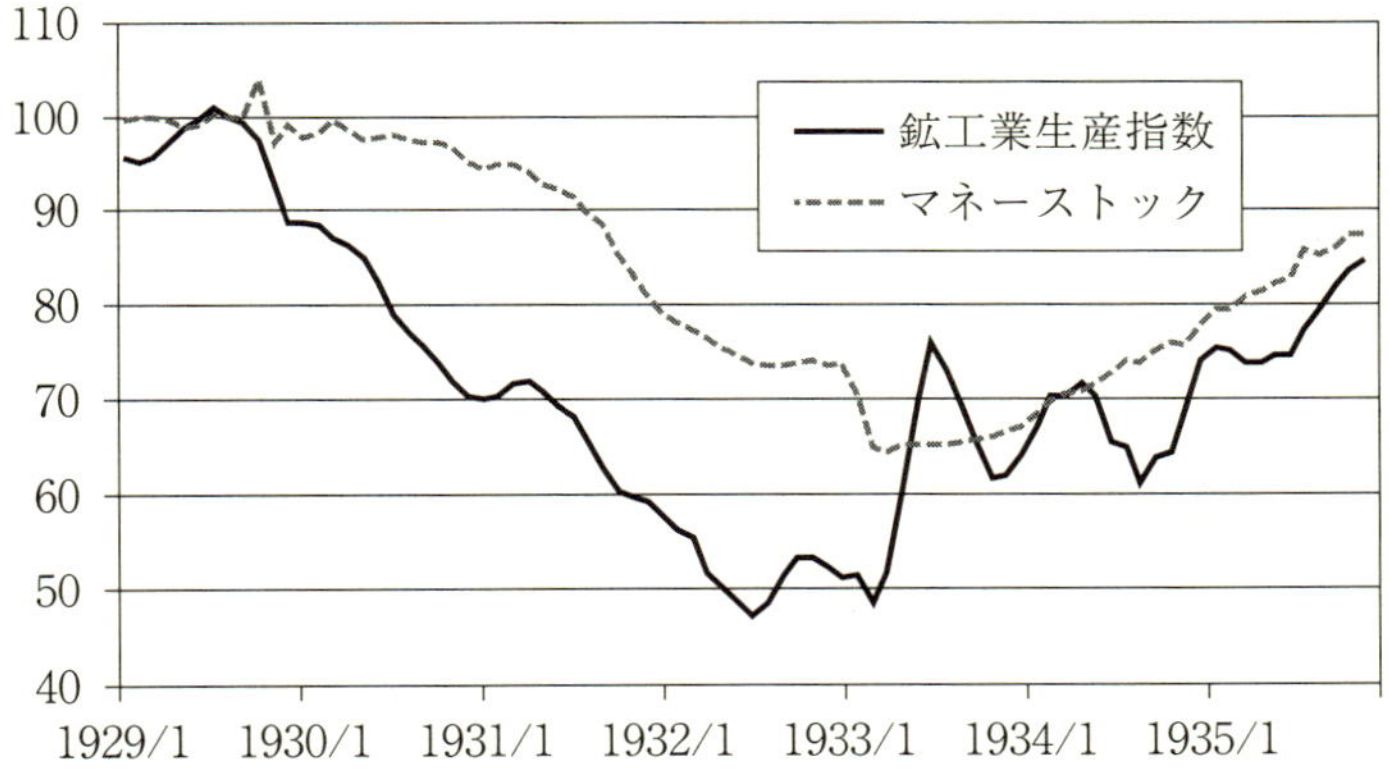

※出所：FRB、全米経済研究所（いずれも季節調整値）

要側）の要因がもたらしたものであって、供給の大元であるＦＲＢの不十分な金融緩和が原因ではない。実際、当時のマネーストックは収縮過程と回復過程のいずれにおいても、実物経済の動向を示す代表的な指標である鉱工業生産指数に対して明らかに遅れた動きを示しており（**図表３－４**参照）、資金供給側からのコントロールを前提とした外生的貨幣供給論では説明がつかない。この事実はそのまま、外生的貨幣供給論を前提としたマネタリストの議論の誤りを示すものである。

「結論ありき」で破綻しているマネタリズム

さらにこの間、マネタリーベースは逆に一五％増加している（**図表３－５**参照）。この大半

図表３－５：大恐慌当時のアメリカのマクロ経済指標の推移

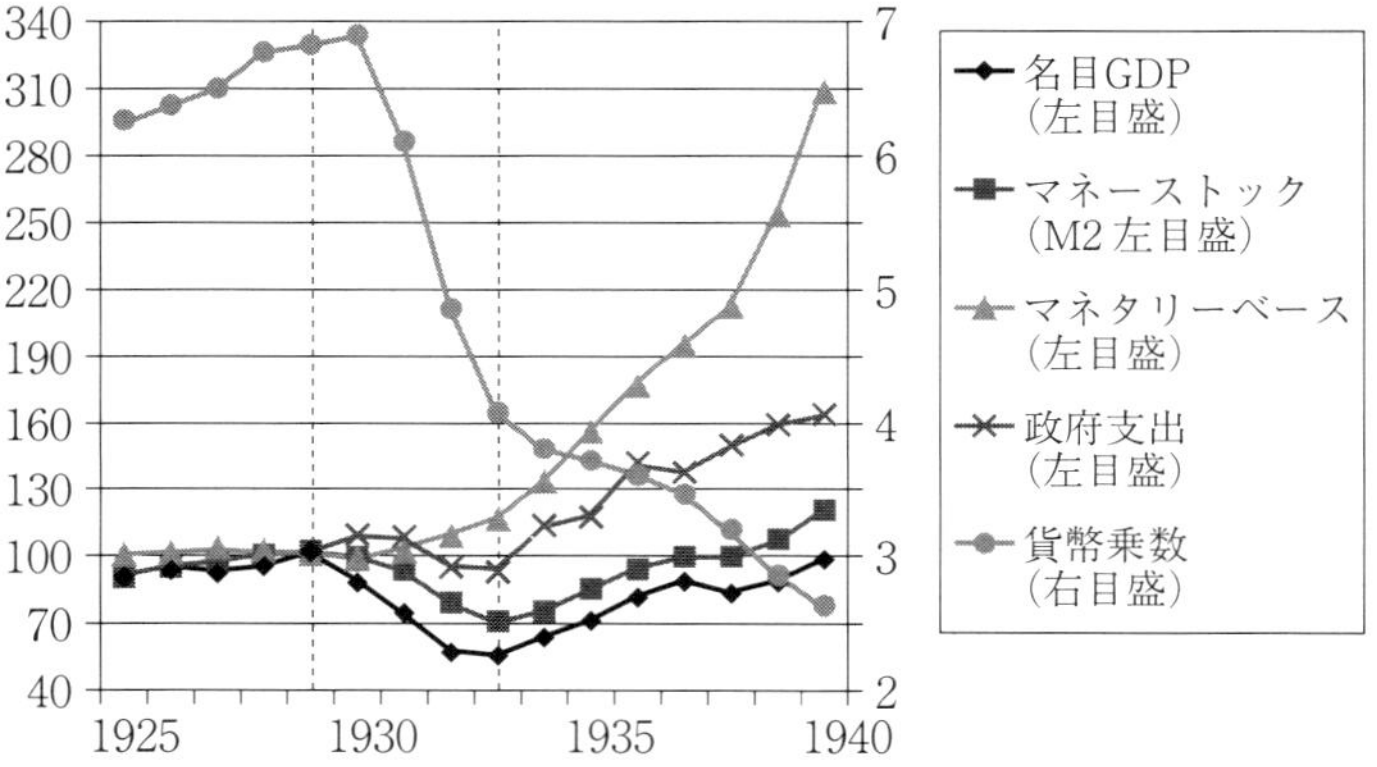

※出典：米国勢調査局、米経済分析局、米セントルイス連銀
※貨幣乗数を除き、1929年＝100として指数化している。

は銀行取り付け騒ぎの多発を背景にした現金の増加によるもので、民間銀行がＦＲＢに保有する準備預金の残高はこの間ほぼ横ばいではあるが、いずれにしても三〇％以上減少したマネーストックの動向とは大幅な乖離があることには間違いない。

この事実もまた、外生的貨幣供給論を前提としたフリードマンの議論では説明が困難である[14]。むしろ、「マネタリーベースを増やしたからといって必ずしもマネーストックの増加には結び付かない」とする内生的貨幣供給論の妥当性を示している。

これに対してフリードマンは、この間の貨幣乗数（マネーストックをマネタリーベースで割ったもの。貨幣乗数の低下は、マネタリーベースの増加が貸出に結びついていないことを示す）が低下しているのは経済収縮期特有の現象であると主張している。つまり、この現象自体は外生的貨幣供給論を否定するものではなく、ＦＲＢが積極的な金融緩和を行って経済が回復していれば貨幣乗数は逆に上昇したはず、というのがフリードマンの主張である。しかし、**図表３－５**が示すように、貨幣乗数は経済が回復軌道に乗った一九三四年以降も低下を続けており、むしろフリードマンの議論の矛盾を明らかにしている。

こうした状況は、現代の日本においてもまったく同様である。**図表３－６**で示したとおり、バブル崩壊以降、日本の貨幣乗数は低下の一途をたどっている（二〇〇五年から二〇〇八年にかけて貨幣乗数が一時的に上昇しているのは、経済状況の変動というより、単に日銀が量的緩和政策を解除し、それまで過剰に供給されてきたマネタリーベースを正常水準に戻したことによるもの）。また、この間金融緩和によって金利の低下が続いたにもかかわらず、経済の回復につながらなかったことは第１章でも示したとおりである。

（14）　フリードマンは、一九六八年に出版された“The Role of Monetary Policy”（邦題：金融政策の役割）という論文のなかで、「ＦＲＢがマネタリーベースの急激な縮小を強制または容認した」（傍点筆者）という事実に反する議論を展開し、ポスト・ケインジアンの一人であるイギリスの経済学者ニコラス・カルドアから批判されている（Ｍ・フリードマン、Ｎ・カルドア、Ｒ・Ｍ・ソロー／新飯田宏訳『インフレーションと金融政策』日本経済新聞社、一九七二年）。

図表3−6：日本の貨幣乗数の推移

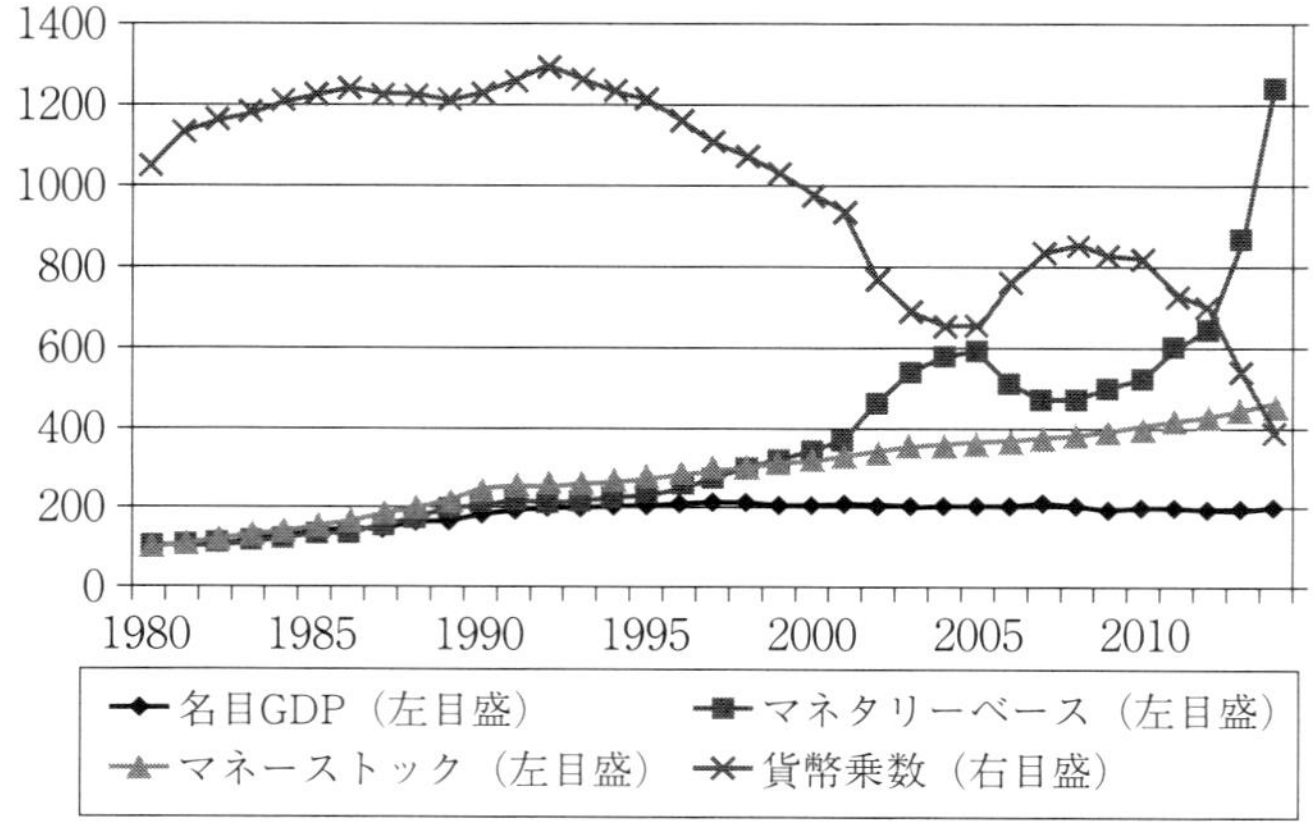

※出所：内閣府、日本銀行（貨幣乗数以外は1980年＝100として指数化）
※マネーストックはM2＋CD

他方で財政政策を見てみれば、**図表3－5**でも示したように、一九二九年から一九三三年にかけてアメリカの政府支出は七・三％減少している。そして、それ以降ニューディール政策で政府支出が増加トレンドに転じるとともに、経済の回復が始まっている。以上の事実からは、

「緊縮財政が経済全体の所得を減らして需要不足の状況を悪化させ、名目GDPやマネーストックの大幅な減少をもたらした」

「積極財政への転換が需要不足を補うと共に民間の所得を増やし、そのことが新たな資金需要を誘発して名目GDPやマネーストックの回復につながった」

と解釈するほうが自然であり、筋も通っている。

また、先ほどの血液のたとえを用いてこれまでの議論を整理すれば、「血球（マネタリーベース）をいくら増やしたところで、水分補給（民間銀行による貸出）がなければ血液（マネーストック）は生成されない」「さらに、血球と水分を用意しても、それだけでは血液として体内を循環しない（したがって、お金の流れである『所得』が発生しない）。血液として体内を循環するには、心臓の収縮（積極財政）が必要である」と述べることもできるだろう。

結論として、アメリカの大恐慌はむしろ、財政政策の有効性を示す事例と捉えるべきである。「金融緩和だけでは経済の回復につながらず、経済の動向はむしろ財政政策と連動している」という点では、現代の日本の状況とも重なっている。これに対するフリードマンの議論は、財政政策を否定的に捉える新古典派経済学的な発想ありきで金融政策のみに焦点を当て、それに合わせた理屈を付けているだけで、明らかに多くの点で現実と矛盾している。

ローマー論文の方法論上の欠陥

同様な現実との矛盾は、ローマー論文や金本位制主因説も同様である。

まずローマー論文だが、金融政策と財政政策の積極度を図る尺度として、それぞれマネーストック（の伸び率）と財政赤字（のGDP比）を使っている点に方法論上の欠陥がある。マネーストックを金融政策の尺度として用いることは、「中央銀行がマネーストックを自由に増やすことができる」という外生的貨幣供給論を前提にしていることを意味する。これが非現実的な誤った理論であることは、既にフリードマン説の検証で述べたとおりである。

一方の財政赤字だが、これ自身はあくまで「税収等の政府収入から財政支出を差し引いた結果」にすぎない。しかも現実の経済では、政府自身がコントロールできる支出の増減よりも、景気動向による税収の増減の影響のほうが大きい。したがって、「財政赤字が拡大している＝政府が財政政策による景気回復に積極的である」と捉えるのは適切でないどころか、現実をあべこべに解釈することにさえなりかねない。

事実、アメリカ政府が支出抑制や増税による緊縮財政を行っていた一九二九年から一九三三年にかけて、連邦政府の財政赤字（名目GDP比）は逆に拡大している（ローマーが分析に用いているのは「実質GNPに対する実質連邦政府財政赤字」だが、両者に有意な差はない）。そして、ニューディール政策が本格化して財政支出が拡大するのに一年遅れる形で、経済の回復による税収の拡大とともに財政赤字は縮小に転じている。さらに、アメリカ政府が一九三七年に再度緊縮財政に転じ、いわゆる「ルーズヴェルト恐慌」が生じた際にも、今度は一年遅れで財政赤字が拡

図表3－7：大恐慌当時のアメリカの政府支出と連邦政府財政収支の推移

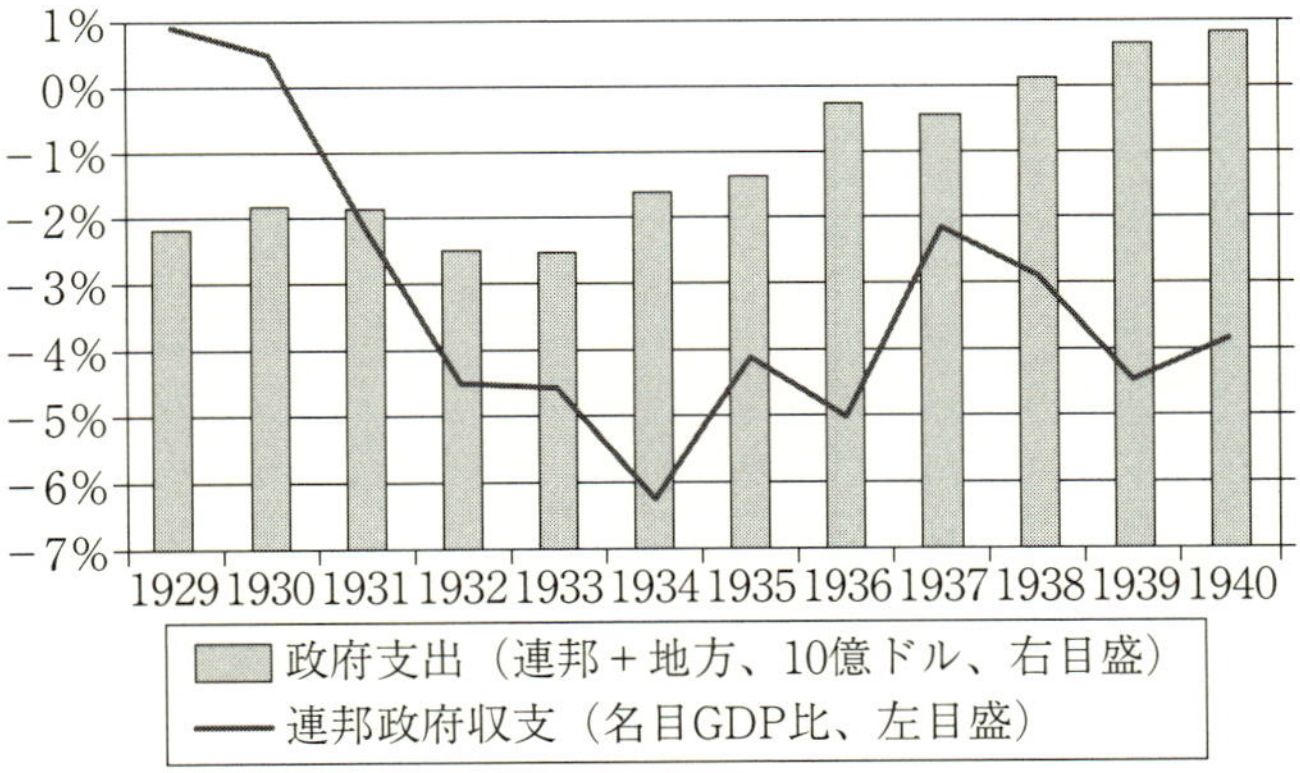

※出所：米国勢調査局、全米経済研究所

大している（**図表3－7**参照）。

つまり、ローマーの方法論に従うと、景気回復に伴うマネーストックの増加と財政収支の改善を、それぞれ金融緩和と緊縮財政に誤って結び付けることになってしまう。前者がもたらすのは景気回復と金融緩和の相関の過大評価、後者がもたらすのは景気回復と緊縮財政の相関の過大評価（＝景気回復と積極財政の相関の過小評価）にほかならず、妥当な結果など得られるはずもない。

ちなみに、ローマーは米大統領経済諮問委員会委員長を務めていたリーマン・ショック当時、一兆八〇〇〇億ドルという巨額の財政刺激が必要であるとの試算を行ったため（実際に法案として通過したのは八〇〇〇億ドル）、自らの論文との矛盾を指摘される羽目に陥った。ローマーはこれに対して、「『大恐慌時の財政政策は規模が小さすぎて効果が乏しかった』というのが自分の主張である」と反論しているが、(15) 明らかにつじつまが合っていない。いずれにしても、(彼女の反論が正当であればなおのこと) ローマー論文は財政政策よりも金融政策が有効であることの根拠とは到底なりえない。

当時の実態と乖離した金本位制主因説

次に金本位制主因説だが、これも当時のアメリカの現実と矛盾している。そもそも金本位制とは、自国通貨と貴金属の一種である金(きん)との交換を保証する制度である。したがって、経常赤字による国外への自国通貨流出を主因として自国通貨と金との交換が増大すると、中央銀行としては自国の経済状況が悪化している場合ですらマネタリーベースの縮小、すなわち金融引き締めを余儀なくされる。こうした金本位制の欠陥が世界恐慌を引き起こした、これが金本位制主因説の骨子である。

しかしながら、当時のアメリカは恒常的な経常黒字国で、公的部門の金保有量も一九二九年から一九三三年にかけてマネタリーベースとともに増加している。これは、当時のアメリカは金本位制の弊害を被る状況にはなかったことを意味している。

図表３−８：大恐慌当時のアメリカの金準備量とマネタリーベースの推移（1929年＝100）

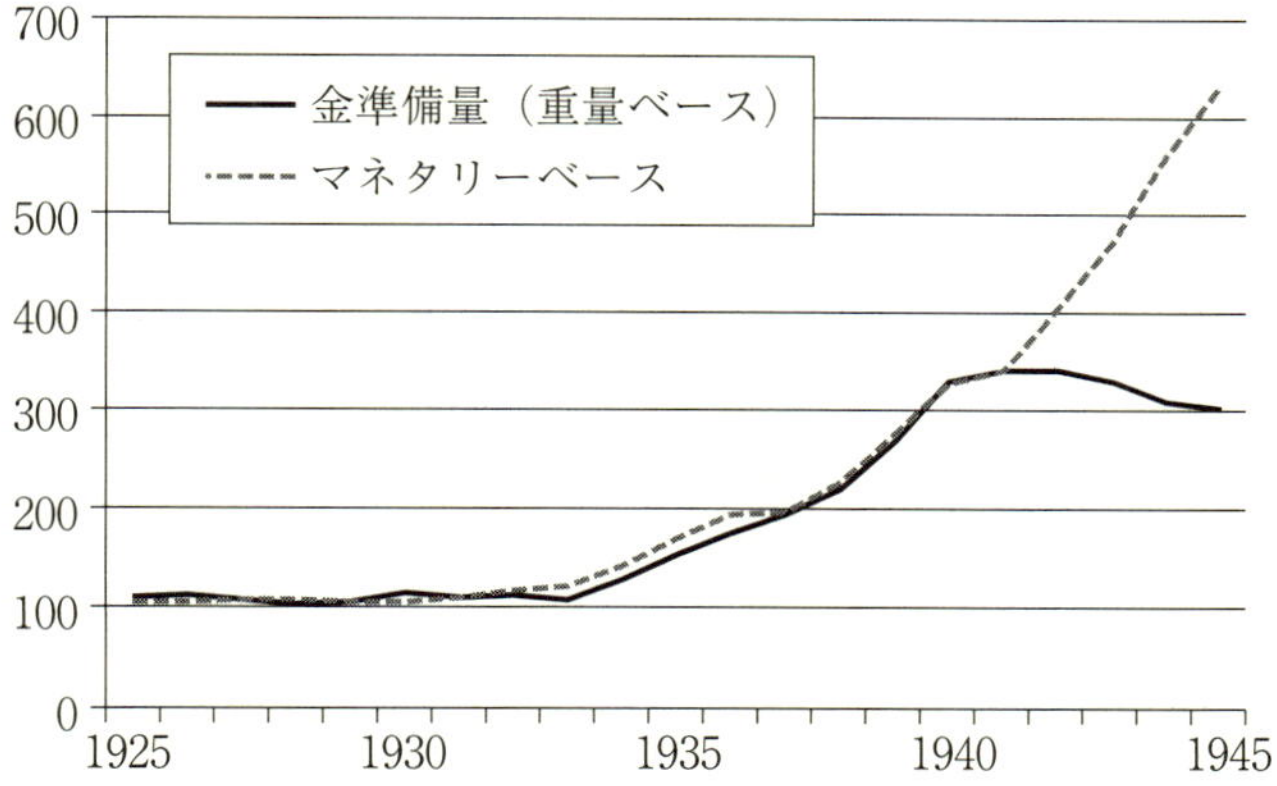

※出所：米国勢調査局、米セントルイス連銀

しかも、アメリカは一九三三年の金本位制停止に続き、翌一九三四年には金の公定価格が約一・七倍に引き上げている。これは、物理的な保有量が変らなくとも保有金のドル建て価値が上昇するため、理論的にはマネタリーベースをこれまでの一・七倍供給できるようになったことを意味する。

にもかかわらず、アメリカの一九四〇年までのマネタリーベースは、公的部門の物理的な金保有量とほぼ同じようなペースで推移している（**図表３－８**参照）。つまり、ルーズヴェルト政権のもと、財政政策が均衡財政というそれ以前

---

(15) Christina Romer, "Lessons from the Great Depression for Economic Recovery in 2009," Revista de Economía Institucional, Vol. 11, No. 21, Second Semester of 2009.

のレジームから現実に脱却した一方で、金融政策の方は実質的に従前のレジームの範囲内で運営されていた。これが当時のアメリカの実情なのである（一九四一年、第二次世界大戦に参戦して戦時経済という非常事態に移行した後は、マネタリーベースは金保有量以上のペースで拡大しているが）。

したがって、当時のアメリカにおけるレジーム・チェンジの主役はむしろ積極財政に転じた財政政策のほうで、金本位制停止はせいぜい脇役と見るべきだろう。もちろん、金本位制停止自体が人々の心理に影響を与えたアナウンス効果などを否定することはできないが、そうした効果だけで経済が七年以上回復軌道を保ったとするのは現実的ではない。

実際、もともとは実業家、銀行家でありながら、ニューディール政策の理論的支柱となる新たな政策理念をルーズヴェルト大統領に進言して政策レジームの転換に大きな役割を果たし、一九三四年から一九四八年にはFRB議長を務めたマリナー・エクルズ（Marriner Stodderd Eccles, 1890~1977）は、一九三八年の公聴会において、金融政策で不況を止めることは非常に困難であると述べている(16)。経済政策の中心にいた人物のこうした言動をふまえれば、「ニューディール政策の主役は財政出動」というのが当時の人々の認識であり、心理的な効果もそちらのほうが大きかったと考えるのが正当である。

さらに言えば、アメリカの金本位制停止自体、そもそも金融緩和を目的として行われたものではない。銀行の資金繰り支援のために設立された復興金融公社の融資先銀行名を公表したところ、人々が「融資先の銀行は、経営が危ない銀行である」と解釈して取り付け騒ぎが発生し、手に入れた現金をさらに金に交換しようとしたことに起因している。(17)

こうして見ると、「金本位制停止自体はレジーム・チェンジというほどのものでもなく、財政政策のレジーム・チェンジとたまたま同じタイミングで実施された政策イベントにすぎない」と解釈することすら可能である。そうした見地からは、バーナンキの実証研究なども、ことお膝元のアメリカに関しては、金本位制停止と経済回復の間の「見せかけの相関関係」を示したものにすぎないと考えるべきであろう。

アメリカの保守主義が廃れさせたケインズ経済学

このように、大恐慌の原因も不況脱却の主役も金融政策である、というフリードマン以降支配

(16) 中野剛志『レジーム・チェンジ　恐慌を突破する逆転の発想』(NHK出版新書、二〇一二年) 二一五～二一六ページ。
(17) このことは、チャールズ・キンドルバーガー／石崎昭彦、木村一朗訳『大不況下の世界　一九二九－一九三九』(東京大学出版会、一九八二年) のほか、フリードマンの『大収縮』でも述べられている。

的になった見解は、ベースにある新古典派経済学さながらに、多くの点で現実と矛盾している。むしろ、財政出動の重要性を唱えたケインズの見解のほうが現実に合致していることは自明にすら思える。にもかかわらず、なぜケインズ経済学は影響力を失ってしまったのだろうか。

一九七〇年代のスタグフレーション（インフレと不況の同時発生）がケインズ経済学の信認を低下させたことは、既に述べた通りである。しかしながら当時のインフレは、ベトナム戦争への介入強化（非生産的な軍事支出の過剰な拡大）、二度の石油ショックといった対外的・政治的な背景によって生じた、いわば「需要動向とは無関係な、生産性低下やコストアップによるインフレ」であった。

さらに、そうした背景によって通貨が増発されていたにもかかわらず、一九六〇年代までは無理やり固定為替相場制を維持していたことの反動が、変動相場制に移行後の急激なドル安や信用創造といった形で一九七〇年代に一挙に表面化し、当時のインフレ圧力を著しく強力なものにした。その結果、支出意欲が低下する不況期においてすらデフレ圧力が打ち消され、不況でありながらインフレという事態を招いてしまったと考えられる[18]。

しかし、当時のスタグフレーションがそうした特殊事情によって生じたとすれば、「不況は需要不足によってもたらされる」というケインズ理論の基本的な枠組みと矛盾するものではない。ケインズ経済学が世界経済の中心であるアメリカで廃れ、影響力を失った根本的な原因は他に存在すると考えるべきである。

それは一言でいえば、「アメリカの保守派にとって、ケインズ経済学は建国の理念に反するものだから」である。一七七六年、トマス・ペイン（Thomas Pain,1737～1809）が『コモン・センス（Common Sense）』を刊行した。宗主国イギリスの圧政を糾弾し、植民地アメリカの独立を訴える『コモン・センス』は当時のベストセラーとなり、アメリカ独立革命の原動力となった。『コモン・センス』では、社会が「人々の連帯意識をまとめて幸せをもたらす」という積極的なメリットをもつのに対し、政府とは「悪事を取り締まって不幸をもたらさない」という消極的なメリットしかもたない、せいぜい必要悪の存在と位置づけられている。イギリスの国王や上院を「専制支配の遺物」とし、「人々にかける負担が最も少なく、人々に提供できる福利が最も多い政府こそ、一番良い」とする同書の主張はアメリカの建国の理念となり、「小さな政府」を最上と(19)

(18)　さらに、伊東光晴『「経済政策」はこれでよいか　現代経済と金融危機』（岩波書店、一九九九年）では、一九七〇年代後半のカーター政権において、公民権運動や福祉政策拡充を背景とした失業登録者数の増加やカード決済の普及といった構造変化が見逃され、結果的に過度な経済刺激策がとられたこともインフレ率を加速し、ケインズ理論の信認低下につながったと述べられている（同書、一六三～一六六ページ）。

(19)　トマス・ペイン／佐藤健志訳『コモン・センス完全版　アメリカを生んだ「過激な聖書」』（ＰＨＰ研究所、二〇一四年）七四～七五ページ、および八一ページ。

するアメリカ保守派の思想的背景にもなったと考えられる。

したがって、アメリカの熱心な保守派から見れば、財政政策を通じた経済への政府の積極的な介入を肯定的にとらえるケインズ経済学とは、建国の理念を否定する危険思想以外の何物でもない。事実、アメリカで「マッカーシイズム」と呼ばれる反共産主義運動が激化した一九四〇年代終わりから一九五〇年代半ばにかけて、ケインズ経済学は「マルクス経済学と並ぶ危険思想」とさえ位置づけられていた(20)。

もちろん、そうした動きがあってもなお、ケインズ革命はアメリカの経済学界に多大な影響を及ぼした。しかしながら、ケインズ経済学を取り入れ、一時期主流の座にあった「新古典派総合」、あるいはその流れを汲む「ニューケインジアン」にしても、その基本は新古典派経済学であり、需要と供給の均衡を特殊な状態と捉えたケインズ本人とはむしろ正反対の世界観を有している。

さらに、主流派経済学が事実上「強者の論理」であることも見逃せない。「市場メカニズムのもとでは、資源配分が最適化され、経済全体の生産量が最大化する」という主流派経済学の命題は、市場メカニズムの徹底を標榜する経済自由主義に結び付きやすい。この命題は、完全な情報を有し、本人にとって経済的に最善の意思決定を絶えず下すことができる「合理的経済人」による平等な競争、すなわち「完全競争」を前提としている。

しかしながら、完全情報を有する個人など現実には存在せず、しかも各人が有する情報量は平等ではない。また、経済活動、特に投資の実行には多額の資金が必要である。資金はもちろん、有利な情報も経済的強者のもとにより多く集まるのが通常であり、完全競争が成立することなど稀である。

したがって、経済自由主義を徹底すればするほど、結果は強者にとってますます有利なものになり、資源配分の最適化などは決して達成されないのが現実の経済である。ところが、自らに有利な結果しか目にしない経済的強者はそれを望ましいものと信じ、ますます経済自由主義を信奉するようになる。こうなると、経済的強者にとっての主流派経済学とは、「かくあるはず」というより「かくあるべき」理論にほかならない。

そして、「強者の論理」である主流派経済学、あるいは経済自由主義は、「覇権国家の論理」でもある。経済自由主義、そして現代の主流派経済学の源流である古典派経済学は一九世紀、当時の覇権国家であるイギリスのもとで発展した。

こうした歴史的・政治的背景が、実証的な難点が多々あるにもかかわらず、フリードマンのマネタリズムの台頭を後押しした。一九七〇年代のスタグフレーションは、ある意味ケインズ経済学を追い落とす格好の口実を与えたと言えるだろう。さらに一九八〇年代、新自由主義的な政策

---

(20)　宇沢弘文『経済学の考え方』岩波新書、一九八九年、一四九〜一五五ページ。

を掲げる共和党のレーガン政権が誕生して政治の保守化が進行すると、大学の研究費も露骨に反ケインズ研究を条件として支給されるようになり、ますますケインズ経済学の凋落と新古典派経済学の興隆が進行した(21)。

この流れは、第二次世界大戦後アメリカの多大な影響を受けてきた日本の経済学界にも、少なからぬ影響を与えていることは間違いない。つまり、本人たちが意識していようといまいと、日本の経済学者が主流派経済学に基づいて展開する経済政策論には、実証性とは別次元の、政治的な偏りが少なからず生じているのが現実である。

しかしながら、主流派経済学の枠組みではアメリカ自身の歴史的事実すら説明できていないのは既に述べてきたとおりであり、前述したポール・クルーグマン、あるいはジョセフ・スティグリッツやピーター・テミン(Peter Temin, 1937〜)(22)といったアメリカの有力な経済学者たちも、今や財政政策主導の経済政策を唱えている状況である。そもそも、アメリカにとって保守すべき価値観が国の成り立ちや社会制度が異なる日本にそのまま当てはまるわけもなく、ましてや、その影響下にある誤った学説に追随する必然性は何ら存在しないはずである。

2 昭和恐慌を検証する

日本経済を危機的状況に陥れた昭和恐慌

次に、アメリカ大恐慌と同時代に日本で発生した昭和恐慌（一九三〇年～一九三一年）を検証してみよう。昭和恐慌は戦前の日本におけるもっとも深刻な恐慌であり、マネタリズム以降のアメリカの大恐慌論の影響を受けた日本のリフレ派が、不十分な金融緩和が現代日本の長期不況の原因であることを裏付ける前例としてしばしば取り上げている。

当時の日本経済は、第一次世界大戦期（一九一四年～一九一八年）に生じたアジア市場における日本製品への特需がもたらしたバブル景気が崩壊した後、経済不振が長期にわたって続いていた。一九二〇年以降はデフレ不況が慢性化し、関東[23]大震災によって生じた震災恐慌（一九二三年）、当時の片岡直温《なおはる》蔵相（一八五九～一九三四）の失言によって銀行の取り付け騒ぎが発生した昭和

---

(21) 伊東光晴『現代に生きるケインズ――モラル・サイエンスとしての経済理論』岩波新書、二〇〇六年、三ページ。

(22) (Joseph Eugene Stiglitz, 1943～) コロンビア大学教授。二〇〇一年にノーベル経済学賞を受賞。

図表３－９：戦前日本の株価および企業物価指数の推移（1920年1月＝100）

※出所：東京証券取引所、日本銀行、藤野正三郎他『景気指数：1888−1940年』

金融恐慌（一九二七年）などの経済恐慌が相次ぎ、株価も低迷していた（**図表3－9**参照）。

こうした状況下の一九二九年七月に発足した立憲民政党の濱口雄幸《おさち》（一八七〇～一九三一）内閣は、「不況下で産業構造を改革して腐敗を清算することが、経済の正常化や好況につながる」という、アメリカのフーヴァー政権にも通じる清算主義的な発想をもっていた。そして、緊縮財政政策を進めるとともに、当時の為替レートからすれば円高水準での金本位制復帰を実行に移し、金融も引き締めた。その結果、不況はますます悪化し、折からの世界恐慌もそれに追い打ちをかけ、日本経済は文字どおり危機的な状況に陥った。

金融緩和と財政出動をパッケージ化した高橋財政

濱口内閣のもとでの不況の深刻化、続く若槻禮次郎（一八六六～一九四九）内閣の満州事変をめぐる混乱、総辞職を経て、一九三一年一二月には立憲政友会の犬養毅（一八五五～一九三二）内閣が発足する。犬養内閣で大蔵大臣を務め、不況からの脱却を推進したのが高橋是清（一八五四～一九三六）である。

高橋は就任後直ちに金本位制を停止し、当局の金保有量とは無関係に通貨発行が可能な管理通貨制度に移行した。同時に、通貨発行権をもつ日本銀行に赤字国債を直接購入させて資金を調達し（日銀引き受け）、政府支出の拡大に充当した。濱口内閣とは正反対の経済政策を実行した結果、一九三二年以降名目GDPが拡大して物価も上昇に転じ、日本経済は不況からの脱却に成功した。こうした金融緩和と財政出動をパッケージ化した一連の政策は、『一般理論』の発表に先駆けてケインズ政策を実行に移したものとして、通常「高橋財政」と呼ばれている。

(23)　一九二七年三月一四日の衆議院予算委員会で午後三時三〇分ころ、破綻を免れていた東京渡辺銀行について、若槻内閣の片岡蔵相が、「現に今日、正午ごろにおいて渡辺銀行がとうとう破綻を致しました。誠に遺憾」などと発言し、預金者に動揺と衝撃を与えた。まだ破綻していなかった渡辺銀行は、この発言の翌日から、姉妹行のあかぢ貯蓄銀行ともども休業となり金融不安が広がり、各行へ預金者が殺到した。

ところが、日本のリフレ派は、「高橋財政の成功は、現代の長期デフレ不況の原因が日銀の不十分な金融緩和であることの実証事例である」と主張している。この主張には、「金本位制停止や国債の日銀引き受けといったマネタリーベース拡大政策無しには、財政出動も成功しなかった」、「『金本位制停止』というレジーム・チェンジこそが、人々のマインドを変え、デフレ不況からの脱却をもたらした」という二つの側面がある。リフレ派の一部には、「『高橋財政』ではなく、『高橋金融財政』と呼ぶべきだ」という論者も存在する。(24)

日銀悪玉論の根拠にはならない高橋財政の成功

まず、「金本位制停止や国債の日銀引き受けといったマネタリーベース拡大政策無しには、財政出動も成功しなかった」という主張を検証してみよう。実は、この主張自体は誤りではない。

当時の日本は、今の日本とも当時のアメリカとも異なり、経常赤字体質の国であった。前節の金本位制主因説をめぐる議論でも述べたとおり、経常赤字国が金本位制を導入すると、国外に流出した自国通貨を金と交換しようという圧力が生じ、そうした交換圧力は、マネタリーベース削減を通じて金融引き締め効果をもたらす。事実、一九二九年から一九三一年にかけては、資金需要の減少によって貸出金利が低下する状況にもかかわらず、民間金融機関の調達金利を示すコー

図表３−10：昭和恐慌前後の日本の各種金利の推移

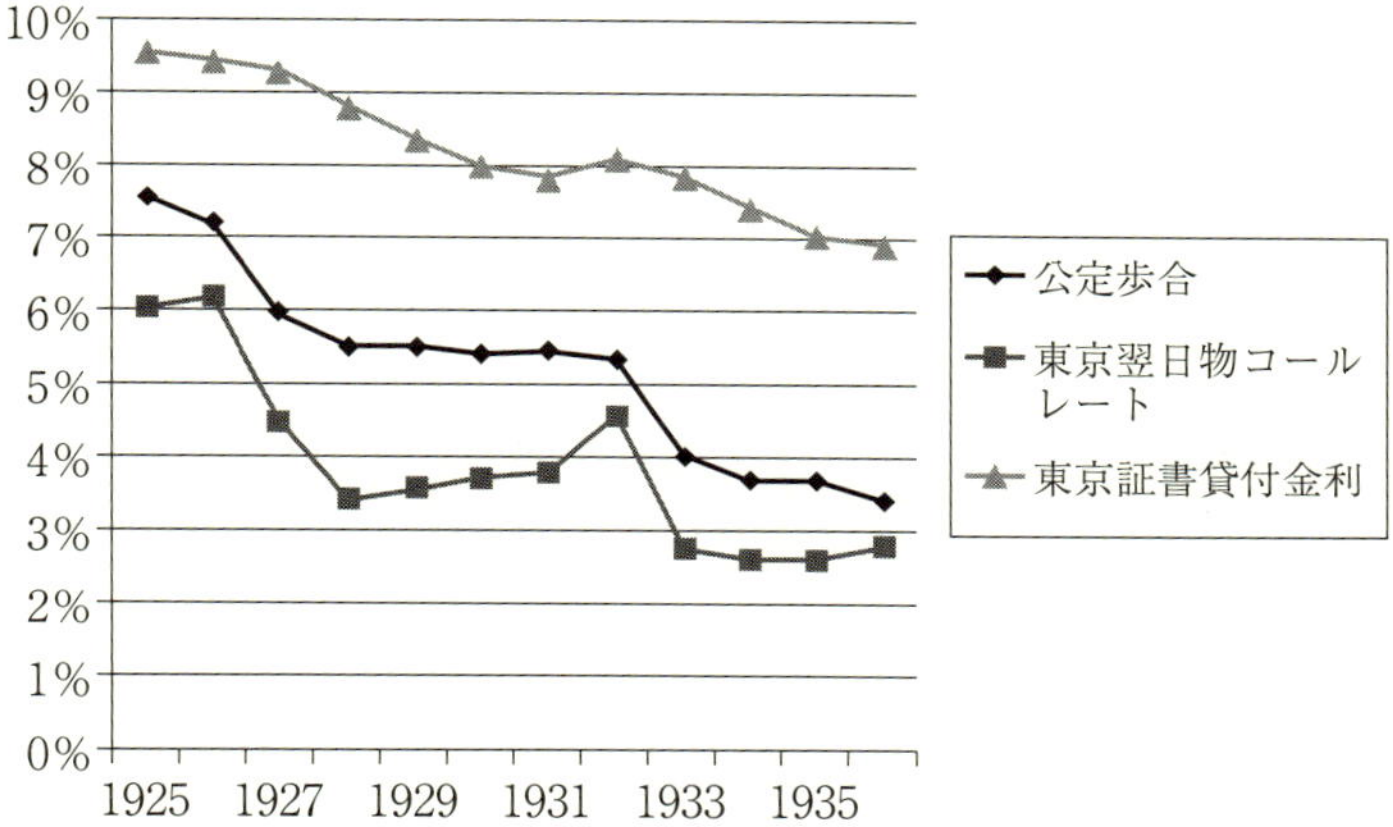

※出所：日本銀行、藤野正三郎『日本のマネーサプライ』

ルレートは金融引き締めを反映して上昇基調をたどっている（**図表３−10**参照）。

　また、経常赤字を削減しようとすれば、輸入を減らすためにさらなる金融引き締めや緊縮財政によって国内需要を抑える必要が生じる。こうなると、経済状況はより一層悪化する。しかも、当時の日本では、濱口内閣が経済の実力よりも円高の交換レートで金本位制に復帰したことで、この傾向に拍車がかかっていた。

　こうした状況では、財政出動だけで不況から脱却することは困難である。事実、満州事変（一九三一年）への対応による軍事支出の増大によって緊縮財政が維持できなくなったことも

（24）浜田宏一、若田部昌澄、勝間和代『伝説の教授に学べ！　本当の経済学がわかる本』東洋経済新報社、二〇一〇年、一九〇ページ。

図表３−11：昭和恐慌前後の日本のマクロ経済指標の推移

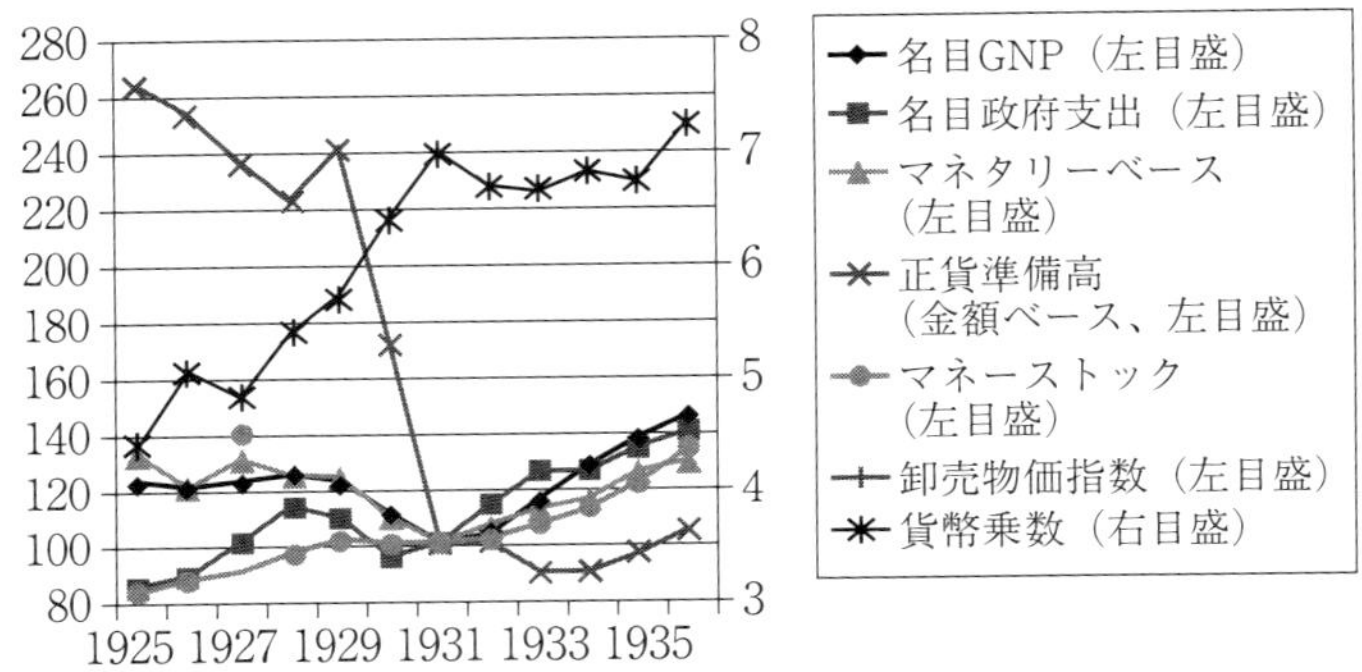

※出所：日本銀行、大川一司他『長期経済統計』、藤野正三郎他『日本金融の数量分析』

※貨幣乗数を除き、1931年＝100として指数化している。

※ここでのマネーストックは、民間非金融部門の現預金合計を示している。

あり、名目政府支出は高橋財政が本格化する前の一九三一年から拡大に転じていたが、同年の名目ＧＮＰ（＝国民総生産。自国企業の海外支店等の所得も含む）は前年比九・三％も減少している（**図表３－11**参照）。

これは、マネタリーベースを削減している状況下で政府の資金需要が拡大したために、民間需要に応える資金がそれ以上に削減される「クラウディング・アウト」という現象が生じたものと考えられる。こうした状況では、「マネタリーベース拡大を可能にする金本位制停止が不況脱却を決定づけた」と言われれば、確かにそのとおりだろう。

実際、高橋財政のもとでマネタリーベースが拡大に転じた一九三二年以降、名目ＧＮＰも卸売物価指数も上昇トレンドに転換し、日本は不況から脱却した（なお、「貨幣乗数は金融引き締め時に低下し、金融緩和時に上昇する」というフリードマンの主張は、ここでも成立していないことが**図表３－11**で確認できる）。この際のマネタリーベース拡大は、ルーズヴェルト政権当時のアメリカ（**図表３－８**参照）とは異なり、金地金を中心とした政府・日銀の正貨準備高の伸びをはるかに上回るもので、金本位制停止の効果がてきめんであったことを示している。

しかしながら、この事実だけを根拠として、「現代の日本の長期デフレ不況も、日銀の金融緩和が不十分なせいである」という結論を導くのは明らかに筋違いである。なぜなら、昭和恐慌時と現代とでは、置かれている状況がある意味正反対とも言えるからである。

そもそも現代の日本は、当局の金保有量とは無関係にマネタリーベースを拡大することができる管理通貨制度を採用している。加えて、第１章でも確認したとおり、マネタリーベースは過去二〇年近く、名目ＧＤＰの伸びをはるかに上回るペースで拡大を続けている。しかも、恒常的な経常黒字国で今や世界最大の対外債権国であり、対外要因で金融引き締めを迫られる状況にあるわけでもない。

むしろ、二つの事例を論理的に比較分析すれば、

「昭和恐慌時の日本はマネタリーベースを拡大してうまくいったのに対し、現代の日本はマネタリーベースを拡大し続けてもうまくいっていない」

「両者の違いは、前者が財政支出を拡大し、後者が緊縮財政を続けている点にある」「ゆえに、財政支出拡大なくして不況脱却は成り立たない」と結論づけるのが、常識的かつ妥当である。現代の日本に比較的近い状況にあった大恐慌時のアメリカの事例も合わせて考えればなおさらである。

財政出動による所得の拡大が、デフレ不況からの脱却につながった

次に、「『金本位制停止』というレジーム・チェンジこそが、人々のマインドを変え、デフレ不況からの脱却をもたらした」というリフレ派の主張を検討してみよう。

リフレ派の面々は、「経済全体が資金不足の状態にない時、すなわち需要自体が不足している時には、中央銀行がマネタリーベースを供給するだけでは資金需要につながらないため、デフレ不況を止められない」という考え方を、「日銀理論」と称し、批判の対象としてきた。(25) たとえば、リフレ派エコノミストの一人である安達誠司氏（一九六五〜）が著した『円高の正体』（光文社新書、二〇一二年）では、「量的緩和はデフレ脱却に無効」という見解を日銀の「公式見解」としたうえで、その反証事例として、高橋財政開始直後の一九三一年下半期から物価や生産活動が上昇に転じたのに対して、銀行貸出が一九三四年上半期まで減少し続けた当時の状況をグラフで

示している（同書一八九〜一九六ページ）。これは、「高橋財政下のマネタリーベース拡大は、金融機関の信用創造機能を通じてではなく、人々の予想インフレ率上昇をもたらすことで、デフレ不況脱却に貢献した」「したがって、現在の日銀がマネタリーベースを拡大してもデフレ不況から脱却できないのは、資金需要が不足していて金融緩和が効かないからではない。人々のインフレ予想を高めるほど十分にマネタリーベースを拡大していないからだ」という論理展開を意図したものである。

だが、これは明らかにおかしな論理である。信用創造の動向を反映するマネーストックの年末残高は、金融引き締めの影響で減少していた一九三〇年から転じて、翌一九三一年以降は増加している。これについては、**図表3－11**でも示したとおりである。

同時期のマネーストックをもたらした主因は、財政支出拡大による国債残高増加ペースの加速である（**図表3－12**参照）。繰り返し述べているように、「財政支出＝民間の所得」である。高橋財政開始直後の民間部門が借入を増やすことなく経済活動を拡大できたのは、財政支出拡大によって増えた所得を財源に充てることができたからにほかならない。

（25）　岩田規久男『日本銀行　デフレの番人』日経プレミアシリーズ、二〇一二年、九五ページ。

図表３－12：高橋財政時のマネーストック関連残高増加額
（対1930年、億円）

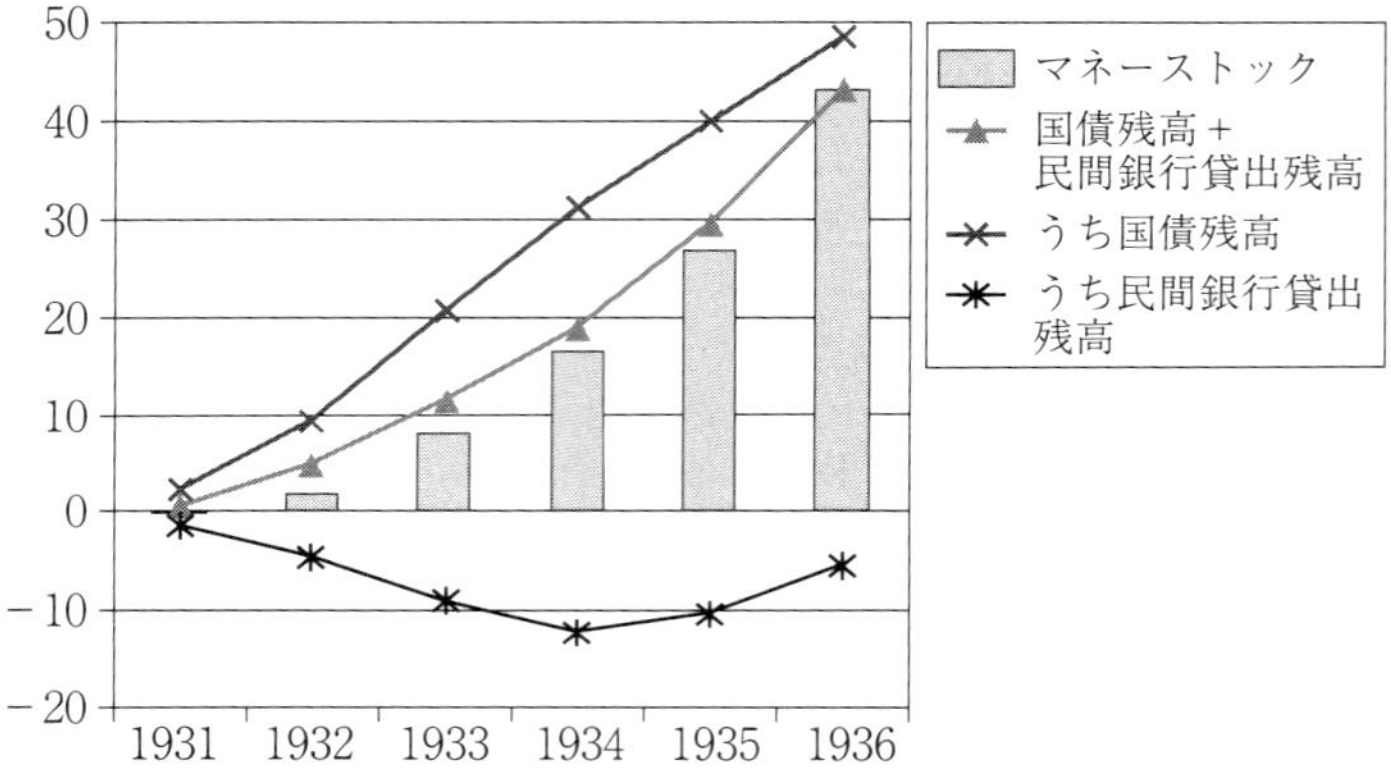

※出所：藤野正三郎他『日本金融の数量分析』

前述のとおり、信用創造の方法には「貸出」だけでなく「有価証券への投資」も含まれる。にもかかわらず、銀行貸出の減少だけを取り上げているのが安達氏の議論の問題点であり、現実との矛盾が生じている原因である。実際は、信用創造機能は高橋財政開始直後から働いていた。

したがって、「予想インフレ率の上昇」なる実態が不明確な概念など、もちだすまでもない。高橋財政は、「財政出動が信用創造機能を通じて現実の所得増加をもたらし、有効需要の拡大、ひいてはデフレ不況脱却につながった」という、ケインズ経済学を踏まえた簡明な説明が可能だし、そのほうが筋も通っている。そうした説明を避けているリフレ派の論理は、マネタリズム同様不自然なものと言わざるを得ない。

3 根拠に乏しい期待インフレ理論

期待インフレ理論は世界標準の金融政策理論？

前節で紹介した「人々の予想インフレ率を高めればデフレ不況から脱却できる」というリフレ派の議論は、「期待インフレ理論」と呼ばれている。これは、「インフレを起こすことを明確な目標として掲げて中央銀行が金融緩和を行えば、インフレ期待を高めた人々の行動が変化し、現実にデフレ不況から脱却できる」という理論である。

期待インフレ理論で高橋財政の成功を説明しようというリフレ派の議論が成り立たないことは、前節でも述べたとおりである。他方でリフレ派、とくに現日銀副総裁である岩田規久男氏は、「期待インフレ理論はアメリカやイギリスなどの中央銀行でも採用されて成果を上げている、世界標準の金融政策である。日銀がこの理論に従わず、大胆な金融緩和姿勢を示しながらマネタリーベース拡大を行わないことが、長期デフレ不況の原因である」という日銀批判を展開してきた。(26)

(26) たとえば、岩田規久男『日本銀行　デフレの番人』（日経プレミアシリーズ、二〇一二年）参照。

岩田氏を副総裁に迎えた現在の日銀が行っている「異次元の金融緩和」も、期待インフレ理論に基づいて行われている。こうした期待インフレ理論が妥当か否か、本節で確認してみたい。

期待インフレ理論のきっかけとなったクルーグマン論文

期待インフレ理論のきっかけとなったのは、アメリカの経済学者ポール・クルーグマンが一九九八年に発表した論文である(27)。当時の日本経済は、すでにゼロ金利政策が打ち出され、金利引き下げの余地がほとんどないにもかかわらず長期停滞を続けていた。

クルーグマン論文は、こうした日本経済の状況を説明し、かつ不況脱却の処方箋を提示する意図で書かれている。「金融緩和によって金利の名目値が著しく低下している一方で、実質的な資金調達コストである『実質金利』(名目金利から物価上昇率を差し引いたもの)が不況脱却に必要な水準まで低下できない、いわゆる『流動性の罠』の状況に陥っている」というのが、日本経済に対する彼の診断であった。

たとえば、借り入れ需要を刺激して不況脱却するにはマイナスの実質金利が必要であるとする。まず、名目金利はいくら金融緩和をしてもマイナスにはならない。その一方で、デフレで物価上昇率はマイナスであるため、名目金利が常に物価上昇率を上回り、実質金利はプラスにとどまる。

したがって、このままではいつまでたっても不況から脱却できない――クルーグマンはそんな状況を想定した。

そして、こうした状況に対してクルーグマンが提示したのが、「『中央銀行が、将来インフレを起こすのに十分なレベルの金融緩和を行う』と人々に信じ込ませることによって、デフレ状況でも人々の間にインフレ期待を生じさせる」という処方箋である。これは、「インフレ期待によって期待物価上昇率が名目金利を上回れば『マイナスの期待実質金利』が実現し、将来を見越した人々の借り入れ需要が刺激されて経済活動が活発化するため、デフレ不況からの脱却が現実のものになる」というメカニズムを想定している。

クルーグマン論文では、インフレ期待が生じる条件を「中央銀行が『無責任になる』という約束を信用してもらえるなら」と表現している。これは、「ある程度の将来までは高いインフレ率を許容する、という姿勢を強く打ち出しながら中央銀行が金融緩和を行う」ことを意味している。

こうした姿勢は、高インフレを抑えようとして金融を引き締める中央銀行の通常の行動を逸脱したものである。いわば、中央銀行の職責を放棄するに等しい。したがって、人々の心理にも大

---

(27)　Paul Krugman, "It's Baaack! Japan's Slump and the Return of the Liquidity Trap," Brookings Papers, 1998. http://www.brookings.edu/~/media/projects/bpea/1998%202/1998b_bpea_krugman_dominquez_rogoff.pdf

きな影響を与えずにはいられないだろう。これが、クルーグマン論文の理屈である。

彼は二〇一〇年に書かれた自身のブログ記事で、こうした政策がうまくいった前例として、第1節でも紹介した大恐慌時のアメリカの金本位制停止を挙げている。そこでは、金本位制停止が「当時の人々に、インフレ促進、少なくともアンチデフレというレジームに転じたことを確信させた」と述べられている。(28)「アベノミクス以前の日銀が強いデフレ脱却姿勢を示してこなかったため、日本はいつまでたってもデフレ不況を脱却できなかったのだ」というリフレ派の日銀批判の背後には、こうした期待インフレ理論が存在している。

理論的な前提が破たんしている期待インフレ理論

期待インフレ理論の背景には、

マネーストック×貨幣流通速度＝名目ＧＤＰ＝物価×実質ＧＤＰ

という式が存在する。これは「フィッシャーの交換方程式」と呼ばれるものである。この式自身は、「貨幣流通速度」という概念を絡めることで、マネーストックと物価や実質ＧＤＰの関係を記述した恒等式にすぎない。その意味で「貨幣流通速度」は、新古典派成長理論の「全要素生産性」（第2章第1節参照）とよく似た、実態のあいまいな概念である。

実は、期待インフレ理論では、「中央銀行が将来のマネーストックを金融政策によってコントロールできる」ことが暗黙の前提になっている。金融政策や財政政策では長期的には実質ＧＤＰに影響を与えられない、というのが主流派経済学の前提である。したがって、仮に貨幣流通速度を一定とすれば、「将来のマネーストックをコントロールできる」は「将来の物価（あるいはインフレ率）をコントロールできる」と同じ意味になる。すなわち、こうした基本的な前提のもとで、「中央銀行が将来のマネーストックを本気で増やそうとしている」と信じた人々がインフレ期待を抱くようになる、というのが期待インフレ理論の骨子である。

しかしながら、「中央銀行がマネーストックを金融政策によってコントロールできる」というのは、第1節でその非現実性を検証した外生的貨幣供給論そのものである。しかも、バブル崩壊後二〇年にわたって、マネタリーベース拡大がマネーストック増加に結び付かず、貨幣乗数が低下の一途をたどってきたのが、第1節でも確認した日本の現実である（**図表3－6**参照）。

（28）Paul Krugman, "Generating Inflation Expectations," New York Times, 11/4/2010. http://krugman.blogs.nytimes.com/2010/11/04/generating-inflation-expectations/

つまり、少なくとも二〇年先を超える「将来」を想定しないかぎり、「中央銀行が将来のマネーストックをコントロールできると人々に信じさせることができる」という前提自体、実はきわめて非現実的である（これは、「人々が二〇年以上先のインフレを期待して現在の経済活動を活発化させる」と想定するに等しい）。このように非現実的な前提のもとに成り立っている時点で、期待インフレ理論はマネタリズム同様、理論的に破たんしていると見るべきだろう。

また、現代の管理通貨制度のもとでは、そもそもマネタリーベースの供給は当局の金準備量等に制約されていない。したがって、レジーム・チェンジという観点からは、中央銀行がインフレ目標を掲げたとしても、クルーグマンが「成功例」として挙げた大恐慌時のアメリカの金本位停止ほどの効果は期待できないだろう。しかも、第1節でも論じたとおり、当時の金本位制停止にしたところで財政出動に比べたら脇役的な存在でしかなかった。そうなると、インフレターゲット政策による効果はきわめて限定的なものと考えざるを得ない。

実は、クルーグマン自身が前述のブログ記事において、期待インフレ理論に基づくインフレターゲット政策では大恐慌当時と同じような効果を上げるのは難しいことを既に認めている。その背景には、期待インフレ理論に関する彼の論文が発表された後の二〇〇一年から二〇〇六年にかけて実行された日銀の量的緩和政策が、思ったような効果を上げなかったことがある。(29) そうした現実認識があったからこそ、彼はリーマン・ショック後のアメリカ政府の財政出動に賛成し、(30) バブル崩壊後の不況下ではむしろ財政出動の効果のほうが高いことをモデル化した共著論文を発表するなど、[31] 現在ではむしろ財政出動を推奨する立場に転じている。

成果を上げているとは言いがたい期待インフレ理論

では、「期待インフレ理論はアメリカやイギリスなどの中央銀行でも採用されて成果を上げている（日銀がこの理論に従わずに大胆なマネタリーベースの拡大を怠ったことが、日本のデフレ不況の原因である）」という岩田氏の主張はどうだろうか。

第1節でも述べたとおり、主要国の中央銀行関係者の間の標準的見解はむしろ内生的貨幣供給論である。だとすると、外生的貨幣供給論に基づいた期待インフレ理論が世界標準の金融政策理

(29) Paul Krugman, "Inflation, Deflation, Japan," New York Times, 5/25/2010. http://krugman.blogs.nytimes.com/2010/5/25/inflation-deflation-japan/

(30) Paul Krugman, "Credibility and Monetary Policy in a Liquidity Trap (Wonkish)," New York Times, 3/18/2011. http://krugman.blogs.nytimes.com/2011/03/18/credibility-and-monetary-policy-in-a-liquidity-trap-wonkish/

(31) Gauti Eggertsson and Paul Krugman, "Debt, Deleveraging, and the Liquidity Trap: A Fisher-Minsky-Koo Approach," The Quarterly Journal of Economics, 2012.

論である、という岩田氏の主張は、そもそも論理的に矛盾していることになる。

たとえば、アメリカの中央銀行であるＦＲＢのバーナンキ議長（当時）は、二〇一二年一二月の連邦公開市場委員会後のスピーチで、「中央銀行のバランスシート拡大（＝マネタリーベース拡大）自体が、インフレ期待に効果があるものではない」と発言している。(32)

また、イングランド銀行の二〇一四年第１四半期報には、外生的貨幣供給論を否定するとともに、マネーストックが現実にはどのように生成しているかを説明した論文が掲載されている。(33)そこでは、イングランド銀行が実施している量的緩和政策の目的はあくまで金融資産の購入を通じた経済全体の資金調達コストの低下であり、マネタリーベースの拡大自体が目的ではないと述べられている。したがって、同行の量的緩和政策は金利コントロールを主体とした従来型の金融政策の延長であり、期待インフレ理論に基づくものではないと考えるべきである。

さらに、岩田氏がその著書『日本銀行　デフレの番人』（日経プレミアシリーズ、二〇一二年）で紹介している「世界標準の金融政策に基づく成功事例」なるものも、実は成立していない。

図表３－13と**図表３－14**は、同書で「マネタリーベースの拡大がインフレ率を引き上げた成功事例」として掲載されているアメリカとイギリスのマネタリーベースと消費者物価指数に関するグラフを、データ取得期間を直近まで引き延ばして再現したものである（それぞれ、同書九八ページおよび一四三ページに掲載）。いずれも、同書におけるデータ取得期間とそれ以降の期間を

図表３−13：アメリカの超過準備額および消費者物価指数の推移

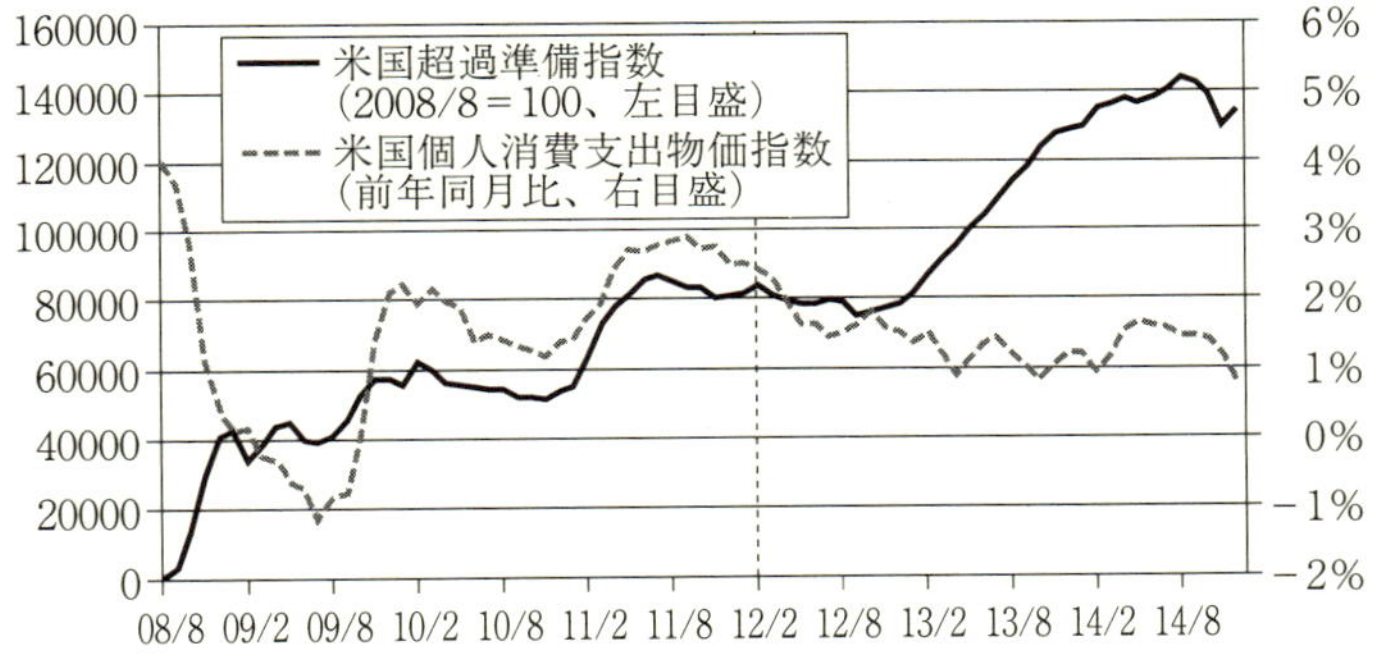

※出所：FRB、米経済分析局

※グラフの掲載期間は2008年８月〜2014年12月（岩田氏のグラフは2008年８月〜 2012年２月）

※超過準備指数とは、法定準備額を超過する準備預金残高を指数化したもの

図表３−14：イギリスのマネタリーベースおよび消費者物価指数の推移

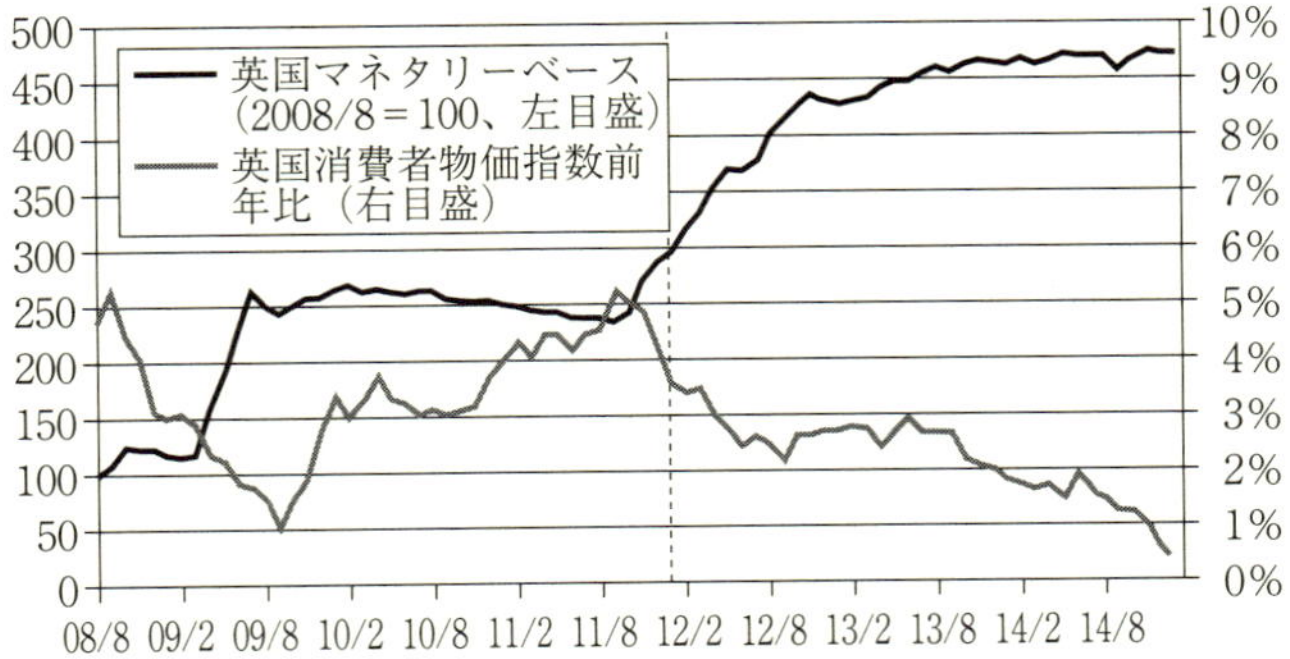

※出所：イングランド銀行、Eurostat

※グラフの掲載期間は 2008年 ８ 月〜2015年 １ 月（岩田氏のグラフは2008年８月〜 2012年１月）

図表3－15：日米マネタリーベース比率（日本÷アメリカ）の推移

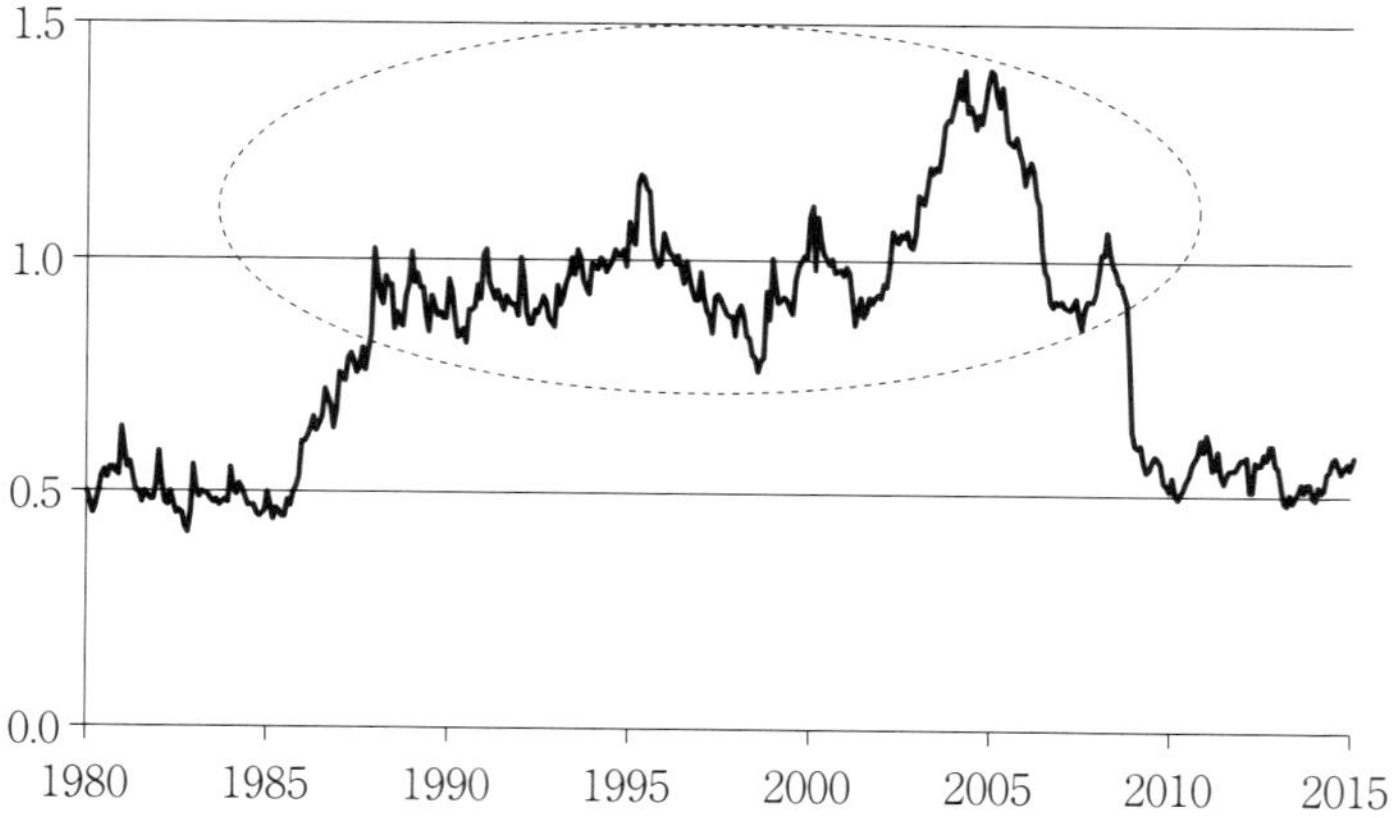

※出所：日本銀行、FRB

点線で区切っている。

確かに、同書で示されている二〇一二年二月（イギリスについては同年一月）までは、マネタリーベースの拡大に伴ってインフレ率も引き上げられているように見える。ところが、それ以降は両国とも、マネタリーベースの拡大に消費者物価指数の伸びがまったくと言っていいほど伴っておらず、直近では消費者物価指数の伸びが中期的なインフレ目標とされる二％を下回っている。

結果としてみれば、同書のグラフは自らの主張に当てはまる期間だけを取り上げた、いわば「いいとこ取り」にすぎず、到底「成功事例」と呼べる代物ではない。むしろその後の経過は、こうした金融緩和が実体経済の本格的な回復につながっていないことを示している。

そもそも、岩田氏をはじめとしたリフレ派は、リーマン・ショック後の日本のマネタリーベースの伸びが欧米のそれに劣ることを根拠にして日銀批判を繰り返してきた。しかしながら、日本のマネタリーベースは、バブル経済期、とくに一九八七年のブラックマンデー以降リーマン・ショック直前に至るまで、経済規模が倍以上あるアメリカのそれとほぼ同規模で推移している（**図表3－15**参照）。

その意味では、日銀は既に過剰なまでの金融緩和を継続してきたと評価するのが妥当である（二〇〇一年以降の量的緩和政策期に至っては、日本のマネタリーベースは絶対額でアメリカのそれを恒常的に上回っていた）。にもかかわらず、日本だけが長期デフレに陥った現実を無視し、あまつさえ「期待インフレ理論」なる根拠のあやふやな理論をもちだしたリフレ派の日銀批判など、到底首肯《しゅこう》できるものではない。

（32） FOMC: Press Conference on December 12, 2012 http://www.federalreserve.gov/monetarypolicy/fomcpresconf20121212.htm

（33） Michael McLeay, Amar Radia and Ryland Thomas, "Money creation in the modern economy," Bank of England Quartely Bulletin 2014 Q1, 2014. http://www.bankofengland.co.uk/publications/Documents/quarterlybulletin/2014/qb14q102.pdf

インフレ期待をもたらすのは財政出動？

こうしたリフレ派批判に対しては、「アベノミクスでインフレ期待が高まったのが、『異次元の金融緩和』が効いている何よりの証拠ではないか」と反論する声があるかもしれない。

インフレ期待が高まった根拠としてしばしば取り上げられてきたのは、「ブレイク・イーブン・インフレ率（ＢＥＩ）」という指標である。これは、「物価連動国債」という消費者物価の動向に応じて元本や利息が変動する国債の市場利回りを、元本も利息も固定された一般的な利付国債の市場利回りから差し引いたもので、金融市場における期待インフレ率を示す指標とされている。

一般に「ＢＥＩ」と言われるものが示すのは、「現在から国債の満期までの期間の、『平均的なインフレ率の期待値』」である。確かに、ＢＥＩはアベノミクス以降上昇を続け、二〇一四年一月末以降は日銀のインフレ目標とされる「二パーセント」を上回っている（**図表３－16**の「いわゆるＢＥＩ」参照）。日銀の岩田副総裁は二〇一四年二月六日、ＢＥＩが順調に上昇しているとして、異次元緩和の政策効果に自信を示した。(34)

しかしながら、ＢＥＩには「消費税増税による消費者物価上昇分」も影響する点に注意が必要である。仮に、一年後に消費税増税が予定されていて、増税による物価上昇分が三％、景気悪化による物価下落分がマイナス一％、差し引き二％の物価上昇を市場関係者が予想したとしよう。

図表３−16：ブレイク・イーブン・インフレ率（BEI）の推移（2013年１月〜2014年10月）

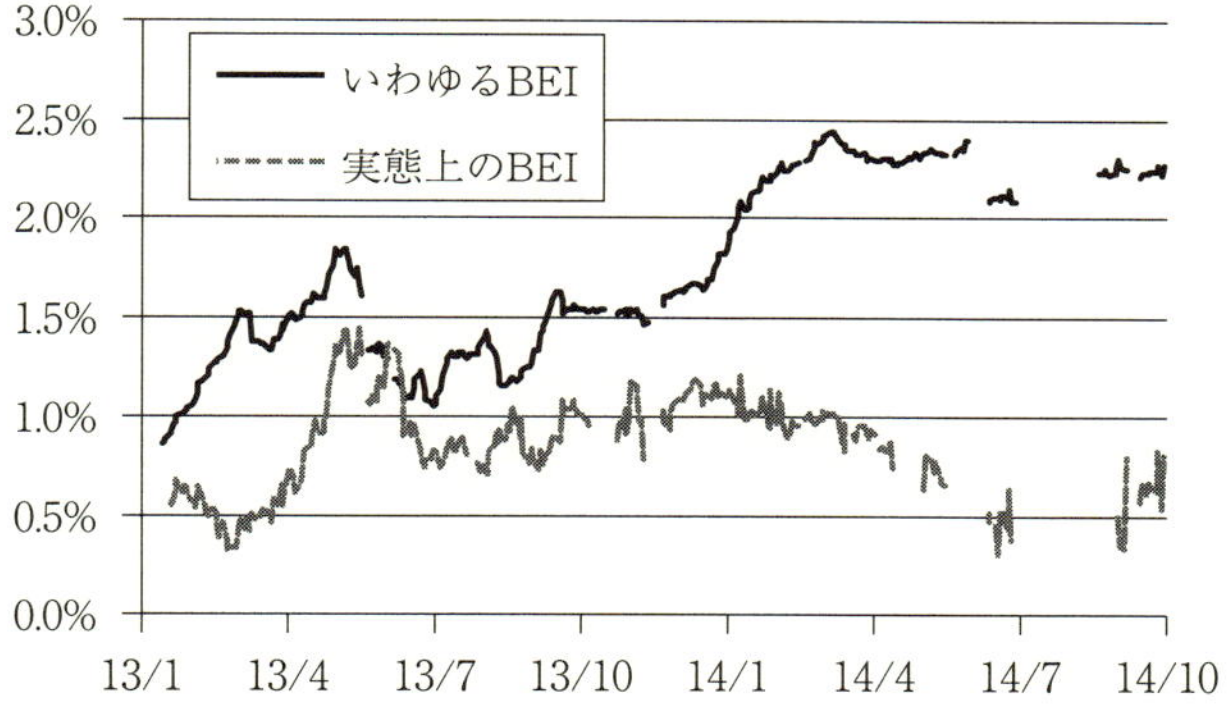

※出所：ブルームバーグ

※「いわゆるBEI」については、2014年４月21日まではBEI5年物、それ以降はBEI4年物の値を採用している。

※「実態上のBEI」の値は、2014年４月21日まではBEI4年物と５年物から、それ以降はBEI3年物と４年物から、それぞれ算出している。

この場合、実態的にはマイナス一%、すなわち「一%のデフレ」が予想されており、政策判断においても当然そちらを重視すべきである。

ところが、この時のＢＥＩ一年物は、増税によるかさ上げ分も含めた二%を示してしまい、経済実態と乖離《かいり》する。

(34)　ロイター「岩田日銀副総裁が初の会見、『下振れリスク小さい』」（二〇一四年二月六日付）および岩田規久男「最近の金融経済情勢と金融政策運営――宮崎県金融経済懇談会における挨拶」（日本銀行ホームページ、二〇一四年二月六日付）参照。http://jp.reuters.com/article/vcJPboj/idJPTYEA1506520140206 http://www.boj.or.jp/announcements/press/koen_2014/ko140206a.htm/

こうなると、指標としてはもはや適切とは言えない。

事実、ＢＥＩの上昇に勢いがつき始めたのは、安倍首相の消費税増税意向を報道各社が報じた二〇一三年九月以降である。だとすれば、その後のＢＥＩ上昇が「経済実態に即した期待インフレ率の上昇」を示しているとはかぎらず、指標として不適切な可能性も生じているのである。

そこで、経済実態に即した期待インフレ率に相当するものとして筆者が算出したのが、**図表3－16**における「実態上のＢＥＩ」である。これは、消費税増税の影響を受け得る期間（当初予定では、二〇一四年四月～二〇一六年九月）以降に満期を迎える、満期の異なる二つのＢＥＩを組み合わせて算出している[35]。「いわゆるＢＥＩ」が「（増税によるかさ上げが混在し得る）今後X年間における平均的な期待インフレ率」だとしたら、「実態上のＢＥＩ」はいわば「（増税の影響が及ばない）X年後における期待インフレ率」と言えるだろう（消費税追加増税の延期が論点となった二〇一四年の解散総選挙の影響を除くため、二〇一四年一〇月までの推移を示している）。

そして、「実態上のＢＥＩ」は右肩上がりどころか、二〇一三年五月二二日をピークとした、明らかな低下トレンドを示している。この結果は、「岩田副総裁の見解は、消費税増税がＢＥＩに与える影響を軽視した不当なものではないか」という疑義を生じさせるものである。

二〇一三年五月二二日は、日経平均株価が二〇一三年上半期のピークに達するとともに、日銀の金融政策決定会合が実施された日でもあり、株式市場引け後に黒田日銀総裁が定例記者会見を行っている。黒田総裁はその場で、予定どおりの消費税増税を含む財政健全化推進の必要性をアピールしている。(36)また、その六日後の五月二八日に開催された経済財政諮問会議では、「第四の矢」として財政健全化に取り組む方針が確認されている。

二〇一三年五月といえば、景気敏感指標の一つとされるゴルフ会員権相場が、第二次安倍政権以降のピークを付けたタイミングでもある。(37)上昇を続けている株式相場が円安による企業の海外事業利益押し上げの影響を受けているとすれば、前者のほうがより国内経済の実態を反映していると考えられる。株価については、日経平均株価が二〇一五年二月に一五年ぶりの高値をつけるなど、アベノミクスの成功のバロメーターの如くに評価する向きもあるが、とくに二〇一四年以降は日銀やＧＰＩＦ（年金積立金管理運用独立行政法人）といった公的資金による買い支えの影

(35)　たとえば、二〇一四年四月二一日までは、「実態上のＢＥＩ」（四年後における期待インフレ率）を左の式によって算出している（算出に用いる銘柄をその後変更しているのは、ＢＥＩ五年物の値が取得できなくなったため）。

$$\text{実態上の BEI} = \frac{(1+\text{BEI 5年物})^5}{(1+\text{BEI 4年物})^4} - 1$$

(36)　日本銀行「総裁記者会見要旨」（二〇一三年五月二三日付）http://www.boj.or.jp/announcements/press/kaiken_2013/kk1305c.pdf

(37)　日本経済新聞「ゴルフ会員権、値下がり続く　景気にらみ企業手控え」二〇一四年一一月二二日付夕刊。

響も大きく、実体経済との乖離は増すばかりである。

こうして見ると、「異次元の金融緩和が期待インフレ率を高めている」というよりも、「緊縮財政方針が打ち出されたことによってデフレ脱却期待がはげ落ちつつある」というのが実態ではないだろうか。「実態上のＢＥＩ」の推移はむしろ、積極財政なくしてデフレ不況からの脱却が困難なことを示しているとすら言えるかもしれない。

少なくとも、アベノミクス下でデフレ脱却期待が高まったとしても、それは「異次元の金融緩和」によるものと断定することはできない。二〇一二年度の補正予算の効果もあり、ＧＤＰ統計上の二〇一三年の公的支出は、前年に比べて名目で三・〇％、実質でも二・九％増加しており、二〇一三年のＧＤＰの対前年増加額のうち、名目ベースでは七一・〇％、実質ベースでは四二・三％が公的支出の増加によるものである。

すなわち、二〇一三年前半までのデフレ脱却期待の高まりにしても、民間部門に現実の所得増加をもたらした財政出動の効果かもしれない。大恐慌や昭和恐慌に関するこれまでの検証もふまえれば、そう考えるのがむしろ妥当であろう。

4 リフレ派が曲解するマンデル＝フレミング・モデル

変動為替相場制のもとでは財政出動は無効？

リフレ派のなかには、「変動為替相場制のもとでは、財政政策よりも金融政策の効果のほうが大きく、理論的には財政政策の効果はない」[38]と主張する論者もいる。これは、IS－LMモデル（国内取引だけで成り立つ経済を対象とした、ケインズ経済学の基本的なマクロ経済モデル）を、輸出入など海外との取引も含む「開放経済」に拡張した「マンデル＝フレミング・モデル」に基づく議論である。マンデル＝フレミング・モデルは、ロバート・マンデル（Robert Alexander Mundell, 1932〜・コロンビア大学教授）、ジョン・マーカス・フレミング（John Marcus Fleming, 1911〜1976）という二人の経済学者が一九六〇年代に発表したモデルである。[39]

「一九九〇年代に景気対策として行われた公共事業が不況脱却につながらなかったのは、このモ

（38）高橋洋一『この金融政策が日本経済を救う』光文社新書、二〇〇八年、三三一ページより引用。浜田宏一氏（内閣官房参与、イェール大学名誉教授）や、原田泰氏（日銀審議委員）も同様な見解を述べている。

デルで説明できる」というのが、マンデル＝フレミング・モデルを掲げるリフレ派の主張である。実際のところはどうなのだろうか。

議論の前提をはき違えた財政政策無効論

まず、「変動為替相場制のもとでは、理論的には財政政策は無効である」という議論だが、これは明らかにモデルの前提をはき違えている。

実はこの議論、マンデル＝フレミング・モデルを発表したマンデルの論文で導かれた帰結そのものである。しかしながら、この帰結自身は、「国際的な資本移動が完全で、当該国は自国の金利を自由に動かすことができない」という非現実的で極端な仮定をモデルに取り入れた結果にすぎない。

マンデルが、こうした仮定を非現実的と知りながらあえて取り入れたのは、一九六〇年代当時、既に進展の兆しを見せていたグローバル化が一国の経済政策に与える影響を分かりやすく示そうという意図があったためである。現実の政策論でこの帰結を用いて「変動相場制のもとでは財政政策は無効である」という議論をすることなど、当のマンデル自身も想定していなかったことは同論文からも読み取れる。しかも、世界第三位の経済大国で、国際的に見ても貿易依存度が低く、世界最大の対外債権国で海外資本に頼る必要性にも乏しい日本は、この仮定がもっとも当てはまらない国の一つである。

同様のはき違えは、「変動為替相場制のもとでは、財政政策よりも金融政策の効果のほうが大きい」という議論にも当てはまる。マンデル＝フレミング・モデルは、あくまでも「変動為替相場制のもとでは、財政政策に対する金融政策の『相対的な』効果が、その他の環境と比べて大きくなる」と言っているにすぎない。たとえば、以下のケースを考えてみよう。

――それ以前は「財政支出一円拡大の効果」と「マネタリーベース一〇〇兆円拡大の効果」が等しかった環境で変動為替相場制にしたところ、「財政支出二円拡大の効果」と「マネタリーベース一〇〇兆円拡大の効果」が等しくなった。

---

(39) J. M. Fleming, "Domestic Financial Policies Under Fixed and Under Floating Exchange Rates" (IMF Staff Papers, 1962, pp. 369-380) および R. A. Mundell, "Capital Mobility and Stabilization Policy under Fixed and Flexible Exchange Rates" (The Canadian Journal of Economics and Political Science, 1963, pp. 475-485)。なお、マンデル＝フレミング・モデルやＩＳ－ＬＭモデルの詳細については、Ｎ・グレゴリー・マンキュー／足立英之他訳『マンキュー　マクロ経済学Ⅰ　入門編』（東洋経済新報社、二〇一一年）などのマクロ経済学の教科書を参照のこと。

この場合でも、「財政政策に対する金融政策の相対的な効果」は変動為替相場制によって以前の二倍になっているため、マンデル＝フレミング・モデルの結論とは何ら矛盾しない。だからといってこのとき、「変動為替相場制のもとでは、財政政策よりも金融政策の効果のほうが大きい」と胸を張って言える人はいないだろう。それが常識的な結論である。リフレ派の論理はここでも破たんしていると言える。

財政政策のほうが有効な現実の経済

では、マンデル＝フレミング・モデルの示唆も踏まえたうえで、変動為替相場制である現代の日本において、財政政策と金融政策の「絶対的な効果の差」をどう考えるべきだろうか。(40)

ＩＳ－ＬＭモデルに即して考えれば、「変動為替相場制になると、財政政策に対する金融政策の相対的な効果が向上する」というマンデル＝フレミング・モデルの効果は、右肩下がりのＩＳ曲線の傾きが以前よりなだらかになることで発揮される。これは、財政出動（＝資金需要増加）で生じる金利上昇が経済拡大にブレーキをかける効果（いわゆる「クラウディング・アウト」）が、自国通貨高による純輸出の減少を伴うことで変動為替相場制以前の状況よりも強く発揮されることを意味している。

では、実際のクラウディング・アウト効果はどの程度か。それは、「金利変動が経済活動に与える効果がもともとどの程度か（とくに、投資に対してどの程度影響があるのか）」、「為替レート変動によって加味される効果がどの程度か」の二点次第ということになる。

ケインズの『一般理論』が出た時代に、金利の低下が投資の増加につながらないことを示す調査結果が出ていることは、既に述べたとおりである（本章第1節の注2参照）。そして、一九九〇年代後半以降の日本経済も、金利が低下し続けてきたにもかかわらずゼロ成長を続けてきた（**図表１－４**参照）。

また、一九九〇年代後半以降の日本の実質実効為替レートが円安トレンドであることも、既に

(40)　以下では、ＧＤＰ、金利のいずれも名目値を議論の対象としている（為替レートについてのみ、輸出競争力と密接な「実質実効レート」を対象としている）。マクロ経済学の教科書の一部やリフレ派の議論のなかには、ＩＳ－ＬＭモデルやマンデル＝フレミング・モデルについて、実質値を前提に議論しているものも見受けられるが、投資の主な決定要因が名目上の概念である「利益」の将来見通しであること、「国内総支出＝国内総所得」というＧＤＰの恒等式は名目ベースで成り立つ関係である（とくに、海外との所得のやり取りも含めたモデルでは、実質ベースにおける支出と所得の乖離が大きくなり得る）ことをふまえれば不自然な議論である。実際、マンデル、フレミング両氏の論文、さらにいえばＩＳ－ＬＭモデルのルーツであるヒックスの論文（J. R. Hicks, "Mr. Keynes and the "Classics"; a suggested interpretation," Econometrica, pp. 147-159, 1937）のいずれも、名目値を分析対象としている。

図表3－17：実質実効為替レートと名目純輸出（名目GDP比）の推移

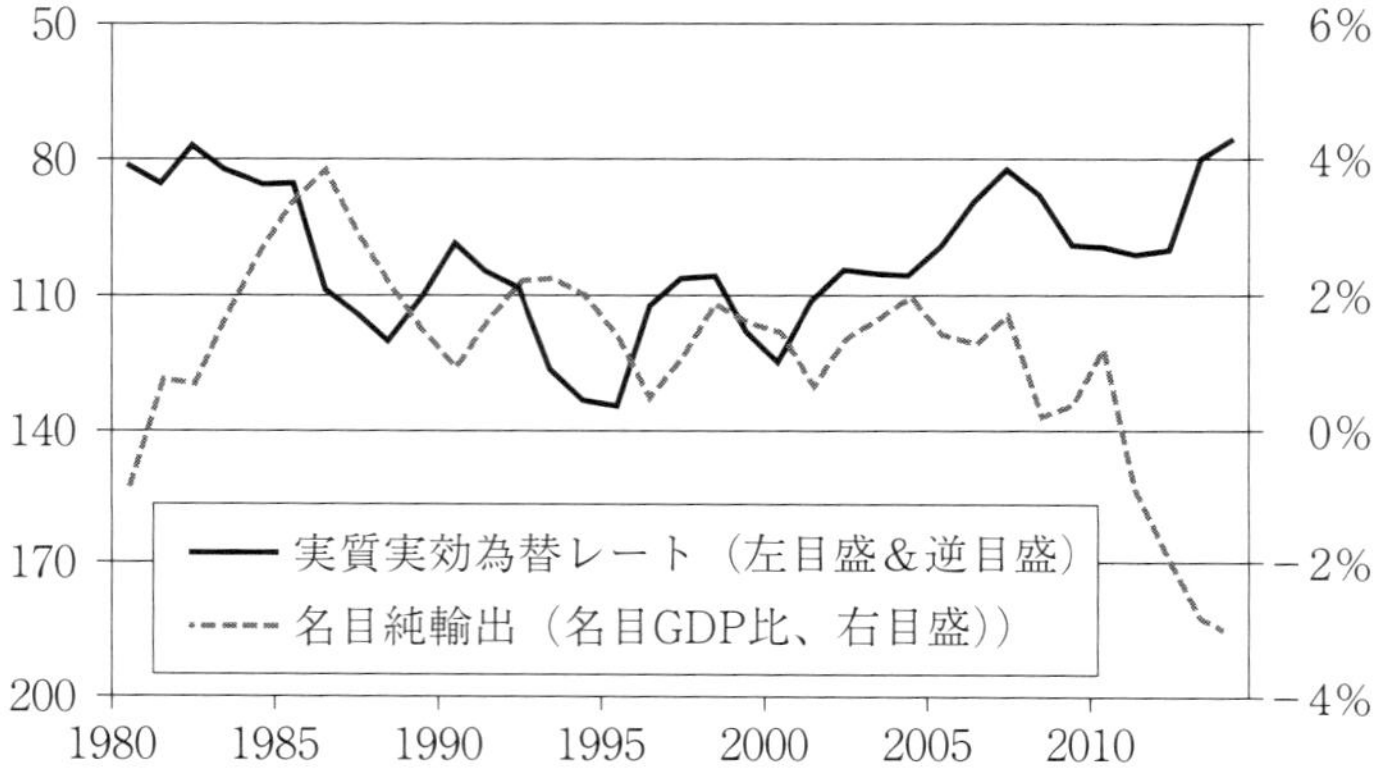

※出所：内閣府、日本銀行

※実質実効為替レートは数字が小さいほど（上にいくほど）円安。

指摘したとおりである。つまり、「金融緩和が金利低下と自国通貨安をもたらす」という点においては、マンデル＝フレミング・モデルどおりの結果が生じている。にもかかわらず、純輸出は拡大するどころか、原発の稼働が停止して化石燃料の輸入が急増した二〇一一年以前から、頭打ちないしは縮小トレンドであった（**図表3－17**参照）。これは、マンデル＝フレミング・モデルでは考慮されない、「名目ゼロ成長を背景とした企業の国内投資意欲低下がもたらした、長期的な国内生産能力の低下」（**図表1－2**および**図表1－3**参照）によるもので、自国通貨安による純輸出改善効果はそれに打ち消される程度の影響力しかもち得ていない。

　つまり、（少なくとも近年の名目ゼロ成長下の）日本経済をあえてマンデル＝フレミング・

図表３－18：IS曲線が垂直の場合の、マクロ経済政策の効果

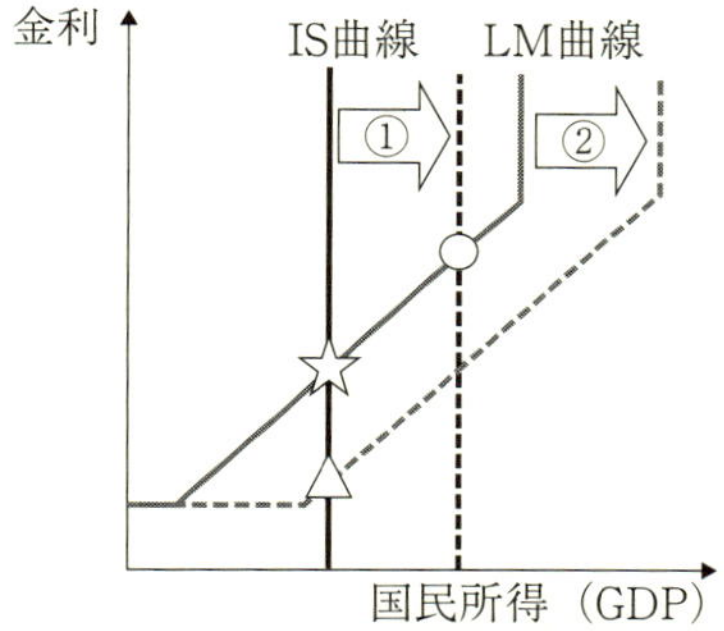

①：財政出動によるIS曲線のシフト
（経済水準は☆⇒○にシフト）
②：金融緩和によるLM曲線のシフト
（経済水準は☆⇒△にシフト）

モデルで記述するのであれば、変動為替相場制の効果を加味してもなお、ＩＳ曲線が垂直に近いと想定するのが現実的である。他方でＬＭ曲線は、ＧＤＰに一定の上限、金利に一定の下限を有した、右肩上がりの形状であると想定される。

この場合、**図表３－18**で示したとおり、金融緩和だけをいくら繰り返しても経済成長は実現できず、財政出動のほうが有効という結論になる（さらに金利が低下して下限に達すれば、仮にＩＳ曲線が垂直でなくとも金融緩和が無効になる、いわゆる「流動性の罠」に陥る）。もちろん、財政出動だけでもいずれＧＤＰの上限に達するが、そのときにはバブル経済前と同様、財政拡大や経済成長のペースにあわせて適度にマネタリーベースを拡大すればよい。

第4章

内生的景気循環論で読み解く日本経済

前章では、アメリカの大恐慌、日本の昭和恐慌といった歴史的な事例においても、緊縮財政から積極財政への転換がデフレ不況からの脱却をもたらしたことを示した。第1章から続くこれまでの分析をふまえて、読者のなかには既に、「日本経済再建のためには、積極財政を柱とした経済政策を実行すべきである」という結論に納得された向きも多いのではなかろうか。

ところが、「財政政策の効果は一九九〇年代以降低下しているため、デフレ不況脱却には有効ではない」という一見矛盾する議論が、多くの経済学者によってなされている。こうした議論は、積極財政論が正面から取り上げられない一方で、実証的根拠に乏しいはずの構造改革論や金融緩和論がいまだ根強く政策決定に影響を与えている背景の一つにもなっている。

本書では、こうした状況を矛盾なく説明するための枠組みとして「内生的景気循環論」に焦点を当てている。これは、「経済は、民間部門の経済活動に内在する不均衡メカニズムによって、自律的に変動する」という考え方である。内生的景気循環論は主流派経済学のなかでは異端の扱いを受けている一方で、実は『一般理論』のなかでケインズも取り上げていた。

本章では、まずは近年の財政政策無効論の内容に言及する。そのうえで、内生的景気循環論が一九世紀以降どのような流れで考察されてきたかを概観し、さらに世界経済や日本経済の分析につなげていく。そこでは、「合理的経済人」という主流派の人間観では語れない、生身の人間が織りなす不均衡状態の経済が想定されている。

こうした内生的景気循環論の想定は、「経済が市場メカニズムによって均衡状態に収れんする」という主流派経済学の非現実的な世界観とは正反対のものである。このように、基本的な世界観を根底から見直すことによって、緊縮財政によって長期停滞に陥った日本の現状はもちろん、リーマン・ショックのようなグローバル金融危機が周期的に発生する現実に対しても整合的な説明を与えることができる、というのが本書の立場である。これは、外生的貨幣供給論という非現実的な前提を見直すことで、リフレ派の誤った議論から脱却できるのとまったく同じ構図と言えるだろう。

1 財政政策の有効性をめぐる議論

GDPと公的支出の長期的関係が示唆するもの

第3章第1節でも説明したとおり、財政出動を行えば「政府支出の増加→民間所得の増加→増えた所得を元手にした民間支出の増加→……」というプロセスを経て、GDP（＝国内総所得＝国内総支出）は当初の政府支出増加額の何倍もの規模で拡大する（乗数効果）。このとき、最終的なGDP増加額を当初政府支出増加額で割り算したものが「乗数」と呼ばれる。乗数が大きいことはすなわち、財政出動の経済効果が高いことを意味している。

そして、第1章で示したとおり、日本の名目GDPは名目公的支出の動きとほぼ同じような軌道をたどって推移している（**図表1-4**参照）。この間、「名目GDP÷名目公的支出」は概ね四倍強なので、そのことからすれば、「乗数も長期にわたって四倍強で推移してきた」と考えるのがある意味最も自然である。(1) また、「名目GDP伸び率＝名目公的支出伸び率」という長期的な関係が国際的に見て概ね成り立っている事実も（**図表1-5**参照）、こうした考え方と整合的と言えるだろう。

これを突き詰めると、「一国の経済規模は財政支出額によってほぼ決定される」ということになる。こうした帰結に違和感を覚える向きもあるかもしれないが、「（政府のように徴税権や通貨発行権をもたない）家計や企業といった個々の経済主体の支出額は、自らの所得に自ずと制約される」という現実的な前提に立てば、決しておかしな結論ではない。民間の経済主体がそうした制約を受ける経済では、政府が支出を増やさないかぎり民間部門の間で所得の奪い合いが起きるだけで、経済全体のパイは拡大しない。そうしたマクロ経済モデルの一例は第5節で示すことにしよう。

乗数効果は一九九〇年代以降低下している？

ところが、こうしたGDPと公的支出の長期的関係が存在するにもかかわらず、「一九九〇年代以降の乗数効果は、それ以前と比べて低下している」という実証論文が、二〇〇〇年前後から多くの経済学者によって発表されるようになった。しかも、同様な見解は主流派やリフレ派の経済学者だけではなく、有力なケインズ経済学者からも表明されている。(2)

また、財政政策と経済成長の関係が乏しいことの根拠として、二〇〇一年四月から二〇〇六年九月にかけての小泉政権時代の経済パフォーマンスを引き合いに出す論者もいる。小泉政権の経済政策は、「構造改革して景気回復なし」のスローガンのもとで国債発行抑制や公共事業削減に取り組むなど、緊縮財政の方針で運営された。

にもかかわらず、小泉政権期の大半は、二〇〇二年二月から二〇〇九年三月にかけて生じた戦後最長の好景気「いざなみ景気」と重なっていた。この事実こそ、財政政策の効果が乏しく、むしろ構造改革、あるいは小泉政権期とほぼ同時期に行われた量的金融緩和のほうが経済政策として有効であることの証明である。こうした議論はマスメディアでもしばしば登場する。

乗数効果の低下を論じている経済学論文の大半では、ＶＡＲ（ベクトル自己相関）分析と呼ばれる、主流派経済学で標準とされる分析手法が用いられている。これは、「分析対象となる複数の項目について、各々の過去データを説明変数とする数式を作って回帰分

（１）経済学論文では実質ベースの乗数（実質乗数）が議論の対象になることが多いが、本書ではマクロ経済の変動メカニズムを考えるにあたり、資産バブルと景気循環の関係を包括的にとらえるため、また名目上の概念である企業利益が企業の投資行動に強い影響を与える実態などもふまえ、名目ベースの分析をより重視している。したがって以下では、（具体例として取り上げた飯田泰之氏の研究に関する議論を除き）議論の対象を名目ベースに絞っている。こうした絞り込みを行ったとしても、一九八〇年代以降、「実質ＧＤＰ÷実質公的支出」も名目同様大概ね四倍強で推移しているため、本書の議論の妥当性・客観性を有意に損なうことはないと考えている。

（２）伊東光晴『現代に生きるケインズ――モラル・サイエンスとしての経済理論』（岩波新書、二〇〇六年）一三五～一四二ページ。

図表４－１：GDP・公的支出の期間別増加額

（名目ベース）

	①名目GDP増加額（兆円）	②名目公的支出増加額（兆円）	①÷②（倍）
1980年⇒1991年	207.5	32.6	6.36
1992年⇒1996年	15.7	15.7	1.00
1997年⇒2000年	－15.64	0.30	－52.36
2001年⇒2006年	3.4	－10.5	－0.32

（実質ベース）

	③実質GDP増加額（兆円）	④実質公的支出増加額（兆円）	③÷④（倍）
1980年⇒1991年	177.9	26.5	6.71
1992年⇒1996年	26.3	16.7	1.58
1997年⇒2000年	3.05	5.05	0.60
2001年⇒2006年	43.7	－3.7	－11.82

※出所：内閣府（93SNA・2000年基準）
※名目ベースについては、「現金ベース」になるように、一般政府の固定資本減耗を控除する等の調整を加えている。

析を行い、出てきた係数をもとに各項目間の関連性を推定する」

という手法である。回帰分析がベースになっていることからも分かるように、分析対象となる変数間、たとえばＧＤＰと財政支出の間に、単調増加（財政支出が増えるとＧＤＰも増える）・単調減少（財政支出が増えるとＧＤＰは減少する）のいずれかの関係が成り立つことが暗黙の前提になっている。

分析に際しての具体的なモデルや分析期間は論者によってまちまちだが、たとえばリフレ派経済学者の一人である飯田泰之氏（一九七五～・明治大学准教授）の例を取り上げてみよう。

　飯田氏は、『リフレが日本経済を復活させる』（共著、中央経済社、二〇一三年）のなかで、「財政政策は有効か」と題してこの問題を論じている。飯田氏の議論のもとになっている同氏の共著論文では、一九八〇年から二〇〇六年にかけての期間を「一九八〇年から一九九一年」「一九八〇年から一九九六年」「一九九二年から二〇〇六年」「一九九七年から二〇〇六年」の四通りでVAR分析を行い、「財政政策の有効性は徐々に低下している」と結論づける一方で、金融政策にはそうした有効性の低下は見られないとしている。(3)

　図表4‐1は、同じ期間を飯田氏の議論に沿って区分し、さらに一九九七年から二〇〇六年の期間を小泉政権期（量的金融緩和の時期でもある）の「二〇〇一年から二〇〇六年」とそれ以外とに切り分けたうえで、各々の期間区分についてGDPと公的支出がどのように変化したか、名目・実質両ベースで示している（たとえば、「一九八〇年⇒一九九一年」の「名目GDP増加額」は、一九九一年の名目GDPと一九八〇年の名目GDPの差額である）。

（3）岩田規久男・浜田宏一・原田泰編著『リフレが日本経済を復活させる　経済を動かす貨幣の力』中央経済社、二〇一三年、第六章参照。飯田氏の議論のもとになっている論文は、Yasuyuki Iida and Tatsuyoshi Matsumae, "The Dynamic Effects of Japanese Macroeconomic Policies: Were There Any Changes in the 1990s?" ESRI Working Paper Series #209, 2009. http://www.esri.go.jp/jp/archive/e_disle_dis210/e_dis209a.pdf

確かに、一九九〇年代以降は、それ以前と比べて公的支出の増加がGDPの増加に結び付いていないように見える（それぞれの表の右端の、GDP増加額を公的支出増加額で割り算した結果を参照）。小泉政権期に至っては、名目・実質のいずれで見ても、緊縮財政による公的支出の減少とは裏腹にGDPが増加している。

もちろん、**図表４－１**はあくまでも論争の背景を分かりやすく示したものにすぎず、飯田氏その他の論者が**図表４－１**のような単純な方法で財政政策の効果を測定しているわけではないし、表の右端の数値がいわゆる乗数を示すわけでもない。それはともかく、こうしたデータを見せられれば、「一九九〇年代以降、金融政策は引き続き有効だが、財政政策の有効性は低下している」という議論にも一定の説得力があるように映るかもしれない。

実際、マスメディアなどでしばしば目にする「一九九〇年代のたび重なる景気対策は政府財政を悪化させただけで、有効ではなかった」という議論は、こうした乗数効果低下論の影響を少なからず受けている。それが小泉政権当時の経済政策を肯定的に評価する論調につながり、結果として、竹中平蔵氏（一九五一～・慶応義塾大学教授）をはじめとした当時の政策ブレーンたちの影響力が根強いことの背景にもなっていると考えられる。

世界観を変えれば異なるデータ解釈も可能になる

ここで、**図表４－２**を見てほしい。これは、**図表４－１**と同じデータを使って、各年の名目ＧＤＰを名目公的支出で割り算した値（以下「公的支出倍率」という）の推移を辿ったものである。水平の点線は公的支出倍率の平均値、垂直の点線は**図表４－１**と同じ期間の区切りを示している。**図表１－４**で示したように、ＧＤＰと公的支出は長期的には並行的に推移しているが、公的支出倍率は絶えず一定というわけではない。一九八〇年代や小泉政権期は上昇、それ以外の時期は下降、といった具合に、四～五倍の範囲内を循環的に変動している。

では、こうした変動はなぜ生じているのだろうか。「余計なことをせずに市場メカニズムに任せておけば、経済は均衡状態に収れんする」という世界観を下敷きにした新古典派ベースの主流派経済学では、こうした変動は何か内在的な要因によって生じている訳ではなく、その都度個別に発生する「外的ショック」の結果であると考える。

ここで言う「外的ショック」には、財政政策や金融政策といったマクロ経済政策のほか、自然災害、技術革新といったものも含まれる。こうした見方からすれば、飯田氏が行ったように分析対象期間をいくつかに区切り、それぞれにおけるマクロ経済政策と経済成長の相関関係を調べて比較するというアプローチを取ったとしても何ら問題はない。

図表４－２：公的支出倍率（＝名目GDP÷ 名目公的支出）の推移
（1980～2009年）

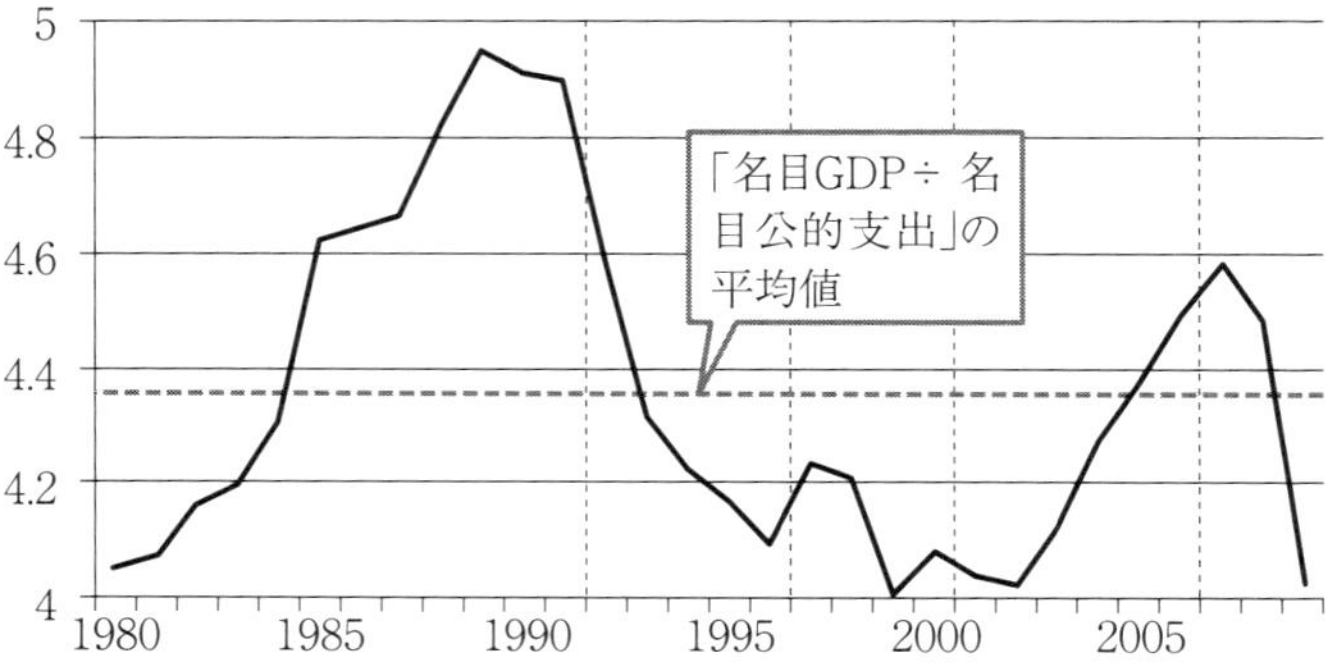

※出所：内閣府（93SNA・2000年基準）
※「現金ベース」になるように、政府の固定資本減耗を控除する等の調整を加えている。

たとえそうした結論が「ＧＤＰの伸びと公的支出の伸びとは密接な関係にある」という長期的な、あるいは歴史的な事実と矛盾したとしても問題にはならず、そうした事実は無視される。そこではむしろ、自らの世界観に合う計算結果が出るように期間を区分することが正当化される。そして、それぞれの区分のパフォーマンスの違いがマクロ経済政策以外の何によるものかが、長期的な事実との整合性が顧みられぬまま、さらなる分析の対象となるであろう。

ところが、こうした循環的な変動が外的な要因ではなく、民間経済自体に内在する何らかのメカニズムによって生じているとしたらどうだろう。つまり、現実の経済の姿を、「乗数すなわち財政出動の効果自体は、長期にわたって安定している（たとえば、**図表４－２**

の水平な点線付近の水準で）。しかしながら表面上の公的支出倍率は、民間経済自体がもつ何らかのメカニズムによって、短期的には乗数の水準から乖離して循環的に変動する」と想定するのである。このように、「民間経済の内部に経済の循環的変動を生み出すメカニズムが存在する」という考え方は「内生的景気循環論」と呼ばれている。

主流派経済学とは正反対であるこうした前提に立てば、GDPと公的支出の長期的な相関関係の高さとも整合性を保つことができる。また、緊縮財政にもかかわらず景気拡大した小泉政権期の経済パフォーマンスについても、「構造改革」「金融緩和」といった、本書で既に実証性の乏しさを指摘した説明をもちだすまでもなく、単に「たまたま内在的要因による公的支出倍率の上昇期だったから」と説明することができる。そして、GDPと公的支出の間の関係は単調増加・単調減少ではなくなるため、期間を区切ったVAR分析によって財政政策の効果を測るという主流派経済学的アプローチ自体が、そもそも意味をなさなくなる。

図表4－3は、こうした見方の妥当性を裏づけると考えられる事実の一つを示したものである。これは、「一人当たり名目GDP」の世界における日本の順位の推移を辿ったものだが、小泉政権期に日本の順位が大幅に低下していることは一目瞭然である（二〇〇一年から二〇〇六年に至る五年間で、円の名目実効為替レートはわずか八・一％の円安、ドル円レートにいたっては四・三％の円高である。したがって、円安効果ではこの大幅な順位低下を説明できない）。

図表４－３：日本の１人当たり名目GDPの国際順位（1980〜2013年）

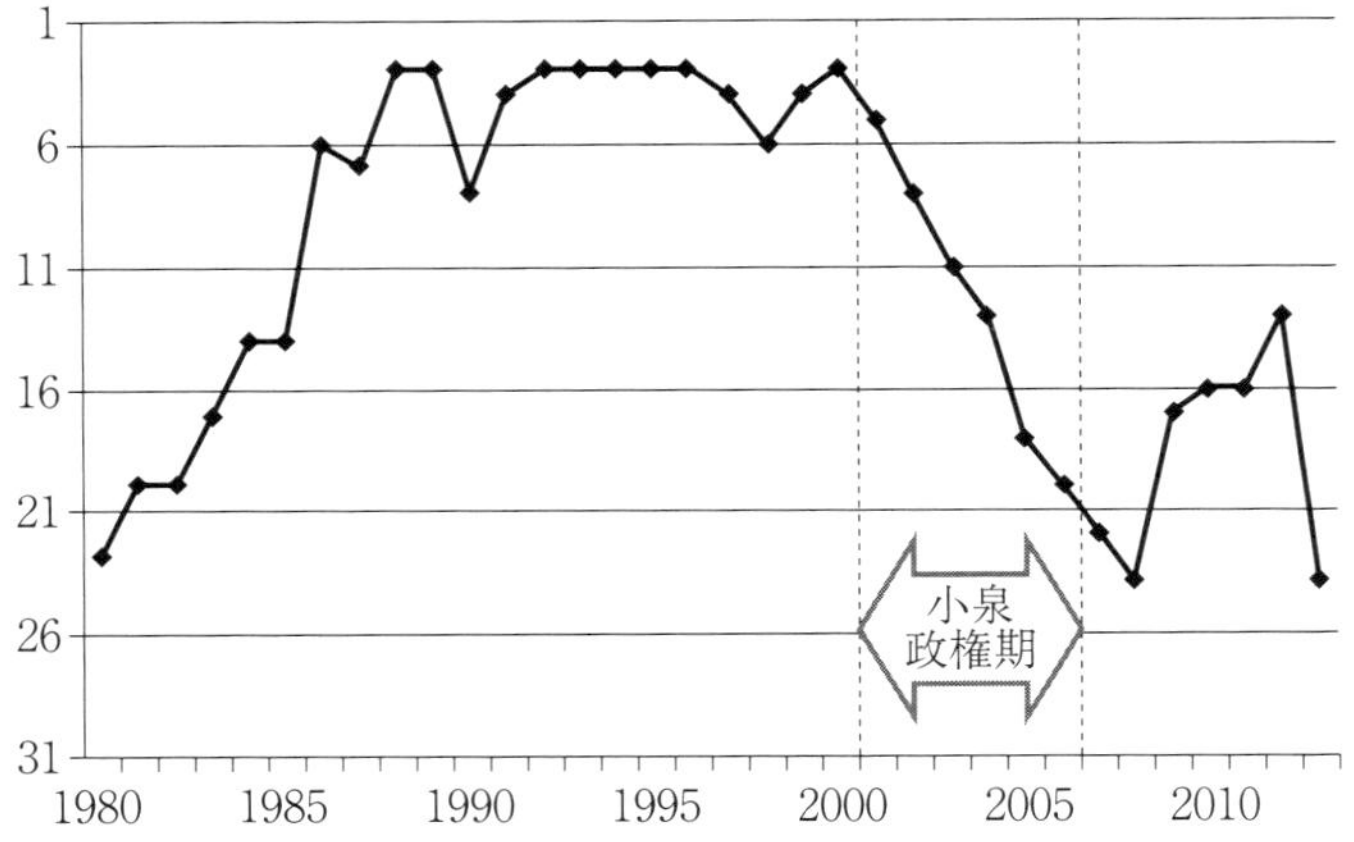

※出所：IMF

いざなみ景気は「輸出中心の、実感なき景気拡大」としばしば評された。**図表４－３**の順位変動が示すように、世界全体の好景気から見れば日本が著しく取り残されていたことからすれば、こうした「実感」も無理からぬ話だろう。

また、この事実は、当時の好景気は「構造改革や金融緩和によってもたらされた成功事例」というのが誤った認識であることを示している。むしろ小泉政権の経済政策は、「外需その他の後押しがあったにもかかわらず、緊縮財政のせいであの程度のパフォーマンスしか上がらなかった失敗事例」と捉えるほうが、数々の長期的な事実ともつじつまが合っている。

そもそも、内生的景気循環論に基づけば、アメリカの住宅バブルに代表されるように、当時の世界全体の好景気自体が内生的景気循環によってもたらされた不均衡現象であると捉えられる。したがって、経済政策の評価に際しても、そうした「追い風要因」は割り引く必要がある。

このように、「現実の経済はどのように動いているのか」という基本的な考え方、すなわち世界観を変えてみれば、あたかも天動説と地動説のように、同じデータに対してまったく異なる解釈が成立する。前提とする世界観が変われば、同じ経済政策をとっても場合によっては異なる結果が見込まれるため、取るべき政策も当然変わってくる。だとすれば、どちらの世界観がより妥当なのか、しっかりと見定めなければならない。

妥当性の見極めにあたっては、まさしく地動説がそうであったように、「どちらの世界観がより現実的、すなわち諸々の事実をより包括的に説明できるか」が重視されるべきである。これまでの検証結果は、長期的な事実と整合性の高い内生的景気循環論がより妥当であることを示唆している。次節以降では、内生的景気循環論が経済学の一分野としてどのような展開を遂げてきたかを概観しつつ、現実経済の変動メカニズムについて考察を進めていく。

2 内生的景気循環論とは何か

景気循環とは何か

景気循環とは、経済活動の全般的な水準が、一様に上昇するわけでも下降するわけでもなく、上昇と下降を繰り返しながら推移する現象を指す。上昇している状態は「好景気」「好況」「景気拡大」、下降している状態は「不景気」「不況」「景気後退」などと表現されるのが通例である。

たとえば、戦後一九七〇年代前半までの高度成長も、一直線の経済成長によって達成されたわけではない。「神武景気」「岩戸景気」「オリンピック景気」「いざなぎ景気」などと呼ばれる好況期の間には「なべ底不況」「昭和三七年不況」「証券不況」と呼ばれる不況期も存在した。逆に、バブル崩壊後の失われた二〇年においても、前述した戦後最長の景気拡大である「いざなみ景気」を含む、好況期は存在している（好況期・不況期の名称は、内閣府の『経済白書』などによる）。

こうした景気循環がどのような要因で生じるのか、好況期と不況期にはそれぞれどのような特徴があるのか、好況と不況の転換点をどのように把握するべきなのか、といったテーマをめぐる理論や学説が「景気循環論」と呼ばれるものである。

恐慌分析から始まった景気循環論

ケインズと並び「二〇世紀経済学の巨人」と称されるヨゼフ・アロイス・シュンペーターが著した『経済分析の歴史』(4)（原著はシュンペーター没後の一九五四年に出版）によると、現代に至る景気循環分析の源流は、一九世紀に周期的に発生した恐慌現象の研究まで遡ることができる。

恐慌とは、好況局面の終了とともに信用の崩壊（生産や消費の拡大を支えていた金融活動が滞ること）が生じ、深刻な景気後退が引き起こされる現象を指す。一九世紀前半には、これがほぼ一〇年周期で起こっていた。カール・マルクス（Karl Heinrich Marx, 1818~1883）が『資本論』で展開している恐慌論なども、産業革命によって発展しつつあったイギリスを中心とする、当時の資本主義経済の観察からインスピレーションを得ている。

こうした景気循環に対する初期の分析は、アカデミックな世界の経済学者ではなく、むしろ実務家主導で行われている。一八三〇年代に景気循環に関する著作を出版し、『経済分析の歴史』のなかでも景気循環分析の先駆者とされているイギリスのトーマス・トゥーク（Thomas Tooke,

(4) J・A・シュンペーター／東畑精一・福岡正夫訳『経済分析の歴史（上）（中）（下）』岩波書店、二〇〇五・二〇〇六年。

1774〜1858）やオーヴァーストーン卿（Samuel Jones-Loyd, 1st Baron Overstone, 1796〜1883）なども、学界というより実業界の人であった。

その後、景気循環の研究が進むとともに、周期的な現象と認識されるさまざまな循環が発見されていく。代表的なものとしては、企業の在庫投資動向に起因すると見られる「キチン循環」（周期約三年）、企業の設備投資動向に起因すると見られる「ジュグラー循環」（同約一〇年）、住宅や商工業施設の建設投資動向に起因すると見られる「クズネッツ循環」（同約二〇年）、長期金利の変動や主要産業の変革を伴う「コンドラチェフ循環」（同約五〇年）などが挙げられる。これらの名称は、主な提唱者の名前にちなんで、シュンペーターの著書『景気循環論』などで命名されたことに由来している。(5)

こうして発展してきた景気循環理論だが、循環が生じる主な原因を貨幣的要因、実物的要因、心理的要因などのいずれに求めるかは当初から研究者によってさまざまで、決して統一された見解が存在するわけではない。しかしながら、『経済分析の歴史』では、主要な理論に共通する特徴として次の二点を挙げている。

第一の特徴は、景気循環理論の主流は前述した内生的景気循環論である、というものである。内生的景気循環論では、好況局面から不況局面への転換（あるいはその逆）の原因を自然現象や政治的イベントなどの外的な要因に求めるのではなく、好況状態にある経済自身がもつ特徴のなかに不況を誘発する要因が含まれていると考える。シュンペーターが「現代の景気循環分析の開祖」と評したフランスの景気循環研究者ジュグラー（Joseph Clément Juglar, 1819〜1905）によるとされる「不況の唯一の原因は好況である」（『経済分析の歴史』下巻、六八七ページ）という一文は、まさしくこうした考え方を表現したものである。また、『経済分析の歴史』の記述からは、前述のトゥークやオーヴァーストーンも内生的景気循環論者であったことが読み取れる（『経済分析の歴史』中巻、六七二ページ）。

このように内生的景気循環を重視する考え方は、時代が下っても基本的には維持されていた。たとえば、オーストリアの経済学者ハーバラー（Gottfried von Haberler, 1900〜1995）は、それ以前のさまざまな景気循環理論を分類、解説した著書『景気変動論』（原著はジュグラーの業績から約七〇年後の一九三七年に初版出版）の序論において、「景気循環の説明においては、外的攪乱の影響に対してはできるだけわずかな重要性しか与えないほうが望ましいように思われる」(6)と述べている。これは、「外生的な力だけでは説明困難な程大きな好不況の振幅（現代でいえばリーマン・ショックのような事例）が実在している」、「目立った外的要因が少しも働いていない

(5)　J・A・シュンペーター／吉田昇三監修、金融経済研究所訳『景気循環論：資本主義過程の理論的・歴史的・統計的分析（1）〜（5）』有斐閣、二〇〇一年。

(6)　G・ハーバラー／松本達治訳『景気変動論（上）』東洋経済新報社、一九六六年、九ページ。

場合でも循環変動が持続している」といった経験則をふまえての見解であった。

このように、景気循環の研究において内生的景気循環論が有力視されてきた背景には、「好況・不況の際に生じる具体的な現象はその都度異なり、かつ期間についても完全に規則的とは言えないが、恐慌のような明らかな不均衡を伴う経済変動が、類似したパターンのもとで、ある程度周期的に発生しているのは事実である」という現実的な認識があったと考えられる。

第二の特徴は、大部分の景気循環理論は「投資」の循環を説明した理論に分類できる、というものである。実際、先に述べた周期の異なる主な循環のいずれにおいても、「投資」はそれぞれを特徴づけるキーワードになっている。

『経済分析の歴史』ではとくに、好況から不況への内生的な転換につながる現実的な要因として、「投資実現までのタイムラグ」という事象に注目している。すなわち、投資を誘発する何らかの要因が発生してから、投資の結果として生産設備が完成・操業するまでには必然的にタイムラグが生じる。仮に、設備が稼働して生産活動が始まるタイミングでは状況が変化し、投資を決断したときと比べて商品への需要が低下していれば過剰生産状態に陥るだろう。この場合、「経済活動にはタイムラグが内在するがゆえに、好況から不況への転換が生じた」といった、内生的景気循環論に基づく解釈が成り立ちうる。シュンペーターはこれを「時の遅れ説（lag theory）」と称している（『経済分析の歴史』下巻、六九六ページ）。

内生的景気循環を否定する主流派経済学

では、主流派経済学はこれに対して、景気循環という現実を自らの理論体系のなかでどのように位置づけてきたのだろうか。

既に述べたとおり、景気循環論は当初から実務家主導で発展してきた。こうした背景もあってか、アダム・スミス（Adam Smith, 1723〜1790）以来の「政治経済学」、すなわち現代の主流派経済学の源流でもある古典派経済学が経済学における「正統」であるのに対し、景気循環論は当初より非正統的なものと位置付けられてきたようである。(7)

そもそも、アダム・スミスの「見えざる手（invisible hand）」に象徴されるように、古典派経済学にしても、その後主流派の地位を引き継いだ新古典派経済学にしても、基本的には市場メカニズムの存在によって資源の配分が最適化し、ある種の均衡状態に到達することが想定されている。これに対して、景気循環理論における「主流」であり続けた内生的景気循環論は、タイムラグを前提とした「時の遅れ説」の例にも見られるように、「経済全体が不均衡状態にある」とい

（7）嶋中雄二、三菱ＵＦＪ証券景気循環研究所編著『先読み！　景気循環入門』日本経済新聞出版社、二〇〇九年、ⅰ〜ⅱページ。

う真逆の想定をしている。これは、景気循環論が「恐慌」という究極の不均衡現象の分析を出発点としていることからすれば、ある意味当然のことかもしれない。

こうした理論を「正統派」の枠組みに真正面から取り込もうとすると、論理的な矛盾が生じるか、正統派の枠組みの存在意義が大幅に失われてしまう。したがって、景気循環論が経済学のなかで非正統的な扱いを受けてきたのは、いわば必然の流れであったと言えるだろう。

他方で、景気循環という現象自体は、古典派経済学が成立した当時から厳然として存在した。こうした状況での主流派経済学者の対処の仕方は、「景気循環を説明するために、経済システム外の要因を持ち出す（新古典派経済学の誕生に貢献しつつ、太陽黒点数の変動と景気循環を結び付けたイギリスの経済学者、ウィリアム・スタンレー・ジェヴォンズ［William Stanley Jevons, 1835〜1882］がその典型）」、「例外的な現象として景気循環の理論化を諦め、あいまいまたはその場かぎりの説明に終始する」の二つに大きく分かれたようである。『経済分析の歴史』におけるシュンペーターは、こうした状況を以下のように批判的に述べている。

> しかし当時の経済学者のはなはだ多数の者に対しては、彼らが研究していた分析的状況を考えると、いま一つの非難——これを非難と呼ぶのが適当であるとして——が加えられる。マルクスを最も有力な者とする僅少の例外を除けば、彼らは景気循環を、資本主義体制の生

命の正常コースに外から課せられた現象と解し、また大多数の者はこれを病理的な現象と解していた。これら多数の者にとっては、景気の循環こそそれを用いて資本主義体制の実在に関する基本的理論が建てられるべき材料だと見るような考えは、夢にも浮ばなかったのである。(『経済分析の歴史』下巻、七〇八～七〇九ページ)

こうした主流派経済学における景気循環論の位置づけは、現代においてもほとんど変わっていない。たとえば、標準的なマクロ経済学の教科書の一つとされるデビッド・ローマー(David Romer, 1958～)著『上級マクロ経済学〔原著 第3版〕』(堀雅博他訳、日本評論社、二〇一〇年)では、「産出量の変動は不規則なので、現代のマクロ経済学では、一般に、経済変動について、さまざまな周期を持つ決定論的サイクルの組合わせとして解釈する試みを顧みなくなってきている」(同書、一九八ページ)と述べられている。これは、完全に規則的ではないものの、ある程度の周期性をもって繰り返される景気循環のパターンのなかに何らかの自律的なメカニズムを見いだそうとする、内生的景気循環論者の態度とは対極的なものである。

その典型例が、「リアル・ビジネス・サイクル理論(実物的景気循環理論)」と呼ばれる理論である。これは、「完全な情報を備えた合理的な経済主体が完全な競争環境のもとで、将来にわたって最適化された行動を取る」という考え方で、主流派経済学の仮定を究極まで推し進めた、ある意味で最先端の理論である。実物的景気循環理論のものとでは、景気循環とは生産技術の変化や財政政策といった外的ショックによる均衡状態の一時的な攪乱であり、現代における巨大金融危機の周期的な発生も、いわば偶然の産物にすぎない。

そこには、実物的景気「循環」理論という名称とは裏腹に、「景気が循環する」、言い換えれば「好景気がいつしか不景気を呼び込み、不景気がいつしか好景気を呼び込む」という発想などそもそも存在しない。こうした世界観は、内生的景気循環論者のそれとは正反対のものである。

ケインズも共有していた内生的景気循環論

このように、主流派経済学と内生的景気循環論とでは、根底にある世界観が正反対と言っても過言ではない。繰り返しになるが、第1節でも確認したとおり、同じ現象であっても分析の前提が異なればまったく違った結論が出てくる可能性がある。したがって、一体いずれの立場から現実の経済を分析するべきか、きちんと見極める必要がある。

まず、最初の手がかりとして、有効需要の原理に基づき主流派経済学の枠組みに疑義を唱え、不況克服の有効な処方箋を提示したケインズが、景気循環をどのように捉えていたのかを確認してみよう。

『一般理論』の第二二章「景気循環に関するメモ」では、派生的なテーマとしての扱いにとどまるものの、景気循環についての考察が展開されている。そこでは、「景気循環の本質的な特徴、特に『循環』の名に値する変動のプロセスや期間に関する規則性は、主に資本の限界効率の変動のあり方に起因する」（三一三ページ）と述べられている。(8)

ここでの「資本の限界効率」とは、「投資によって作り出された生産設備がどれだけの収益を生み出すか」という概念である。したがって、ケインズもまた景気「循環」の実在を認めつつ、「投資」に着目している点において、景気循環論における多数派と見解を共有していたことが分かる。

また、ケインズは、資本の限界効率が現在の収益だけではなく、将来の収益への「期待」によって左右されると考えていた。ただし、ケインズが想定した「期待」とは、現代の主流派経済学が想定している「合理的期待」とはまったく異なる性質のものであった。ケインズは、『一般理論』の第一二章「長期期待の状態」において、期待を形づくるのは「慣習」であるとして、以下のように述べている。

(8) 以下の『一般理論』の引用部分のページ数は、John Maynard Keynes, *The General Theory of Employment, Interest and Money*, Macmillan, London, 1936. による。

実際には、通常私達は、本来「慣習」に過ぎないものに頼って投資評価を行うことを暗黙に合意している。単純化して言えば、この慣習なるものの本質は、変化を予想すべき特定の理由が無い限り、現状が無限に継続すると想定することにある。これは何も、現状が無限に継続すると私達が本気で信じているということではない。様々な経験から、そんなことがあり得ないのは分かり切っている。長期にわたる投資の実績が当初の期待と一致することなど、実際にはほとんどない。（中略）

とはいえ、こうした慣習的な計算方法は、慣習が維持されることを前提としても良い限りは、かなりの継続性や安定性を持ったものになるだろう。（一五二ページ）

ここで述べられている「人々は現状（あるいは現状のトレンド）が継続することを前提に投資評価を行う」という経済観は、現代の我々から見ても妥当なものである。とくに、会社の経営計画立案や、新規事業や他の会社への投資案件の評価といった仕事に携わった経験のある読者であれば容易にうなずけることだろう。

ケインズが指摘するとおり、将来が変化することは経験上明らかである。それにもかかわらず、我々は多くの場合、誤りを犯すことをある意味知りつつも、過去の延長線上で将来のシナリオを立てて意思決定を行おうとする。

たとえば、会社の経営計画を立てるために来年の売上を予測するとしよう。特段の根拠がないかぎりは、「今年と同額」もしくは「今年は去年より五%増えたから、来年も五%増額」というように、過去の延長線上で予測するのが通常だろう。

もちろん、「これまで横ばいが続いているが、来年は二〇%増加する」といった不連続な予測をあえてすることは可能だし、そうした予測が的中する可能性はもちろんゼロではない。しかしながら、以下の要素を考慮すれば、あえて不連続な予測はせず、的中しないと分かっていても過去の延長線上で予測するほうが大抵の場合は自然であり、ある意味合理的な行動と言えるだろう。

まず、不連続な予測に基づいて行動計画を立てようとすると、過去の延長線上のそれに比べて、業務内容、人員体制などをより大きく変更しなければならないのが通常である。それ自体が労力を要する作業であるし、行動パターンを変えることに対する不安、ストレスも想定される。また、予測が裏目に出た場合の徒労感がより大きくなることも予想される。

そもそも、大多数の人々は、主流派経済学が前提とする完全な情報を備えた「合理的経済人」であるわけでも、ましてや予知能力があるわけでもない。したがって、複数存在する予測の選択肢の間に相当程度の優劣がないかぎりは、いわば損失を最小化するために過去の延長線上で予測し、行動しようとするインセンティブが働くはずである。また、過去の延長線上で予測をすることには、「予測が外れたときでも、周囲に対して言い訳がしやすい」というメリットも存在する。

このように、ケインズの世界観は、現代の我々にとってもきわめて現実的なものである。そして、前述のとおり、『一般理論』第二二章の記述は、ケインズが「投資」が主導する景気「循環」の実在を認めていたことを示している。さらに、「現状が無限に継続すると想定する」にもかかわらず「長期にわたる投資の実績が当初の期待と一致することはほとんどない」という第一二章のくだりは、シュンペーターが指摘した「時の遅れ説」にも通じるものである。以上をふまえれば、「慣習に従った人々の行動が、長期的には『期待と現実のギャップ』という不均衡を必然的に生みだす」というケインズの現実的な世界観は、内生的景気循環論のそれと通じていると言えるだろう。

これに対して、主流派経済学では、人々の合理的な期待が究極的には将来と一致することを前提としている。たとえば、経済学者の小野善康氏（一九五一～・大阪大学教授）は、その著書『不況のメカニズム　ケインズ『一般理論』から新たな「不況動学」へ』（中公新書、二〇〇七年）において、

「予想収益についての悲観が投資不足を引き起こし、そのときには金利が下がっても投資はなかなか増えず、経済活動が停滞するというケインズの洞察は、大変説得的である。しかし、それが景気の循環的な動きを生み出すという点については疑問が残る。実際、現代の動学的マクロ経済学が仮定しているように、企業が投資の収益性の変化を正しく予想しているなら、通常、循環は

起こらないのである」（同書、一三六ページ）と述べ、ケインズを内生的景気循環論者と捉えたうえで、主流派経済学の立場からそのことを否定的に評価している。

しかしながら、「企業が投資の収益性の変化を正しく予想している」という仮定自体、『一般理論』第一二章でも否定された非現実的なものである。小野氏の議論は、いわば主流派経済学というベッドの丈に合わせて足を切るようなもので、本末転倒と言わざるを得ない。『一般理論』の第一二章と第二二章は、ケインズ革命の過程でケインズ経済学と新古典派経済学の融合が図られるなかでは重要視されず、脇に追いやられる格好となった。しかしながら、そもそも正反対の世界観からなる理論を融合しようとしたところに、いわゆる新古典派総合の無理があったのかもしれない。両章は、投資家や実業家のキャリアを通じて実務感覚を磨いていたケインズが、やはり実務家のバックグラウンドをもった一九世紀の景気循環研究者たちと世界観を共有していた事実を示す箇所として、今一度見直されるべきではないだろうか。

3 現代によみがえる内生的景気循環論

金融危機で復権したミンスキー理論

景気循環に関するケインズのこうした洞察の流れを受け継いだのが、アメリカの経済学者で、非主流派のポスト・ケインジアンに属するとされるハイマン・ミンスキーである。

ミンスキーは、ケインズの景気循環論を説明する理論として、「金融不安定性仮説」を提唱した。これは、資本主義経済において投資をサポートする「金融」の役割に着目したもので、

経済活動が活発化する→人々の将来見通しが楽観に傾く→リスクの高い投機的な金融が拡大する→経済がより一層加熱する

という循環プロセスのもとで経済全体が潜在的な不安定さを増幅するため、何らかの要因で経済が下降に転じると、増幅された不安定さと循環プロセスの逆回転の相乗効果によって金融危機が発生するという理論である。

金融不安定仮説自体はあくまで「内生的な不均衡増幅メカニズム」を説明するものであり、「内生的景気循環メカニズム」を述べたものではない。しかしながら、その根底には、ケインズが『一般理論』第一二章で述べた「不確実な状況での人々の行動が、経済の不均衡状態をもたらす」という見解の重要性を強調していた、ミンスキー自身の世界観が存在する。(9) 実際、ミンスキーは自らの金融不安定性仮説について、著書『投資と金融——資本主義経済の不安定性』（岩佐代市訳、日本経済評論社、一九八八年）の中で以下のように述べている。

> 金融不安定性の仮説は「投資行動を核とする景気循環理論」と「金融的投資理論」を得るための基礎理論である。（同書、一四六ページ）

ここでいう「投資行動を核とする景気循環理論」とは、前述した『一般理論』の第一二章を受けたものである。これが「内生的」景気循環理論であるか否かは、ここでは明示されていない。他方、ミンスキーは一九五〇年代後半に、有力な内生的景気循環モデルである「乗数＝加速度

---

(9) ミンスキーのケインズ解釈や、それに基づく世界観に関しては、ハイマン・ミンスキー／堀内昭義訳『ケインズ理論とは何か——市場経済の金融的不安定性』（岩波書店、一九九九年）や中野剛志著『恐慌の黙示録』（東洋経済新報社、二〇〇九年）を参照のこと。

モデル」（後述）を下敷きにした論文を複数書いている。(10) この事実は、金融不安定仮説の背景には内生的景気循環論があったことを示していると考えられる。

二〇〇七年から始まったグローバル金融危機以降、主流派経済学が無力さをさらけ出すなかで、ミンスキーの金融不安定性仮説は多くの経済学者やアナリストたちの間で話題になり、再評価されている。こうした状況もまた、「内生的景気循環論に基づく経済理論の再構築」が、いわば時代の要請であることを示しているのではないだろうか。

「再帰性理論」で市場を読み解くジョージ・ソロス

同様に、人間の知識の不完全性の観点から、金融市場をはじめとした人間社会で不均衡が生じることを洞察し、主流派経済学のあり方を批判しているのが、ヘッジファンドの世界で伝説的な投機家であり、「イングランド銀行を負かした男」の異名をもつジョージ・ソロス（George Soros, 1930〜）である。彼の見解は、リーマン・ショックの数か月前に出版された著書『ソロスは警告する　超バブル崩壊＝悪夢のシナリオ』（徳川家広訳、講談社、二〇〇八年）において、大恐慌以来の巨大バブル崩壊を警告したことで一躍注目を集めることになった。

「人間とは、自分が生きる世界を知識として理解しようとする『認知機能』と、世界に影響を与えて自分にとって都合の良いように改造しようとする『操作機能』を併せ持つ存在である」というのが、ソロスの議論の出発点である。社会の一部である人間は、社会を観察して知識を得ようとするが、その知識に基づいた自らの行動が社会に不確実な変化をもたらしてしまう。さらに変化後の社会について理解しようとしても、その後の行動によってさらに社会は変わってしまうため、結局いつまでたっても知識は不完全なままにとどまる。ソロスは、こうした思考と社会参加の双方向的な干渉を「再帰性（reflexivity）」と呼んでいる。

そして、こうした双方向的な不均衡増幅メカニズムが如実に表れるのが金融市場であり、その現実を正しく認識していたことが金融の世界での自らの成功をもたらした、とソロスは主張している。ソロスにとっての金融市場とは、

人々が不完全な知識にもとづいて将来株価を予想し、株式を売買する

↓

そうした売買行動自体が直接株価を動かす

---

(10) Hyman P. Minsky, "Monetary Systems and Accelerator Models," The American Economic Review, vol. 47, pp. 860-883, 1957. および Hyman P. Minsky, "A Linear Model of Cyclical Growth," The Review of Economics and Statistics, vol. 41, pp. 133-145, 1959.

株価の動きが人々の認識や行動にさらにバイアスをかける
↓
株価が同じ方向にさらに激しく動く
↓

という正のフィードバックを経て、予想と現実、すなわち株価と本来の企業価値とが大幅に乖離《かいり》した、いわゆるバブル現象が発生する場にほかならない。これは、やはり自らも投機家として活動し、株式市場の動きを、全体の投票結果にもっとも近い投票行動を取った人に賞金が与えられる美人投票コンテストになぞらえた、ケインズの「美人投票の比喩」（『一般理論』第一二章、一五六ページ）にも通じるものである。

これに対し、主流派経済学の「効率市場仮説」や「合理的期待形成仮説」では、すべての経済主体が完全な知識を保有していることを前提としている。したがって、基本的には「短期的なブレはあったとしても、市場価格はファンダメンタルズ（現実）を概ね正確に反映しているし、いずれ参加者の偏見や不完全な認識とは独立した均衡水準に収れんする」という結論が導き出される。

ところが、ソロスによれば、「観察者と独立した体系であるニュートン力学の枠組みに、観察者自身も組み込まれている人間社会が研究対象であるはずの社会科学をむりやり当てはめている」という意味で、これらの理論はただのフィクションにすぎない。「市場価格は正しい」という結論にしても、「再帰性によって現実の方が、参加者の認識を反映した価格の影響を受けている」という現実を誤解しているにすぎない（たとえば、株価上昇によって実現した世間的評価の向上や他社買収によって企業業績が拡大した場合も、後から見れば株価が将来の企業価値を先取りしているように見える）、というのがソロスの見解である。

ソロスの洞察は、株式やＦＸ（外国為替）などの取引を経験した者であれば概ね首肯《しゅこう》できるものではないかと思われる（もちろん、筆者もその一人である）。また、リーマン・ショックをもたらしたアメリカのサブプライム住宅ローン・バブルなども、予想と現実との正のフィードバックによる不均衡現象そのものであった。

サブプライム住宅ローンは歴史が浅く、したがって債務不履行リスクを評価するための過去の実績データに乏しかった。しかも、そのデータのほとんどは経済環境が良好な時期のものであり、リスクの過小評価につながった。そして、リスクの過小評価はサブプライム住宅ローンへの活発な信用供与を誘発して担保となる住宅価格を押し上げて債務不履行率を引き下げ、さらなるリスクの過小評価をもたらした。(11)

詳細は差し控えるが、日本でも不動産ファンドバブルが真っ盛りだった同じころ、筆者自身、

第1章で紹介した勤務先の不動産子会社に絡んで、ほぼ同様な構造を有する「主流派ファイナンス理論によるリスクの過小評価」の実例を目の当たりにしている。

ソロスの著作では、内生的景気循環論が前面に押し出されているわけではない。されど、「現実の経済は均衡には向かわず、不均衡がむしろ通常の状態である」というその洞察は、内生的景気循環論と基本的な世界観を共有していると言えるだろう。

自然界にも存在する内生的循環メカニズム

話が飛ぶようだが、実はこうした内生的循環メカニズムは自然界にも存在する。それを表現したのが、「ロトカ＝ヴォルテラ方程式（Lotka-Volterra equation）」という、生物界における捕食者と被食者の関係についての生態系モデルである。

捕食者と被食者は、たとえばヤマネコと野ウサギのように、一方が他方を食する関係にある。ロトカ＝ヴォルテラ方程式は、あたかも捕食者が被食者を追い掛けるように、両者の個体数が循環的に変動する様子をモデル化したもので、実際の観察結果から導き出されたものである。(12)

ロトカ＝ヴォルテラ方程式では、唯一の平衡点からスタートしないかぎり、捕食者と被食者の個体数は一定の周期で循環的な変動を継続する（**図表4－4**参照）。まず、被食者が自然に増加し、

図表４−４：ロトカ＝ヴォルテラ方程式によるシミュレーション結果の一例

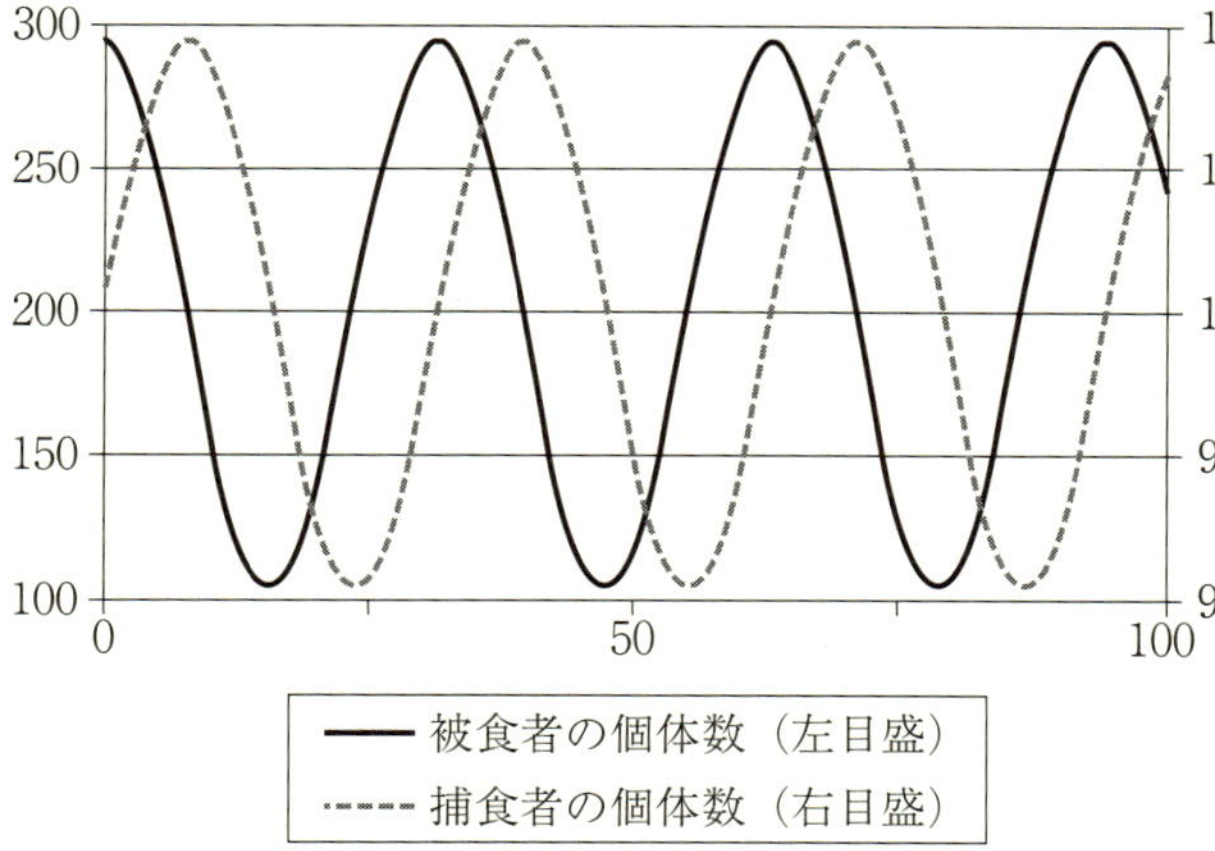

それを追い掛けるように捕食者も増加する。

ところが、捕食者が増えすぎると、捕食による被食者の減少が被食者の自然増を上回り、被食者の個体数が減り始める。そうなると、食料不足でやがて捕食者も減り始め、ある段階で今度は被食者の自然増が捕食による被食者の減少を再逆転する。こうして被食者が増加に転じると、じきに捕食者も増え始めるといった具合である。

（11）Committee on the Global Financial System, "Ratings in structured finance: what went wrong and what can be done to address shortcomings?" CGFS Papers, No.32, July 2008. http://www.bis.org/publ/cgfs32.pdf

（12）ロトカ＝ヴォルテラ方程式の詳細については、平山修著『Excelで試す非線形力学』（コロナ社、二〇〇八年）などを参照のこと。

ここで、捕食者を「投資」、被食者を「投資を誘発する要因（商品販売や利益）」に置き換えてみよう。ロトカ＝ヴォルテラ方程式のコンセプトが、シュンペーターが指摘した「時の遅れ説」のそれと非常によく似ていることが分かるだろう。「捕食者の個体数はそれ自身の減少要因である」という構図は、過剰投資に伴って恐慌が発生するメカニズムを想起させる。

人類の生態系を描き出す内生的景気循環論

景気循環に関する先人たちの洞察にこうした自然界の類推を加え、さらに人類自体がもともと肉食動物として狩猟生活を送っていたことをふまえれば、

「内生的景気循環論とは、狩猟本能が人類の生態系（＝マクロ経済）に引き起こす不均衡を説明する経済理論である」

という洞察にたどり着くことができる。ここでは、「投資＝狩猟本能に動かされて利益を追い求める捕食者としての活動」と捉えている。

「投資実現までのタイムラグ」に代表されるように、「経済的イベントの発生⇓当該イベントが発生したことの認識⇓認識に基づく判断⇓判断に基づく行為」の過程でタイムラグが生じるのが現実の経済の姿である。言うまでもなく、経済状況はその間も刻々と変動している。

だとすれば、経済全体がロトカ＝ヴォルテラ方程式で言うところの「平衡点」に到達すると考えるのは、きわめて非現実的な想定である。仮に一時的に平衡点に到達したとしても、予想外の新たなイベントが生じれば簡単に平衡点から外れてしまい、再び内生的循環メカニズムが働き出すであろう。

そもそも、自然の摂理のもとですら不均衡状態がむしろ当たり前にもかかわらず、「人間の経済活動が自ずと均衡状態に収れんする」と想定する主流派経済学の伝統的な考え方自体、きわめて不自然かつ不合理なものである。このように考えれば、主流派経済学と内生的景気循環論のいずれの前提が現実的かは自ずと明らかであろう。

第3章では、「内生的貨幣供給論」という現実的な前提を見落としたマネタリズムやリフレ派の理論では、現実の経済を説明できないことを確認した。また、不況脱却の現実的な解決策として財政出動を主張したケインズの理論は、「貨幣錯覚」という現実的な前提に基づく、「主流派経済学が想定する需要と供給の自動的な均衡は、特殊なケースでしか成立しない」という認識を出発点としていた。だとすれば、現代の我々も、主流派経済学の世界観には存在しない「内生的景気循環論」という現実的な前提から出発して現実の経済を分析し、あるべき経済政策の姿を検討すべきではないだろうか。

4 日本経済を動かす景気循環メカニズム

金融循環に着目するクラウディオ・ボリオ

リーマン・ショックに伴う世界的な金融危機やその後の経済の停滞を受けて、金融ブームとその崩壊が周期的に発生する「金融循環」に着目し、実証的な見地からいくつかの有益な論文をまとめているのが、ＢＩＳ（国際決済銀行）のエコノミストを務めるクラウディオ・ボリオ（Claudio Borio）である。(13)

ボリオは、金融循環を「深刻な金融危機をもたらす資産価格のブームとその崩壊が周期的に発生する現象」と定義している。そして、ブーム期や崩壊期には、銀行貸出や不動産価格がトレンドから大幅に乖離《かいり》するのが金融循環の特徴で、こうした現象は一九世紀にも見られたと述べている。これは、前節で述べた恐慌の周期的な発生に相当する。

さらにボリオは、金融循環の周期がここ三〇年ほどでそれ以前に比べて長期化するとともに、循環に伴って発生する金融危機が大規模化している事実を指摘している。こうした変化は、金融自由化やグローバリゼーションによって信用の増殖が起こりやすくなったことが要因である、というのがボリオの分析である。

なお、国際的な資本移動が活発になるにつれて世界全体で銀行危機の発生頻度が高まっていること、こうした資本移動と銀行危機との関連性が一九世紀にも見いだされることは、アメリカの経済学者であるカーメン・ラインハート（Carmen M. Reinhart, 1955～）とケネス・ロゴフ（Kenneth Saul Rogoff, 1953～）の実証研究でも確認されている。[14]

ボリオはまた、具体的なアイディアこそ提示していないものの、金融循環をどのような経済モデルで説明すべきかについても考察している。彼は、名目ベースの金融取引が金融循環の核となっていることから、経済学の一般的なアプローチとは異なり、実質ベースではなく名目ベースのメカニズムを捉えた経済モデルを組み立てるべきであると述べている。

ボリオはさらに、景気循環をランダムな外的ショックで説明しようとする主流派経済学的なア

---

(13) ボリオの見解に関する以下の記述は、Claudio Borio, "The Financial Cycle and Macroeconomics: What Have We Learnt?" Bank for International Settlements Working Papers, No. 395, 2012.（http://www.bis.org/publ/work395.pdf）および "On Time, Stocks and Flows: Understanding the Global Macroeconomic Challenges," National Institute Economic Review, vol. 225, R3-R13, 2013. に基づく。

(14) C. M. Reinhart and K. S. Rogoff, "This Time is Different: A Panoramic View of Eight Centuries of Financial Crises," NBER Working Paper, no. 13882, 2008. http://www.nber.org/papers/w13882.pdf

プローチは不適当で、むしろ内生的景気循環論に近いアプローチを採用すべきであるとも述べている。これは、「金融ブームは単にその後の崩壊に先行するだけではなく、ブームという不均衡自体が崩壊の原因になっている」という、ジュグラーにも似た彼の現実認識に基づいている。

金融循環と連動する日本経済

では、金融循環は日本経済の動向にどのような影響を与えているのだろうか。

図表4－5は、戦後における日本の地価動向と公的支出倍率（前述したように、名目GDPを名目公的支出で割ったもの）の推移を示したものである。地価については指数そのものではなく、統計処理をしてトレンドからの乖離《かいり》を抽出した結果を示している。

「銀行からお金を借りる際に主要な担保となる不動産」である土地の価格動向は、不動産バブルを伴う金融循環の動向をもっともよく示す指標の一つであると考えられる。リーマン・ショック直前の二〇〇七年ごろには、国内でも大都市不動産へのファンド資金流入を特徴としたバブルが発生していたし、その前のピークは一九九〇年ごろのいわゆるバブル経済、さらにその前のピークは一九七〇年代初頭の日本列島改造ブームに相当する。

図表4－5からも明らかだが、地価指数の循環周期は一九七〇年代以降、一〇年弱から二〇年

図表４−５:日本の地価動向と公的支出倍率の推移（1946〜2014年）

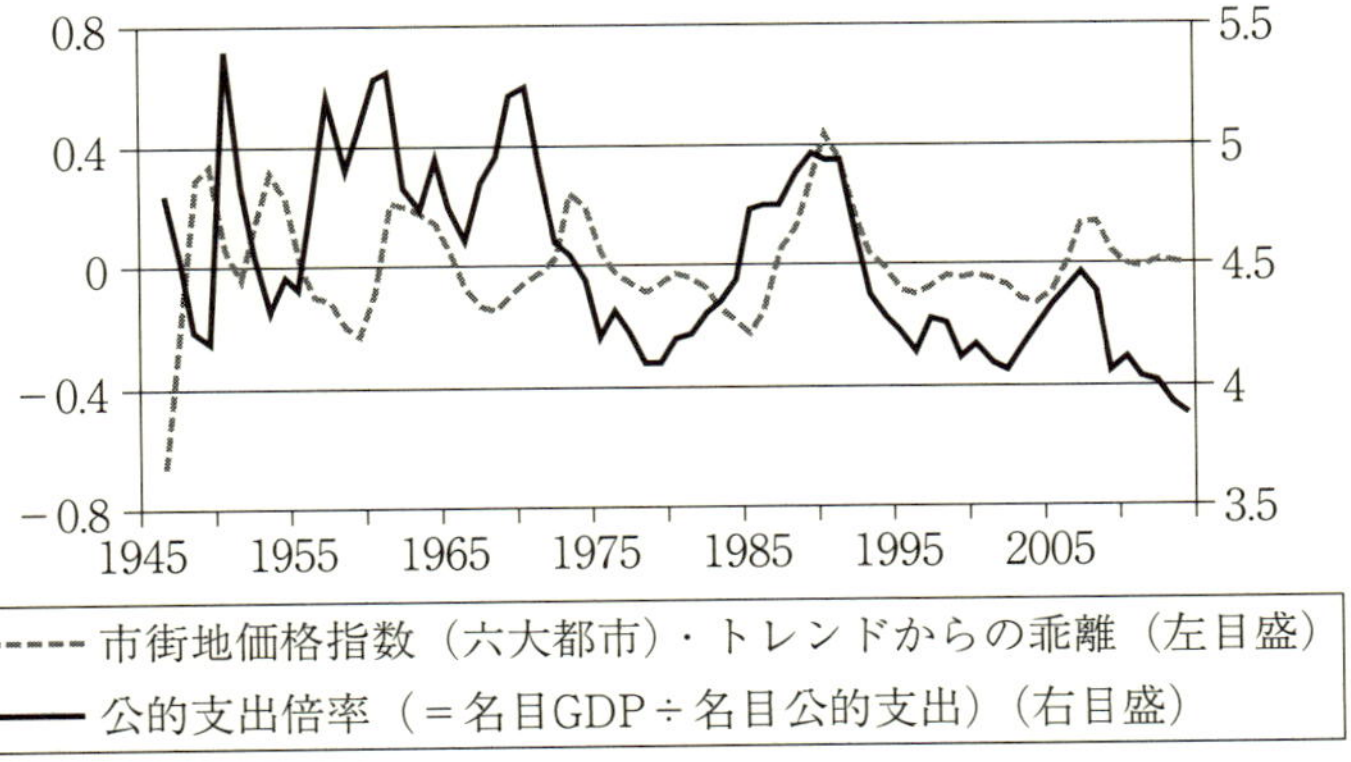

※出所：内閣府（旧経済企画庁含む）、日本不動産研究所

※地価指数のトレンドからの乖離は、ホドリック＝プレスコット・フィルターを用いて算出。

※名目GDPと名目公的支出は、基準の異なる計数を便宜上接続している。

弱に長期化している。これはボリオの指摘にもあるとおり、一九六〇年代以降段階的に進められてきた国際資本取引の自由化が、一九七三年の変動為替相場制への移行によって本格化する環境が整ったことによるものと考えられる。

実際、一九七〇年代以降のほぼ同時期には、アメリカなどでも不動産バブルが発生している。この事実は、金融循環のグローバルな特徴を示したものと言えるだろう。

そして、公的支出倍率もまた、地価動向が示す金融循環に連動、あるいはやや先行して上下している。言うまでもなく、一九七〇年代以降の循環周期の長期化は、公的支出倍率に関してもほぼ同様に生じている。

では、こうした循環周期の長期化は、実

図表4－6：国内生産資産残高における建設ストック比率の推移
（1955～2013年）

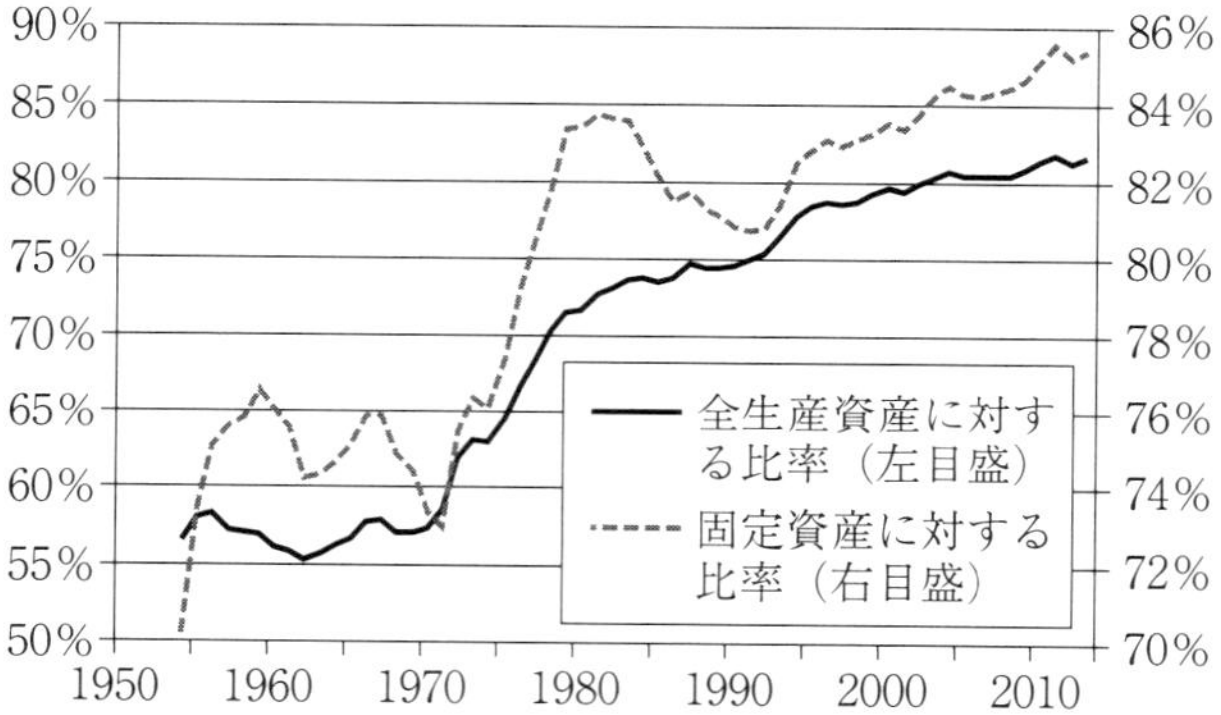

※出所：内閣府
※生産資産＝土地等を除く生産可能な固定資産＋在庫ストック

体経済の変化とはどのように結び付いているのだろうか。その手がかりとなるのが、一九七〇年代以降明確な上昇トレンドに転じている、国内の生産資産（土地等を除く、生産可能な固定資産）残高に占める建設ストック（建物およびインフラストラクチャー）比率の推移である（**図表4－6**参照）。

名目ベース、すなわちマネタリーな観点からは、この現象は国際資本移動の活発化によって増大した資金の流れが、生産的投資よりも不動産を含めた資産取引に向かった結果であると解釈できる。これは、「国内での生産活動というよりは、純粋に投資からのリターン獲得への志向が強い」という、国境を越えた資金がもつ性質からの帰結であろう。

他方で、第2節で列挙した景気循環の分類に基づけば、こうした建設ストック比率の上昇は、約一〇年周期の「設備投資循環」から約二〇年周期の「建設循環」へと、実体経済における景気循環の主役の交代が生じたことを示唆している。こうした解釈は、金融循環の周期が長期化している事実とも符合する。

以上の分析は、次のようにまとめることができる。

もともと金融循環とは、実体経済上の景気循環に付随して生じる現象である。ところが、国際資本取引の自由化という構造変化が生じたことで金融循環が資産取引とより深く結び付き、実体経済上の景気循環にも変化（周期の長期化）をもたらした。その結果、「自由化が経済を均衡に向かわせる」という主流派の世界観とは逆に世界経済全体の不均衡が増幅され、日本のバブル経済崩壊やリーマン・ショックのような大規模金融危機が頻発するようになってしまった。

なお、金融循環は一九世紀にも生じていたというのがボリオの指摘であった。もちろん、当時のデータの入手には限界があり、実体経済上の同様な変化を直接確認するのは困難である。しかしながら、国際的な資本移動のいわば鏡像として、当時世界最大の資本輸出国で、覇権国家でもあったイギリスの経常収支の変動をたどることで、「金融循環の長期化」が一九世紀にも生じていたことを間接的に確認できる（**図表4-7**参照）。金融循環のピーク付近で国際収支の不均衡が拡大する「グローバル・インバランス（global imbalances）」は、現代でも確認されている。

イギリスの経常収支のピーク付近では国境をまたがる金融バブルが発生し、大規模な金融恐慌

図表４－７：イギリス（南アイルランド含む）の経常収支（名目GDP比）の推移（1830～1920年）

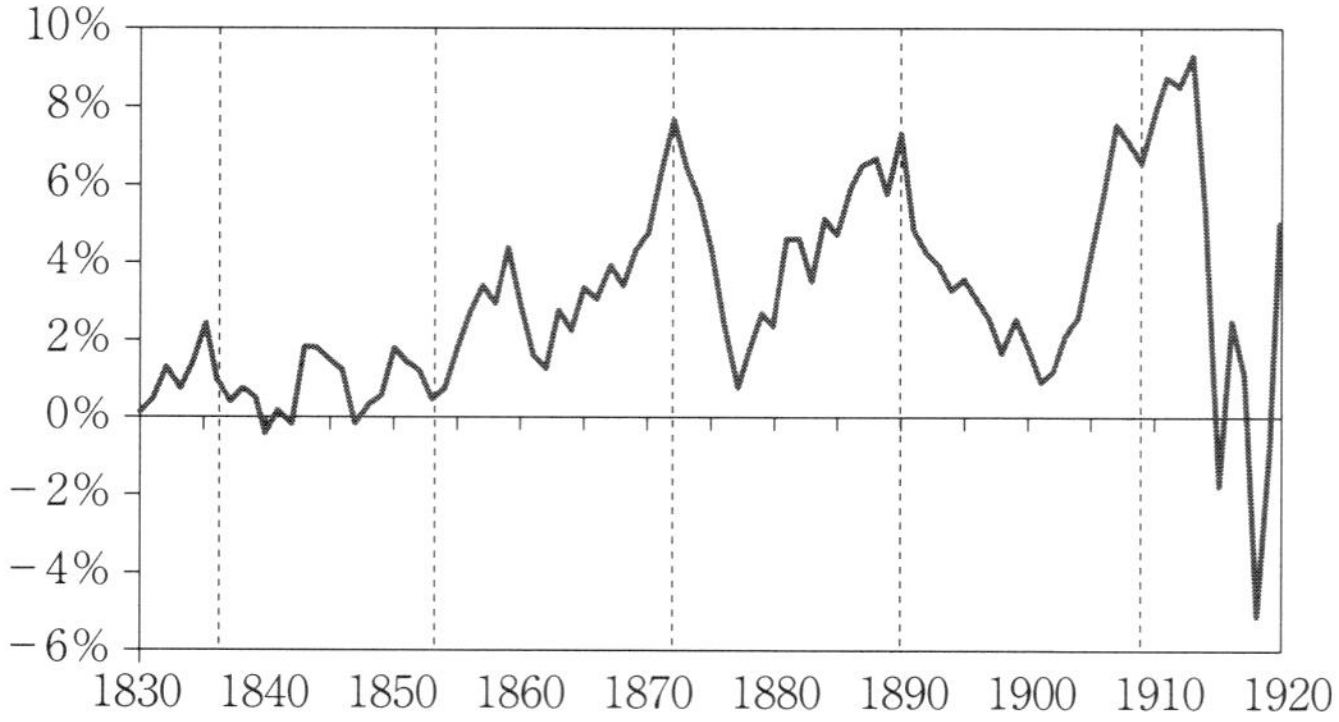

※出所：B. R. ミッチェル『イギリス歴史統計』、A. H. ハンセン『財政政策と景気循環』
※点線は、アメリカの建設循環のピークを示している。

がそれに続いた⑮。循環周期の長期化が始まった一八七〇年代とは、フランス、ドイツ、イタリアといった主要国が相次いで金本位制に移行し、アメリカも南北戦争で一時停止していた金兌換を再開するなど、金本位制が国際標準になることで国際資本取引が本格化する舞台が整えられたタイミングであった。そして、国際資本移動の活発化とともに銀行危機の発生頻度が高まるようになったのも現代とまったく同様であり、その事実は前述したラインハートとロゴフの論文で確認できる。

そして、**図表４－７**で示した一八七〇年代以降のイギリスの経常収支のピークは、主な投資先であったアメリカの建設循環のそれと概ね重なっている。さらに世界恐慌の前には、リーマン・ショック前の住宅バブル同様、その前のピークから一六年後の一九二五年を頂点とした、かつてない建設ブームが生じている。こうした事実もまた、前述の分析と符合するものである。(16)

乗数＝加速度モデルが意味するもの

では、このような金融循環と結び付いた、実体経済上の景気循環が内生的に生み出されるメカニズムをモデル化することはできないものだろうか。筆者は、アメリカの経済学者ポール・サミュエルソン（Paul Anthony Samuelson, 1915～2009）が一九三九年に考案した、オールド・ケインジアン型の内生的景気循環モデルである「乗数＝加速度モデル」に着目した。(17)

加速度原理とは、民間設備投資の変動を説明する理論の一つである。そこでは、実物生産資本ストックと国民所得ないし生産量の間に一定の適正比率が存在することが想定されている。加速

(15)　たとえば、ジョン・ケネス・ガルブレイス／鈴木哲太郎訳『[新版] バブルの物語　人々はなぜ「熱狂」を繰り返すのか』（ダイヤモンド社、二〇〇八年）やC・P・キンドルバーガー／吉野俊彦・八木甫訳『熱狂、恐慌、崩壊　金融恐慌の歴史』（日本経済新聞社、二〇〇四年）などを参照のこと。

(16)　アルヴィン・エッチ・ハンセン／都留重人訳『財政政策と景気循環』日本評論社、一九五〇年、一一一～一七ページ。

図表4－8：乗数＝加速度モデルの概要

$$Y_t = G_t + C_t + I_t \quad \sim①$$
$$C_t = \alpha Y_{t-1} \quad \sim②$$
$$I_t = \beta(C_t - C_{t-1}) = \alpha\beta(Y_{t-1} - Y_{t-2}) \quad \sim③$$

（Y_t：国民純所得、G_t：政府支出、C_t：民間消費、
I_t：民間純投資、その他は定数）

図表4－9：乗数＝加速度モデル（α＝0.5、β＝2）のシミュレーション結果

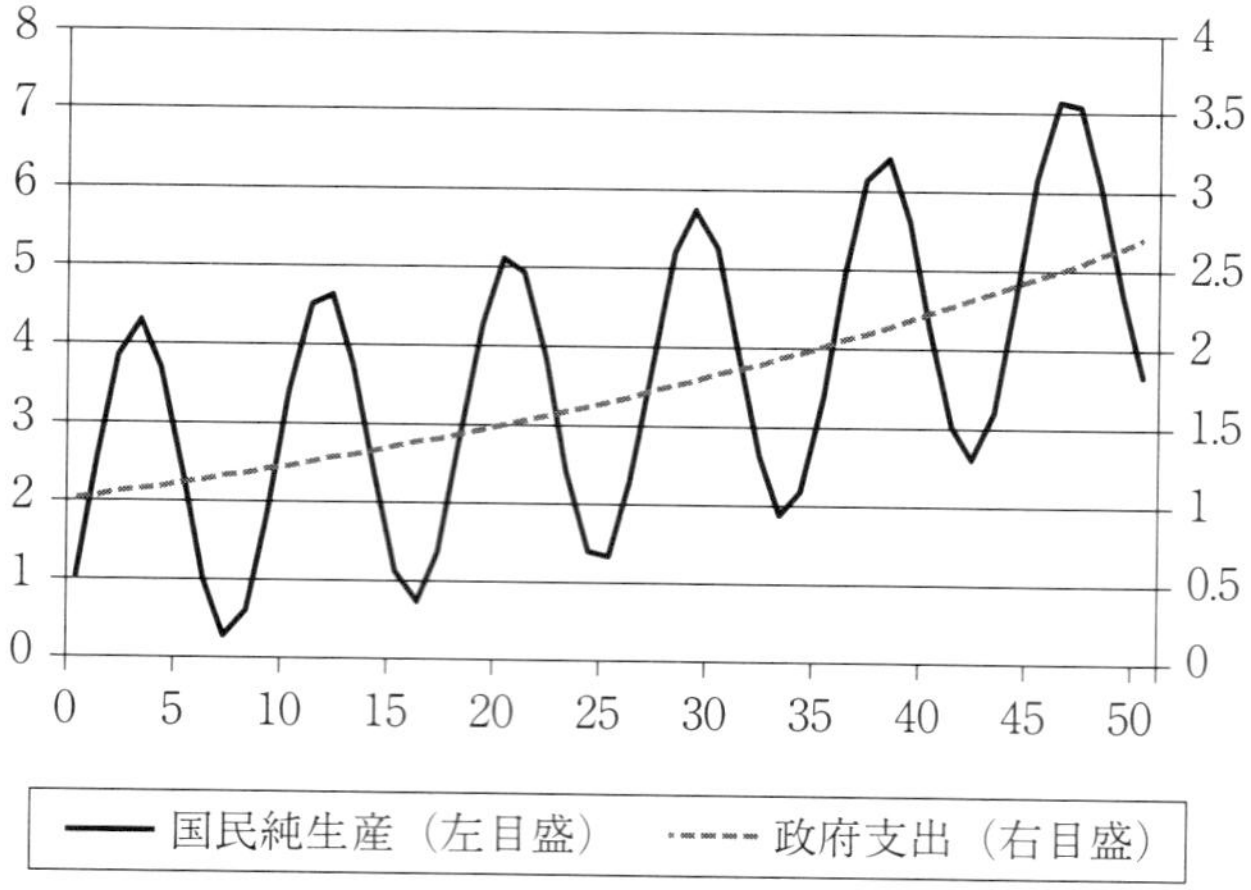

※政府支出はスタート時（第0期）を1とし、毎期2％ずつ増加させている。

度原理は、主流派経済学では理論的根拠に乏しいとされているものの、実証的にはよく当てはまる理論として知られている。

当時まだ学生だったサミュエルソンは、加速度原理にケインズ経済学の乗数効果を組み合わせることで、一定の条件のもとで内生的な景気循環が発生する「乗数＝加速度モデル」を考案した（**図表4－8**参照）。このモデルでは、民間消費や民間純投資を定める式（**図表4－8**の②、③）において所得と支出の間にタイムラグが存在するのがポイントで、これによって一定の条件のもとで内生的な景気循環が発生する。

図表4－9はその一例を示したもので、国民純所得は毎期二%ずつ増加する政府支出の乗数倍（**図表4－9**では二倍）の水準の周辺を上下している。「民間消費のみならず、民間純投資の規模も所得動向によって決定される」という前提を置くことで、政府支出の規模が長期的な経済成長

---

(17) Paul A. Samuelson, "Interactions between the Multiplier Analysis and the Principle of Acceleration," The Review of Economics and Statistics, vol. 21, pp. 75-78, 1939. 参照。なお、設備投資が景気循環を主導する日本経済の特性に鑑みて本書の検討対象からは外しているが、アメリカの経済学者リチャード・グッドウィン（Richard Murphey Goodwin, 1913～1996）が考案した、前節で紹介したロトカ＝ヴォルテラ方程式型の構造をもつ内生的景気循環モデルも別途存在することを付言しておく（詳細は、R・M・グッドウィン／有賀裕二訳『非線形経済動学』（日本経済評論社、一九九二年）第一二章を参照）。

を決定する唯一の要因になっている。(18) 乗数＝加速度モデルは名目ベースではなく実質ベースで組み立てられたものだが、これまで見てきた現実の経済と非常によく似た特徴をもっていることが分かる。

日本経済の内生的景気循環を説明するマクロ経済モデル

筆者は、「乗数＝加速度モデルをヒントにして、日本経済の現実を説明する名目ベースのモデルが作成できないだろうか」と考え、作成を試みた。

まず、乗数＝加速度モデルの特徴である「所得と支出の間のタイムラグ」が日本経済にも存在するか否かを確認するため、ＧＤＰ統計を使って時差相関分析を行った。時差相関分析とは、二つの時系列データについて、一方のデータのタイミングをずらしながらタイムラグの大きさごとに相関係数を計算することで、両データの先行・遅行関係の存在を検証する分析方法である。

分析の結果、民間法人企業の「営業余剰」（ほぼ営業利益に相当）が民間法人企業の「総固定資本形成」（ほぼ、土地取得を除いた設備投資に相当）に先行する関係にあることが確認できた（**図表４－10**の「民間法人企業営業余剰＝同総固定資本形成」のグラフ）。これは、事業の儲けが企業の投資意欲を刺激し、シュンペーターが言うところの「投資実現までのタイムラグ」をもた

らしていると解釈することが可能である。(19)

　なお、本書と異なり実質ベースの分析ではあるが、日本の企業活動においてはまず売上が先行し、一定のタイムラグを経て生産活動が追随する構造が存在することが、近年の実証研究でも確認されている。(20)

　こうした関係をふまえて作成したのが、**図表4－11**のマクロ経済モデルである。本モデルの変数はすべて名目ベースであり、乗数＝加速度モデル同様、一定の条件のもとで内生的な景気循環を生み出し、GDPは政府支出の乗数倍の周辺で上下する（**図表4－12**参照。なお、同図でGDPの値が時折マイナスになっているのは、モデルの構造を分かりやすく示すためにパラメーターを調整した結果であり、実際の数値がマイナスになることを想定している訳ではない）。

---

(18) J・R・ヒックス／古谷弘訳『景気循環論』（岩波書店、一九五一年）では、乗数＝加速度モデルをベースにした経済成長論が展開されている。

(19) R・C・O・マシューズ／海老沢道進訳『景気循環』（至誠堂、一九六一年）によると、設備投資動向を説明する要因として、加速度原理が想定する「生産量の変化」よりも「利益」や「キャッシュフロー」のほうがさらに実証性が高いことは、乗数＝加速度モデルが考案されたころから既に知られていたようである。

(20) H. Iyetomi, Y. Nakayama, H. Yoshikawa, H. Aoyama, Y. Fujiwara, Y. Ikeda, and W. Souma, "What causes business cycles? Analysis of the Japanese industrial production data," Journal of the Japanese and International Economies, vol. 25, pp. 246-272, 2011.

図表４－10：民間部門の所得＝支出間の時差相関係数

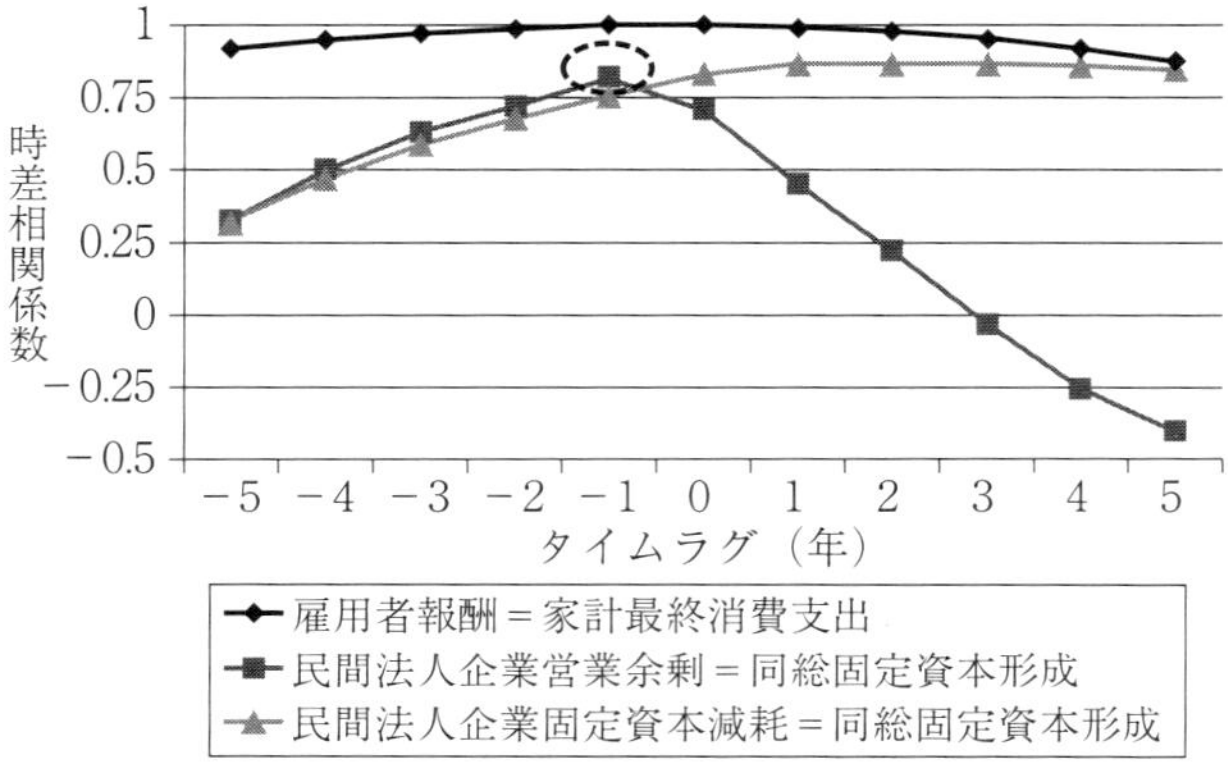

※出所：内閣府（93SNA・2000年基準）

※家計最終消費支出については、現金ベースになるよう調整を加えている。

図表４－11：筆者作成モデルの概要

$$Y_t = G_t + C_t + I_t$$
$$C_t = \alpha W_t + \beta$$
$$I_t = \gamma P_{t-1} + \delta P_t + \varepsilon D_t + \mu$$
$$W_t = AY_t$$
$$P_t + D_t = BY_t$$
$$K_{t+1} = K_t + I_t - D_t$$

（Y_t：GDP、G_t：政府支出、C_t：民間消費、
I_t：民間純投資、W_t：雇用者報酬、
P_t：民間企業営業利益、D_t：民間企業減価償却費
K_t：民間企業期初資本ストック、その他は定数）

図表４－12：筆者作成モデルによるシミュレーションの一例（政府支出は一定）（1）（GDPの動き）

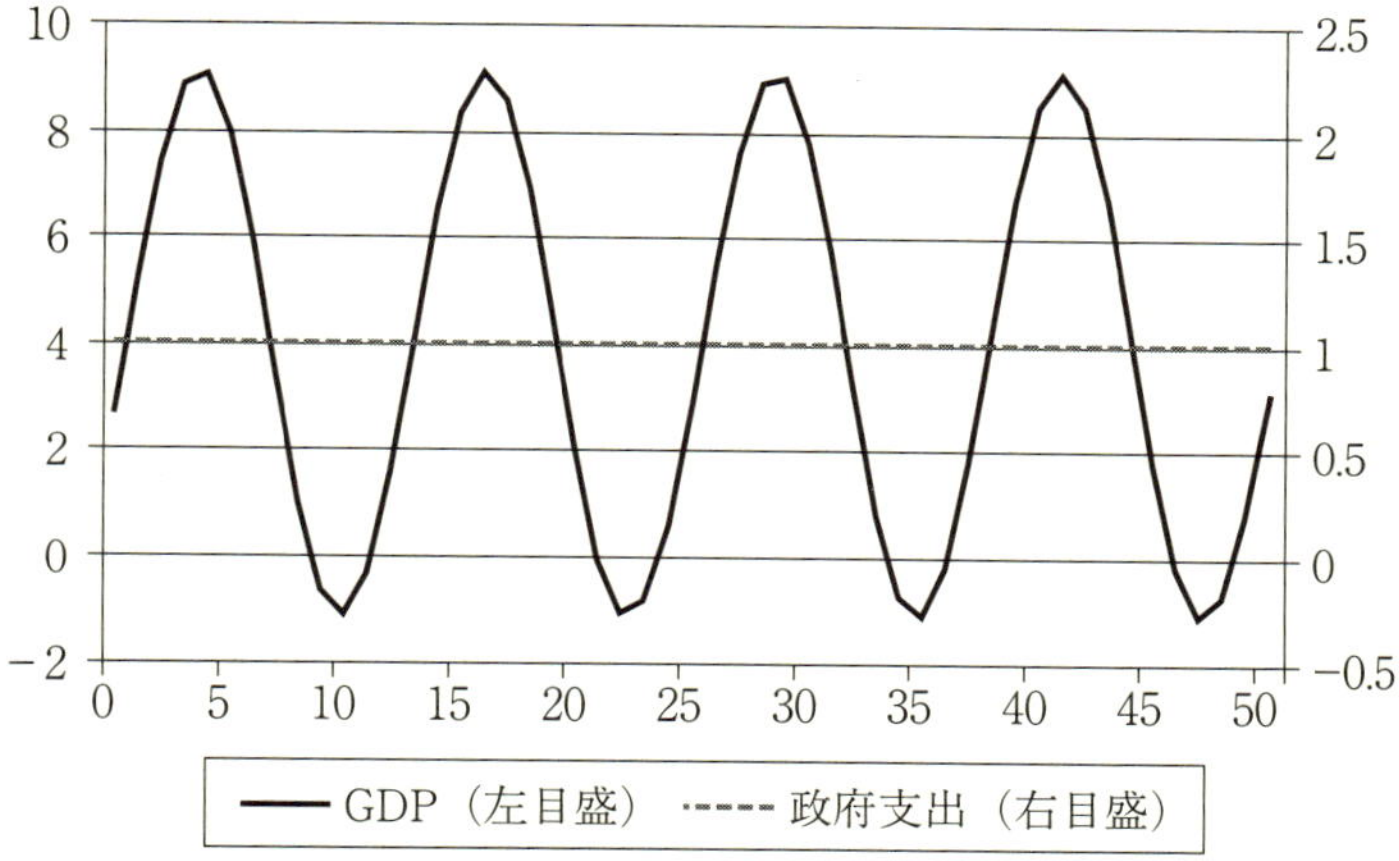

図表４－12：筆者作成モデルによるシミュレーションの一例（政府支出は一定）(2)（民間投資と民間企業営業利益の動き）

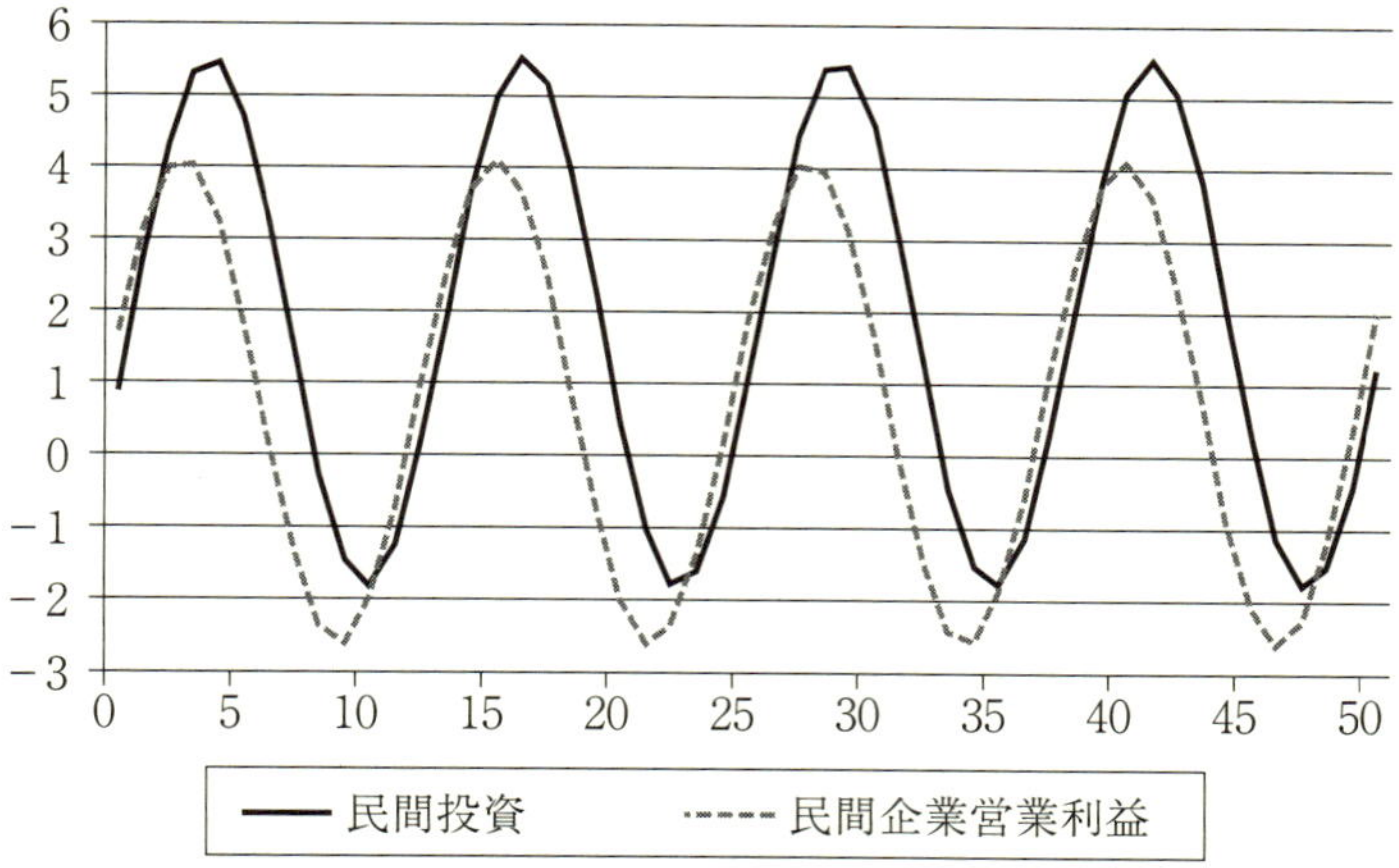

図表4－12の下半分は、この場合の民間投資と民間企業営業利益の動きを示したものである。営業利益を追い掛けるようにして、投資が変動していることが分かる。

景気拡大局面では、「営業利益の拡大⇓刺激を受けて投資が拡大⇓経済全体の所得が波及的に拡大⇓さらなる営業利益拡大」という好循環が働く。しかしながら、投資拡大は決してプラスの効果だけではない。投資の結果蓄積された資本ストックは減価償却費の増大をもたらし、その分営業利益が圧迫されるというマイナスの効果も存在する。

したがって、減価償却負担が一定水準を超えてマイナス効果が上回った段階で営業利益は減少に転じ、これを追い掛けるように投資も減少に転じる。こうして景気後退局面に移行すると、景気拡大局面とは逆の悪循環が生じる。投資と営業利益のこのような関係は、ロトカ＝ヴォルテラ方程式における捕食者と被食者のそれとよく似ている。

内生的景気循環の実在が意味する財政政策の有効性

本モデルを日本経済のマクロ経済データに当てはめたところ、周期一九・二三年の内生的景気循環と三・八〇倍の乗数（現実の経済では約四・三〇倍に相当）という、**図表4－5**とも合致する結果が算出された。[21] 前者は、「公的支出倍率（＝名目GDP÷名目公的支出）」で表される景気循環のピークが、一九七〇年、一九八九年、二〇〇七年に到来している事実と符合する。また、後者は公的支出倍率の平均的な水準と概ね一致しており、「国際的・長期的に『名目ＧＤＰ成長率≒名目公的支出伸び率』という関係が成り立っている」という事実と整合的である。その意味では、一九七〇年代以降の日本経済の大まかな特徴を捉えていると言えるだろう。

こうした結果は、**図表４－２**あるいは**図表４－５**で示したような公的支出倍率の変動が、財政政策の効果を示す乗数効果の変化によるというよりは、むしろ内生的景気循環によってもたらされていることを示唆しているのではないだろうか。もちろん、本モデルは簡易なもので改善の余地も多々あり、倒底これだけで現実経済の動きを説明しきれるものではない。他方で、モデルの妥当性にかかわらず、内生的景気循環の有力な発生要因である「所得と支出の間のタイムラグ」が日本経済に見いだされることは、**図表４－10**でも示したとおり統計的な事実である。

そして、内生的景気循環の実在を前提とすれば、一九九〇年代の公共事業を中心とした景気対策への評価も、主流派経済学のそれとは正反対になる。すなわち、公的支出倍率の変動が内生的景気循環メカニズムによるものだとすると（したがって、財政政策の動向が現実と異なるものだ

（21）　筆者作成モデルの詳細については、筆者ホームページ（http://www.geocities.jp/hajime_shimakura/article.html）にて公開しているワーキングペーパー（Hajime Shimakura, “Fiscal policies and the business cycle: evidence from Japan,” 2014.）を参照のこと。

ったとしても、一九九〇年代の同倍率は実際と同じように低下していたはずである）、仮に公的支出をバブル経済のピークである一九八九年以降増やさなかったとすれば、一九九九年の名目GDPは実際よりも一五〇兆円以上、率にして三〇％以上縮小していたことになる（第5章でも見るとおり、本当に公的支出を増やしていなければ、実際以上に公的支出倍率が低下し、より一層名目GDPが縮小した可能性すら存在する）。

仮にそうなっていれば、まさしく一九三〇年代の大恐慌に匹敵する悲惨な状況だったことだろう。現に、ユーロ危機発生以降緊縮財政を強いられているギリシャの失業率は、大恐慌当時のアメリカのそれに匹敵する水準である。つまり、そうした悲劇的な事態を防いだという意味で、一九九〇年代の財政出動はきわめて有効な政策であったと評価すべきなのである。

内生的景気循環論に立てば、一見矛盾する「名目GDPの推移は名目公的支出のそれにほぼ比例する」という長期的事実と「緊縮財政の小泉政権期に戦後最長の景気拡大が実現した」という短期的事実、さらには大恐慌や昭和恐慌といった財政政策の有効性を示す歴史的事例に対して、一貫性のある説明が可能になる。他方で、グローバル化すなわち経済自由化の進展と共に金融循環による不均衡が増幅しているが、これは主流派経済学の世界観と正反対の状況である。本章で示した世界観やその結論は、主流派経済学やリフレ派の重大な欠陥を克服した、より現実に即したものと言えるだろう。

第5章

経済政策のあるべき姿

前章まででは、「内生的貨幣供給論」「内生的景気循環論」という主流派経済学に欠落した現実的な前提に基づくことにより、グローバル金融危機の周期的な発生と日本経済の失われた二〇年を包括的に説明できること、すなわち、失われた二〇年の原因が一九九〇年代後半以降の緊縮財政であるという説明が成り立つことを示してきた。次に検討すべきテーマは、「積極財政によってどのような成果を上げるべきか（上げることができるのか）」ということだろう。

本章では、積極財政を行う際の基本的な考え方、そして国民生活の安全にかかわる重要な支出分野である公共投資とエネルギー政策について、筆者なりの見解を述べてみたいと思う。

まず、国債をはじめとしたいわゆる「国の借金問題」について取り上げる。「既に過大な借金を抱えている政府が、これ以上支出を拡大すべきではない」という論調が一般的だが、名目ＧＤ

P比での政府債務を過大にしたのはむしろ緊縮財政であり、積極財政に転じることが逆に問題の解決につながることを説明している。

また、「政府支出＝無駄遣いの温床」というイメージとは逆に、積極財政が国の産業発展や経済資源配分の効率化に貢献することを説明する。これは、財政支出の拡大が企業の利益成長期待を高めて国内投資を活発化させるとともに、「内生的景気循環」という、いわば民間経済がもたらす不均衡を緩和する役割を果たすからである。こうした観点からは、消費税増税・法人所得税減税・雇用規制緩和といった現在の方向性は、むしろ逆向していると考えられる。

次に、公共投資について検討する。公共投資はしばしば無駄な財政支出の象徴のようにマスコミでも取り上げられてきたが、こうした「公共投資悪玉論」は事実無根である。むしろ、東日本大震災に見られるような巨大自然災害リスクなどを目前にして、積極財政のもとで公共投資を拡大し、土木・建設業を育成しながら公共インフラの整備を進めることが必要な状況にある。

最後に、東日本大震災の原発事故によって、国民的課題としてその重要性が改めて浮き彫りになったエネルギー政策を取り上げる。事実分析から浮かび上がるのは、緊縮財政が電力会社による安全対策投資の縮小を誘発し、福島第一原発の大惨事を招いた構図である。エネルギー政策の見直しにあたっても積極財政が不可欠であり、そのもとでは「十分な安全対策投資を施した原発の再稼働」もまた、選択肢の一つとなり得るのである。

1 積極財政こそが健全財政

国家財政は破たん寸前？

財務省は二〇一四年五月九日、国債や借入金、政府短期証券を合わせた日本政府（中央政府）の総債務残高（いわゆる「国の借金」）が、二〇一三年度末で過去最大の一〇二四兆九五六八億円になったと発表した。これは、政府の租税・印紙収入のほぼ二〇年分に達するとともに、同年度の名目ＧＤＰの二一二・二％に相当する。名目ＧＤＰ比としては、軍事支出で政府債務が膨れ上がった第二次世界大戦終了直後に匹敵する水準である。

債務の大きさの実態を捉えるのにより適切な「純債務」（総債務から政府のもつ金融資産を差し引いたもの）ベースで見ても、日本政府の債務の大きさは際立っている。ＯＥＣＤ（経済協力開発機構）の統計によると、地方自治体等も含めた一般政府の純債務合計の名目ＧＤＰに対する比率は、二〇一三年末時点で一三七・五％に達し、ＯＥＣＤ加盟国中最大である。一方、日本を除くＧ７（主要先進七か国）諸国のそれは、四〇・三〜一一六・四％にとどまっている。

単年の財政収支（名目ＧＤＰ比）で見ても、日本の赤字幅はデフレ不況が始まった一九九八年以降拡大傾向にあり、二〇一三年はマイナス九・二%に達している。これもまた、同年のG7諸国（マイナス六・三〜〇・〇%）やOECD加盟国平均（マイナス四・六%）を大幅に上回る。

こうした状況のなか、二〇一四年六月二四日には、「国・地方を合わせた基礎的財政収支について、二〇一五年度までに二〇一〇年度に比べ赤字の対GDP比を半減、二〇二〇年度までに黒字化、その後の債務残高対GDP比の安定的な引下げを目指」し、「経済成長を通じた税収増加等を実現するとともに、義務的経費も含めた聖域なき歳出削減を図る」（傍線は原資料のまま）といった財政運営方針が閣議決定されている。[1] 基礎的財政収支とは、財政収支から借入利息の支払いや金融資産からの利息収入といった金融収支の影響を除いたものであり、「プライマリーバランス」と呼ばれることもある（以下では、財政収支との混同を避けるため、表記を「プライマリーバランス」で統一する）。

また、「政府の債務をこれ以上増やせば、国家財政が破たんしかねない。したがって、財政支出をこれ以上増やしてはならないし、増税もやむを得ない」というのが、マスメディアなどを通して聞こえてくる大多数の経済学者や評論家の意見である。つまり、「国家財政の現状を考えれば、積極財政を採用することは現実的には困難である」という論調である。

政府債務の大きさは財政破たんの原因ではない

しかしながら、政府債務の大きさは財政破たんリスクの大きさを示すものではない。政府が自国通貨建てでお金を借りているかぎりは、財政破たんは起こらない。これは、政府はいざとなれば通貨発行権をもつ中央銀行に国債を買い取らして資金調達することで、債務を減らさないまま財政運営を続けられるからである。

政府が破たんするのは、経常収支の赤字が累積して外国に対する借金が膨らみ、自国通貨建てで資金調達ができなくなった場合である。経常赤字で外貨獲得能力が低い国の通貨は通常安くなる傾向があるため、外国の投資家から見れば、そうした国の自国通貨建て国債に投資するのは為替リスクが大きい。したがって、基軸通貨国（現代でいえばアメリカ）のような特別な地位にないかぎり、外国に対する借金が膨らんだ国の政府が自国通貨建てで無限に資金調達を続けられると想定するのは現実的とは言えない。

近年におけるギリシャのケースでは、自国に発行権がないユーロという共通通貨建てで国債を

（1）　閣議決定資料「経済財政運営と改革の基本方針 2014～デフレから好循環拡大へ～」（二〇一四年六月二四日付）の本文およびポイント図を参照のこと。http://www5.cao.go.jp/keizai-shimon/kaigi/cabinet/2014/decision0624.html

発行し、ドイツやフランスの銀行がそれに投資していた。ところが、財政赤字を粉飾して少なく見せていたことが二〇〇九年に発覚して、信用を失墜し、資金調達が続けられなくなって財政破たんに至っている。二〇〇一年に財政破たんしたアルゼンチンも、自国通貨ではないアメリカドル建ての国債で資金調達をしていた。

これに対し日本は、一九八一年以降経常収支の黒字を続けており、今や世界最大の対外債権国である。国債もすべて自国通貨である円建てで発行されており、しかも日銀の資金循環統計（速報値）によれば、二〇一四年一二月末時点の国債残高（国庫短期証券・国債・財融債の合計）に占める海外部門の保有比率は、わずか一〇・四％にすぎない。

だからこそ、日本政府は投資家の信認を失うことなく、一九九〇年代後半以降一貫して世界最低水準の利回り（＝資金調達コスト）で国債の発行を続けていられるのである。もちろん、日本の低金利は一義的には経済の低成長によるもので、「世界最低水準の金利＝世界最高水準の信用力」を必ずしも意味するわけではない。しかしながら、ユーロ危機当時に南欧諸国の国債金利が跳ね上がったことでも分かるように（その極端な例が、長期国債利回りが一時四〇％を超えたギリシャ）、本当に日本政府の信用力が乏しいのであれば、低成長であったとしてもこうした低金利を維持できるはずがない。

一時期、名目ＧＤＰに対する債務残高の大きさだけを比べて、「財政破たんしたギリシャよりも財政状況が悪い日本は危機的状況にある」という議論が流布されていた。しかしながら、財政破たんリスクの観点からは、両国は正反対と言っていいほど異なる状況にある。つまり、「政府債務が過大だからこれ以上財政支出を増やせない」という議論自体がそもそも誤っているのだ。

とはいえ、一般的な議論とは別の意味で、こうした現状が日本経済の重要な問題点を反映していることも事実である。そこで本節では、そうした問題点にも触れながら財政赤字や政府債務の大きさに焦点を当て、実は緊縮財政こそがいわゆる国の借金問題の真犯人であり、積極財政を行えば問題が解決することを解明する。最後に、そうした分析もふまえたうえで、真の財政破たんリスクを高めているのも実は緊縮財政であり、その解決にもまた積極財政が必要であることを論証する。

「緊縮財政」と「収支改善」はイコールではない

まず、積極財政が対名目ＧＤＰ比での財政赤字を縮小するメカニズムを説明する。

「積極財政のもとで政府が支出を拡大すれば財政収支が改善する」という議論には、多くの人々が違和感を覚えることだろう。収支改善をもたらす手段としては、むしろ収入の引き上げ（政府でいえば、増税や公共サービス価格の引き上げ）や支出の抑制、すなわち「緊縮財政」を想定するのが常識的な感覚だからである。家計が苦しければ副業や節約に励むだろうし、企業の損益を改善しようと思えば商品価格の引き上げや諸々のコスト削減策を検討するであろう。

確かに、仮に政府の行動の変化が家計や企業の行動にまったく影響を与えないということであれば、緊縮財政は確実に政府の収入拡大または支出減少につながるため、収支改善とイコールである。これに対して、積極財政とは収支悪化以外の何物でもない。

しかしながら、現実の経済は、「誰かの支出は別の誰かの所得である」といった、いわばもちつもたれつの関係で成り立っている。したがって、政府の行動の変化は何らかの形で家計や企業の行動に影響を与えずにはいられない。すなわち、前段で述べた前提は現実には成り立たないため、緊縮財政が財政収支の改善をもたらすとは一概に言えないのである。

たとえば、政府が消費税を増税すると、納税負担が増える分、消費活動によって発生する所得（売上）に占める家計や企業の取り分は確実に減少する。その負担をメーカーや小売業が被る場合には、利益成長見通しの低下によってこうした企業の投資意欲が低下するであろうし、従業員の賃金抑制という形で家計が負担を被る場合には、消費活動そのものが全体として縮んでしまうだろう。これは、一九九七年や二〇一四年の消費税増税によって実際に起きた現象である。

また、政府が公共投資や公務員給与などの支出削減を実行すれば、本来それを所得として受け取るはずだった家計や企業（公共投資であれば土木・建設企業およびその関係者、公務員給与であれば公務員の家計）の所得が減少する。所得が減少した家計や企業もまた収支改善のために支出を削ろうとするので、さらに別の家計や企業の所得が減少する。

これらはいずれも、本書で再三にわたって述べている「（マイナスの）乗数効果」によってもたらされる現象であり、その結果、経済全体の支出合計であり所得合計でもあるＧＤＰは縮小する。ＧＤＰの縮小はそのまま課税ベースの減少、すなわち政府にとっての収支悪化要因である。このことは、「緊縮財政とは、ミクロレベルでは財政収支を改善する一方で、マクロレベルでは収支悪化をもたらす政策である」と言い換えることもできる（言うまでもなく、積極財政ではミクロとマクロの効果が逆転する）。

したがって、緊縮財政を当然のように財政収支改善と結び付ける議論の多くは、実はマクロの視点が欠落した片手落ちの議論にすぎない。「誰かの支出は別の誰かの所得である」というマクロ経済の原則は、「誰かの収支が改善するときは、別の誰かの収支が悪化する」と同じことである。したがって、「財政収支の悪化＝政府による無駄遣いの結果」とは必ずしも言えないのである。

要するに、緊縮財政、積極財政いずれの政策も、現実には財政収支にとってプラス、マイナス両面の効果を孕んでいる。したがって、どちらの政策がいわゆる財政健全化をもたらすかは、ミクロとマクロいずれの効果が差し引きで大きいか、あくまでも事実に基づいて判断するべきなのである。

積極財政がもたらす財政収支改善のメカニズム

では、緊縮財政と積極財政のいずれが財政健全化をもたらすのか。これを示しているのが**図表5－1**である。一般政府の貯蓄投資バランス（左目盛）とは、国・地方を合計した政府全体の財政収支に相当する。非金融法人企業の貯蓄投資バランス（右目盛）は、企業会計上のフリー・キャッシュ・フローにほぼ相当する（以下便宜上、非金融法人企業の貯蓄投資バランスを「ＦＣＦ」と記述する）。

概ね財政黒字を保っていた高度成長期を経た後、一九九七年までの財政収支は、名目ＧＤＰ比で平均マイナス二・五％の水準で推移していた。ところが、名目経済成長が停止して長期デフレ不況が始まった一九九八年以降は赤字が大幅に拡大し、平均マイナス六・六％の水準で推移している。

「名目経済成長停止や長期デフレ不況をもたらしたのは、一九九七年からの緊縮財政である」というこれまでの分析もふまえれば、**図表5－1**の事実はそのまま、財政収支に与える影響が大きいのはミクロよりもマクロの経済効果であることを意味している。すなわち、緊縮財政こそが財政収支悪化をもたらした真犯人である（ちなみに、財政収支が恒常的に黒字だった高度成長期とは、名目公的支出が年率一五％強拡大した「超積極財政期」でもあった）。

図表5－1：一般政府および非金融法人企業の貯蓄投資バランスの推移（名目GDP比、1955～2013年）

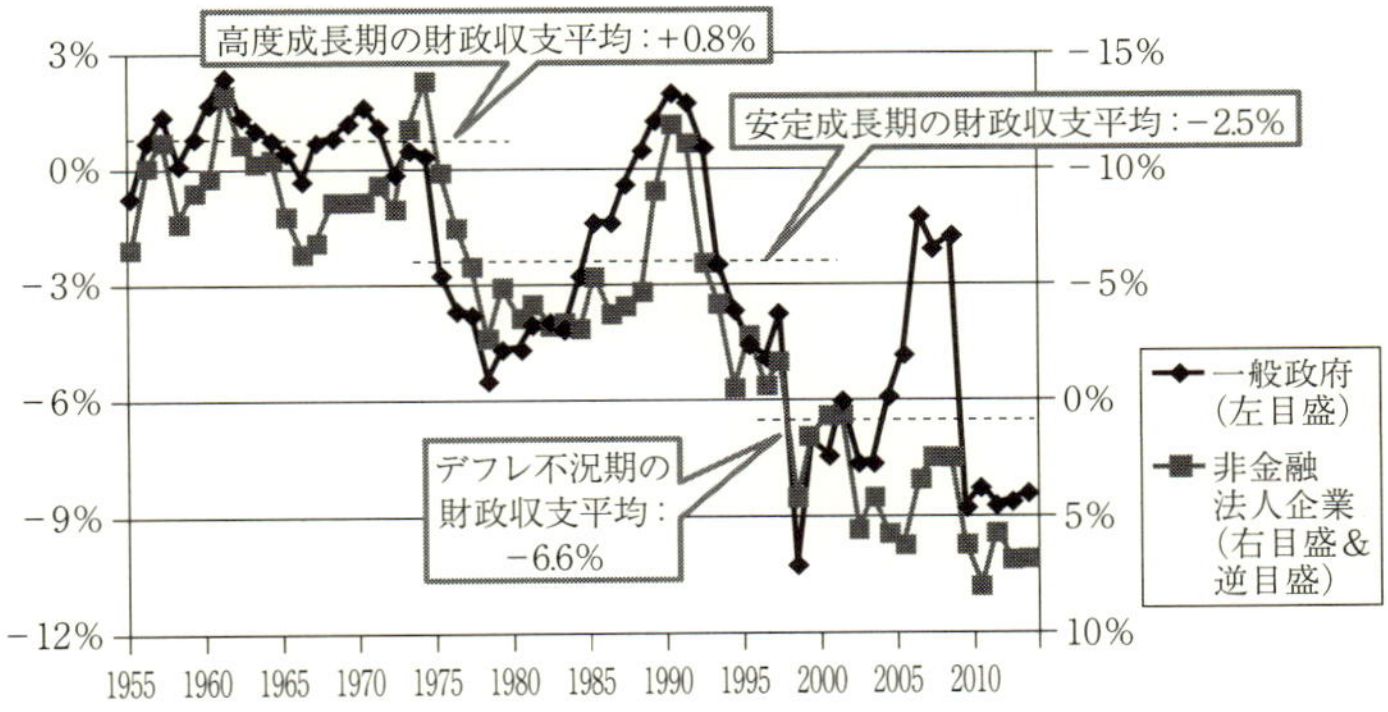

※出所：内閣府

※一般政府の貯蓄投資バランスは、財政収支に相当する。

※一般政府の貯蓄投資バランスと非金融法人の貯蓄投資バランスの相関係数は－0.8652。

第1章でも述べたように、それまで恒常的にマイナスだったFCFが恒常的なプラスに転じたのが長期デフレ不況の特徴である。そして、**図表5－1**が示す財政収支とFCFとの相関性の高さ（相関係数：マイナス〇・八六五二）は、「誰かの収支が改善するときは、別の誰かの収支が悪化する」というマクロ経済の原則が、政府と企業の間に成り立っていることを示している。この事実からは、積極財政がもたらす以下のような財政収支改善プロセスが導かれる。

まず、積極財政によって名目経済成長率が高まることで、家計や企業の所得が増加する。家計所得の増加は、言うまでもなく所得税収の増加を通じて財政収支を改善させる。家計所得が増えれば消費も活発になるため、消費税などの間接税収も増加する。

他方で、企業所得は営業利益と減価償却費に二分される。ところが、減価償却費は過去の投資で蓄積された資本ストックの残高水準でほぼ決まるため、当面の経済成長の影響は小さい。すなわち、経済成長による企業所得の増加のほとんどは営業利益として計上され、増益率は名目経済成長率（あるいは、名目経済成長率と密接な関係にある国債金利）を大幅に上回る。

こうした営業利益の増加は、二つの経路で財政収支を改善する。一つは、経済成長率を上回るペースでの法人税収の増加である。そしてもう一つは、利益成長期待の高まりを背景として企業が設備投資を活発化することによる、さらなる経済成長の実現である。経済成長はこれまで述べたようなプロセスを経て、各種税収をさらに増加させる。

そして、法人税収の増加や設備投資の活発化とは、ＦＣＦの悪化にほかならない。(2) 積極財政によって経済成長が実現すれば、マクロ経済の原則に基づき、民間企業の収支が悪化すると共に政府の収支が改善する。これこそが、**図表５－１**が示す日本経済の現実である。(3)

緊縮財政がもたらした「国の借金」問題

「積極財政が名目経済成長と財政収支改善を実現する」という前提に立てば、名目ＧＤＰに対する政府債務残高の比率が過大とされる、いわゆる「国の借金」問題も、積極財政によって解決されることは明らかである。

議論の対象を政府純債務とし、その名目ＧＤＰに対する比率を「政府債務比率」とすれば、以下の式が導かれる。

当年度政府債務比率
＝当年度政府債務÷当年度名目ＧＤＰ
＝（前年度政府債務−当年度財政収支）÷当年度名目ＧＤＰ
＝前年度政府債務÷当年度名目ＧＤＰ−当年度財政収支÷当年度名目ＧＤＰ

（２）ちなみに、筆者が作成したマクロ経済モデルを日本のＧＤＰ統計に当てはめたところ、営業利益が一億円増えるごとに設備投資が一・〇九億円増えるという結果が得られた。利益にかかる税金なども加味すれば、これは企業が営業キャッシュフローの増加以上に投資支出を増やし、フリー・キャッシュ・フローが縮小することを意味している。

（３）ただし、既に述べたとおり、財政支出と名目ＧＤＰの関係は短期的には内生的景気循環の影響も受けるため、これはあくまでも中長期的な観点からの結論である（以降の政府債務残高に関する議論についても同様である）。

図表５−２：政府債務比率の推移（日本およびOECD加盟国平均）

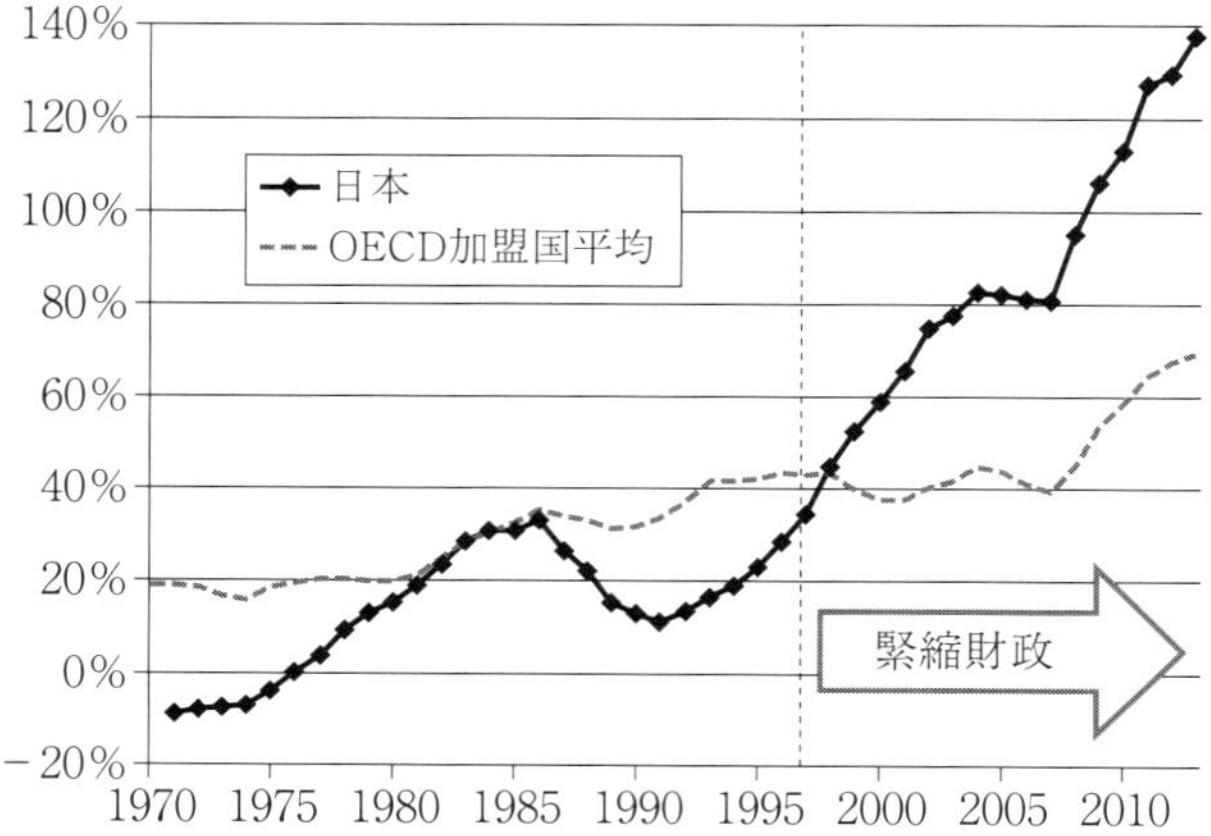

※出所：OECD

前年度政府債務は既に確定しているため、経済成長を実現する積極財政を行うほど「前年度政府債務÷当年度名目ＧＤＰ」は低下する。また、積極財政を行うほど財政収支が改善する（すなわち、「当年度財政収支÷当年度名目ＧＤＰ」が上昇する）ことは既に述べたとおりである。したがって、積極財政を行うほど政府債務比率はより小さく、逆に緊縮財政を行うほど同比率はより大きい、というのが論理的な帰結である（ただし、ここでも後述する短期的な金融循環の影響は考慮していない）。

これを裏付けるのが、日本の政府純債務比率をＯＥＣＤ加盟国平均のそれと比較した**図表５−２**である。名目経済成長が続いていた一九九七年までは、日本の政府債務比率はＯＥＣＤ加盟国平均のそれをほぼ一貫して下回っていた

（G7諸国のなかで、当時の日本を下回るのはイギリスだけであった）。

両者が逆転し、かつ日本のそれが加速度的に上昇するようになったのは、緊縮財政を受けて長期デフレ不況に陥った一九九八年以降の話である。一九九五年には、武村正義蔵相（当時）が「財政危機宣言」を行い、その後の緊縮財政に先鞭をつけたものの、その判断は現実とはまるで乖離《かいり》していた。日本経済がその後陥った「緊縮財政がかえって政府債務比率を上昇させ、そのことがより一層の緊縮財政を誘発する」という悪循環こそが、いわゆる「国の借金」問題の正体にほかならない。

政府債務比率を低下させる財政政策とは

さらに、「政府債務比率を長期的に低下させるには、どの程度の積極財政を行えばよいか」という観点から、分析を進めてみよう。

まず、前年度から当年度にかけての「政府債務比率の変化」を分解する。「当年度政府債務＝前年度政府債務×（一＋当年度借入金利）－当年度プライマリーバランス」であることを加味すれば、以下のような式が導き出される。

政府債務比率の変化

＝当年度政府債務÷当年度名目ＧＤＰ－前年度政府債務÷前年度名目ＧＤＰ

＝｛前年度政府債務×（一＋当年度借入金利）－当年度プライマリーバランス｝÷当年度名目ＧＤＰ－前年度政府債務÷｛当年度名目ＧＤＰ÷（一＋当年度名目成長率）｝

＝－当年度プライマリーバランス÷当年度名目ＧＤＰ＋｛（一＋当年度借入金利）－（一＋当年度名目ＧＤＰ成長率）｝×前年度政府債務÷当年度名目ＧＤＰ

＝－当年度プライマリーバランス÷当年度名目ＧＤＰ－（当年度名目ＧＤＰ成長率－当年度借入金利）×前年度政府債務÷当年度名目ＧＤＰ

ここで、「借入金利＝国債金利」と考えると、名目ＧＤＰ成長率と国債金利が長期的にはほぼ同水準で推移することから、最終式の第二項は無視できる。すなわち、政府債務比率の変化がマイナス、いいかえれば政府債務比率が低下するためには、プライマリーバランスが長期的に黒字になるようにすればよいわけだ。したがって、「政府債務比率を引き下げるため、プライマリーバランスの黒字化を目指す」という政府の方針自体は論理的に正しいと言える（ただし、後述するように、目先の黒字化にこだわることは、むしろ好ましくない結果をもたらす）。

しかしながら、プライマリーバランスは、緊縮財政というミクロの財政健全化策によって改善

図表５―３：日本のプライマリーバランス（名目GDP比）と名目GDP成長率（前年度）の推移

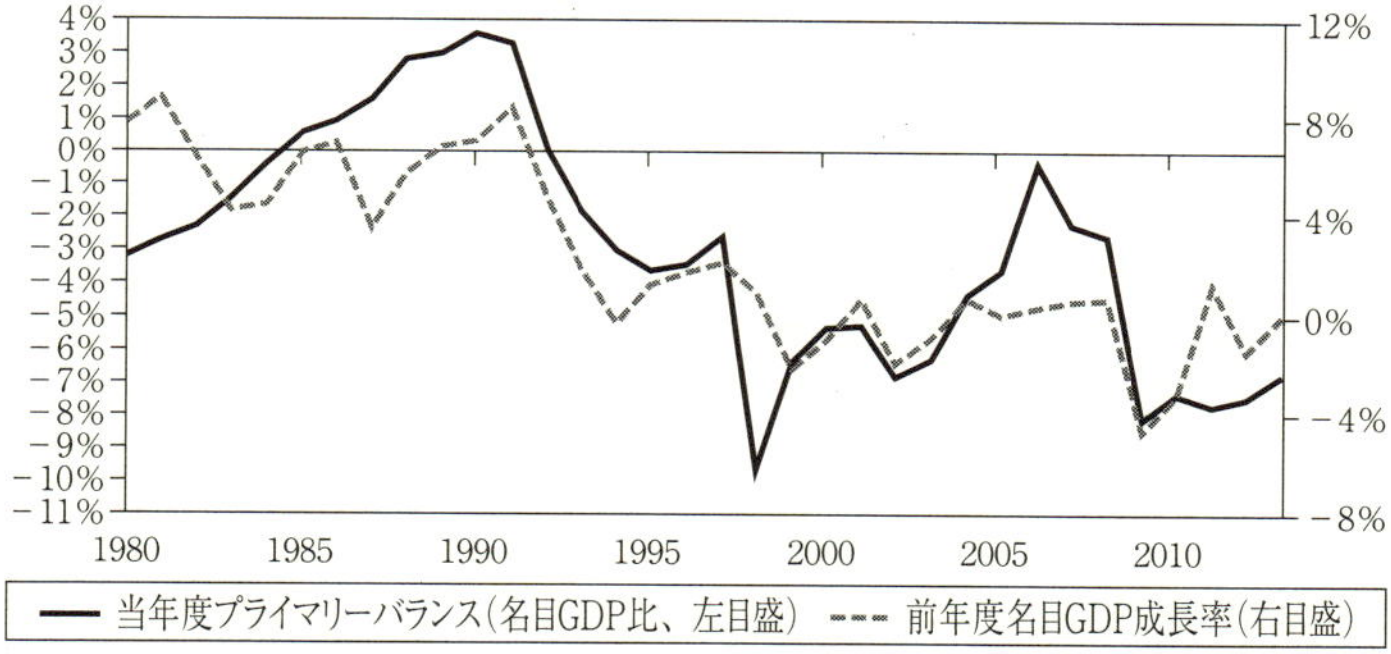

※出所：内閣府

※当年度プライマリーバランス（名目GDP比）と前年度名目GDP成長率の相関係数は0.7625

するものではない。ここでもやはりマクロ要因のほうが大きく、プライマリーバランスは前年の名目ＧＤＰ成長率の強い影響を受けるのが現実の経済である。両者の相関性は長期的に見ても非常に高い（**図表５－３**参照。相関係数は〇・七六二五）。

名目ＧＤＰ成長率を長期的に高めるのは、積極財政にほかならない。ここでも、「政府が掲げる財政健全化目標を達成するためには、現在の財政運営方針を一八〇度改め、むしろ積極財政に転じるべきである」という結論が導き出される。

積極財政によって政府債務比率の引き下げに成功した典型的な事例が、大恐慌当時のアメリカである。一九三三年までは緊縮財政のもとで分母である名目ＧＤＰが大幅に縮小した結果、

図表5－4：大恐慌当時のアメリカの政府債務比率（粗債務ベース）のと政府支出の推移

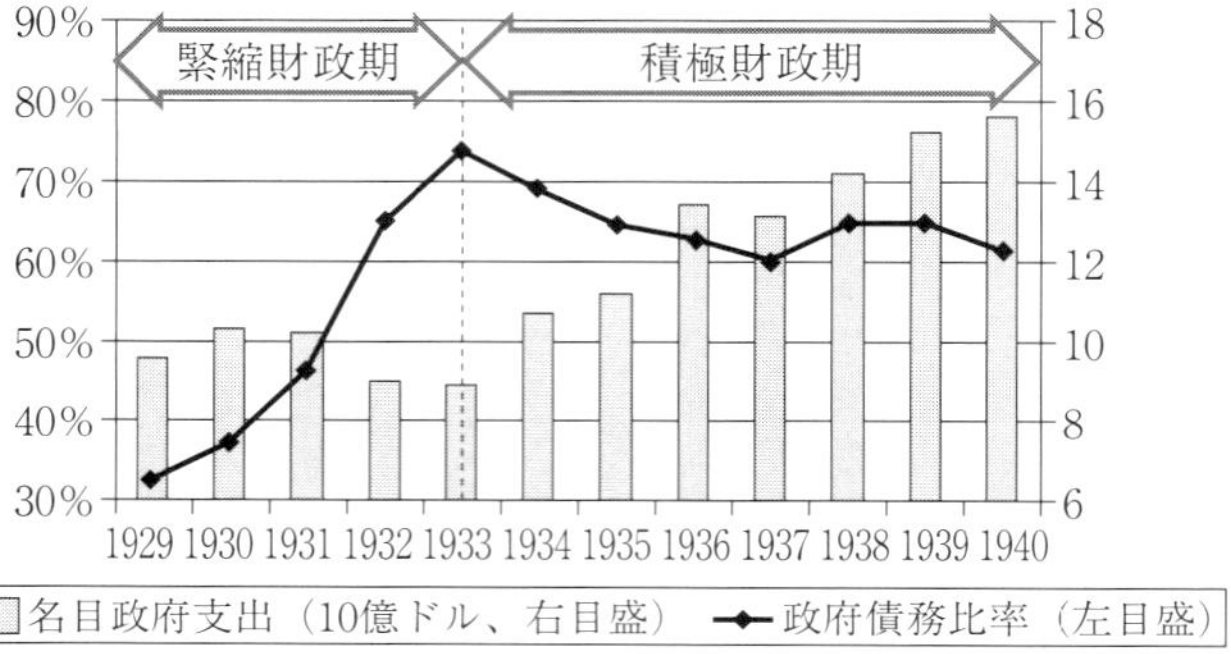

※出所：米国勢調査局、米経済分析局

※政府債務データが存在しない年については、前後のデータからの線形補完で推計している。

政府債務比率も急激に上昇したが、ニューディール政策のもとで財政支出が拡大傾向に転じた一九三四年以降は、経済成長に伴い政府債務比率も低下に転じているのが一目瞭然である（**図表5－4**参照）。

では、政府債務比率を長期的に低下させるには、どの程度の積極財政が必要だろうか。「名目GDP成長率は、長期的には名目公的支出伸び率にほぼ等しい」（**図表1－5**参照）という経験則から、プライマリーバランスの黒字をもたらす名目GDP成長率と同率の名目公的支出拡大が必要になる。これを**図表5－3**に当てはめれば、長期的に年率六％強の名目公的支出拡大が必要であるとの結果が導き出される。

もちろん、これはあくまでも単純な試算であり、実際にはより緻密かつ現実的なマクロ経済計量モデルによる分析が必要である。しかしながら、政府のマクロ経済計量モデルは小泉政権以降、日本の実態に合わない「財政破綻した開発途上国向けモデル」に置き換えられ、民間の同種のモデルに比べて財政出動の経済効果が著しく低く見積もられるようになったとの指摘もある。(4)

財政出動の効果が実態よりも低く見積もられれば、「積極財政が財政バランスを改善する」という判断には当然つながらない。適切な経済政策の運営がなされるためには、こうした分析モデルの抜本的な見直しも必要であろう。

緊縮財政こそが国を滅ぼす

財政政策が経済全体に与えるこうした影響を踏まえれば、緊縮財政をこのまま続けることは、本来の意味での財政破たんリスクをむしろ高める、というのが必然的な結論である。

先ほど、財政破たんの問題は自国通貨建ての国債発行が続けられるかどうかにかかっており、経常収支の動向が主要なポイントであると述べた。

---

(4)　宍戸駿太郎『奇跡を起こせアベノミクス　あなたを豊かにする世直し提言』あ・うん、二〇一三年、一五八〜一七六ページ参照。

図表５−５：国際収支と実質実効為替レートの推移

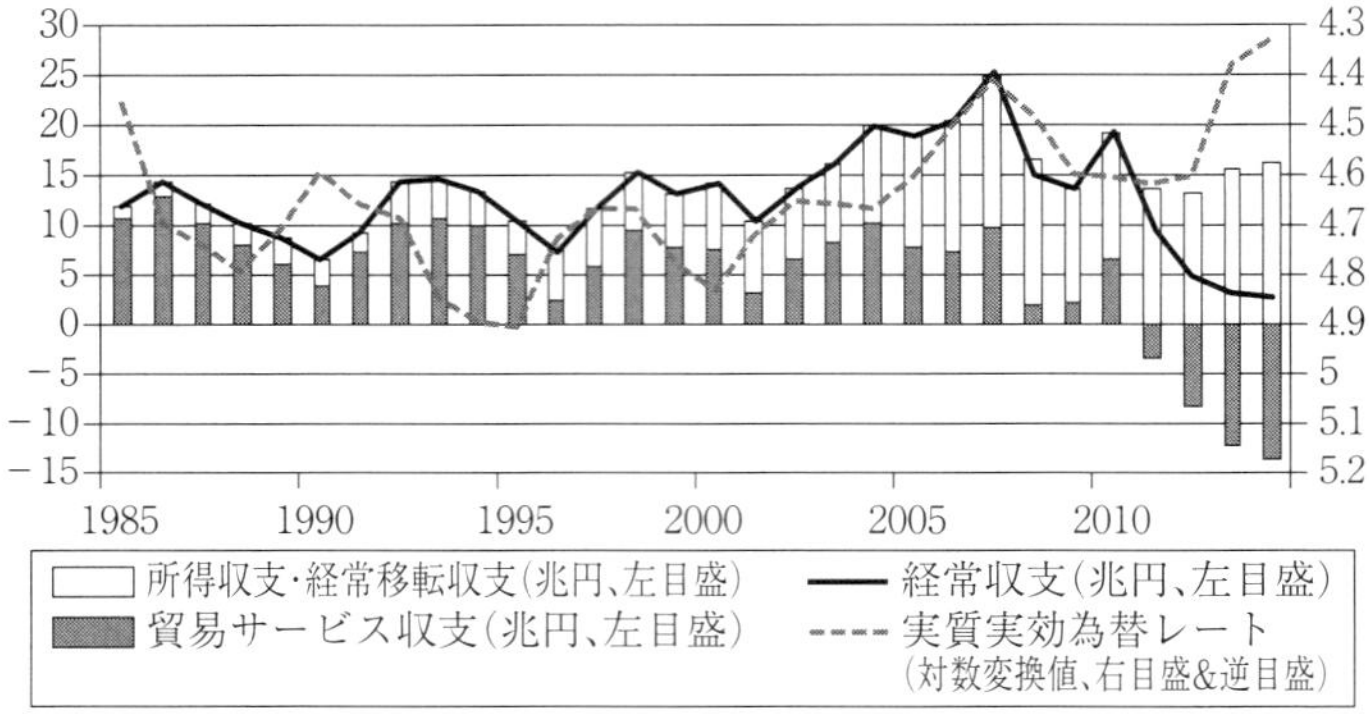

※出所：財務省、日本銀行

※実質実効レートは上に行くほど（数字が小さくなるほど）円安であることを示す。

近年、実質実効為替レートが円安傾向にもかかわらず、貿易サービス収支の悪化に伴い経常黒字が大幅に縮小している（**図表５−５**参照）。貿易サービス収支の悪化をもたらした短期的な要因は原発稼働停止による化石燃料輸入の増加だが、より長期的・構造的な要因が「名目ゼロ成長を背景とした企業の国内投資意欲低下がもたらした、長期的な国内生産能力の低下と海外投資の増加」であることは、再三指摘しているとおりである。

したがって、名目経済成長の停止をもたらした根本原因である緊縮財政をこのまま続ければ、中長期的には慢性的な経常赤字体質に転落してしまうだろう。つまり、政府が財政健全化のつもりで行っている経済政策が、かえって将来の財政破たんリスクを高めるという皮肉な結果をもたらしているのである。

ここでも、財政健全化と緊縮財政は同義ではない。むしろ、積極財政に転じて企業の国内投資が活発化すれば、国内生産力が回復して中長期的な財政破たんリスクを引き下げることができる。もちろん、経常赤字転落によって即座に自国通貨建て国債の発行が困難になるわけではない。しかしながら、経済成長の実現と国内産業の立て直し、そして真の意味での財政健全化のため、政府は一刻も早く政策転換を行うべきである。

2 積極財政こそが成長戦略

緊縮財政で弱体化した電機産業

「積極財政が名目経済成長を通じて企業の利益成長をもたらし、国内投資を活発化する」という前節で述べた内容は、「積極財政こそが成長戦略」という本節のテーマのかなりの部分を先取りしている。

その具体例が、緊縮財政によって国際競争力が弱体化した電機産業である（その意味では、「失敗例」というのが適切かもしれない)。かつての電機産業は、自動車産業をはじめとする輸送用機器産業と並び、輸出の花形産業であった。ところが、デフレ不況の間に海外製品に押されるようになり、実質実効為替レートが円安傾向であるにもかかわらず、電機機器の貿易黒字は一九九七年の七・四兆円から二〇一四年の一・一兆円へと大幅に縮小した。これは、輸送用機器の貿易黒字が、同時期に九・二兆円から一三・九兆円へと大幅に拡大しているのとは対照的な状況である。

二つの産業の明暗を分けた大きな要因と考えられるのが、設備投資の動向である。ハイテクで成長性の高い電機産業は、一九九〇年代前半までは製造業全体を上回るペースで活発な設備投資を行っていた。ところが、デフレ不況に陥った一九九〇年代後半以降は、ＩＴバブルのような一時的なブーム期を除けば、逆に製造業全体を大幅に下回るペースで設備投資を縮小させている。これは、設備投資額のシェアが長期間にわたって緩やかに増加している輸送用機器産業とは対照的な動きである(**図表5-6・5-7**参照)。

設備投資は、将来の利益成長期待があってはじめて積極的に行える。ところが、緊縮財政はそうした期待を失わせた。しかも、政策転換による期待成長率の変化は、過去に行った投資の前提も狂わせる。成長期待が失われれば、過去の投資で蓄積された生産設備も、投資対効果に見合わない不良資産に転じてしまうのである。

図表５−６：電機産業の設備投資動向

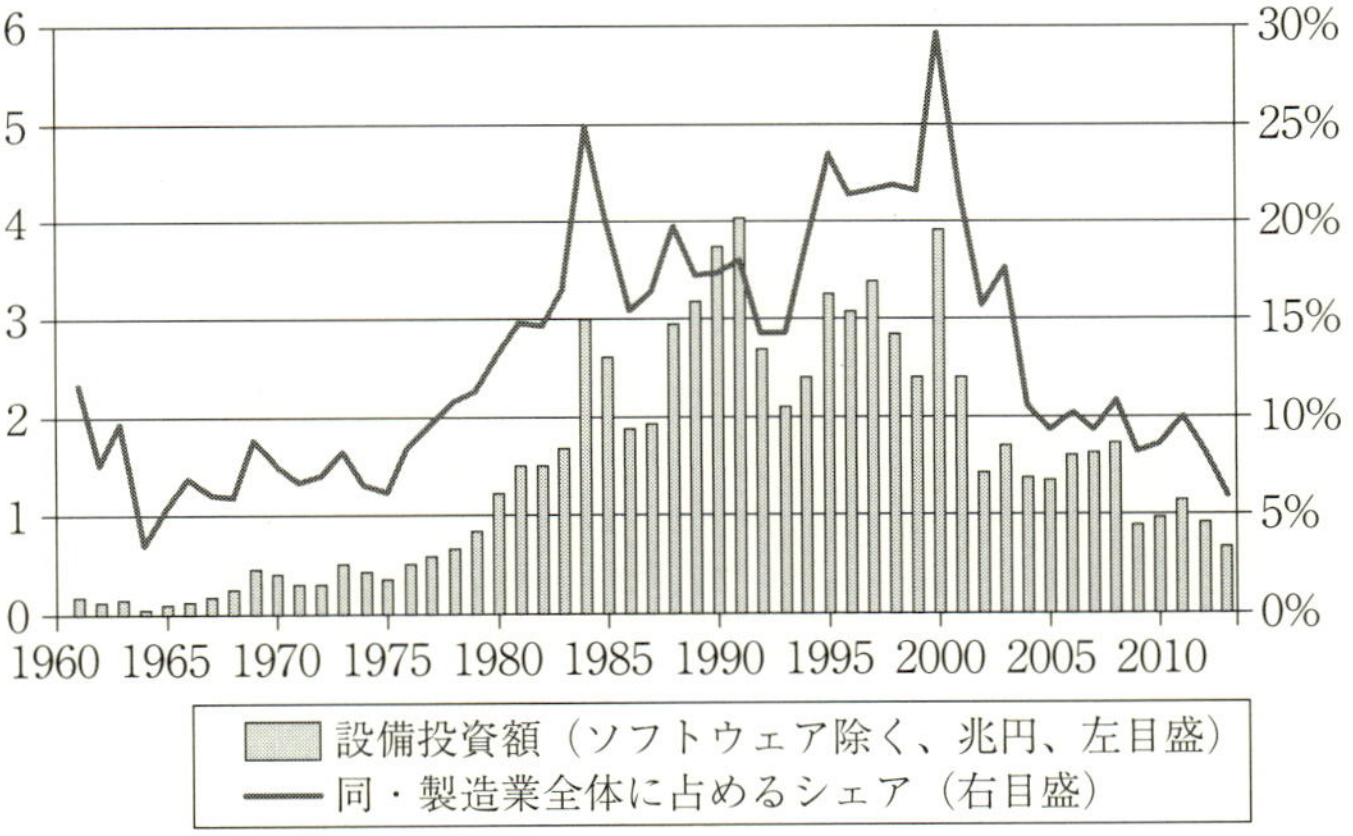

※出所：財務省

図表５−７：輸送用機器産業の設備投資動向

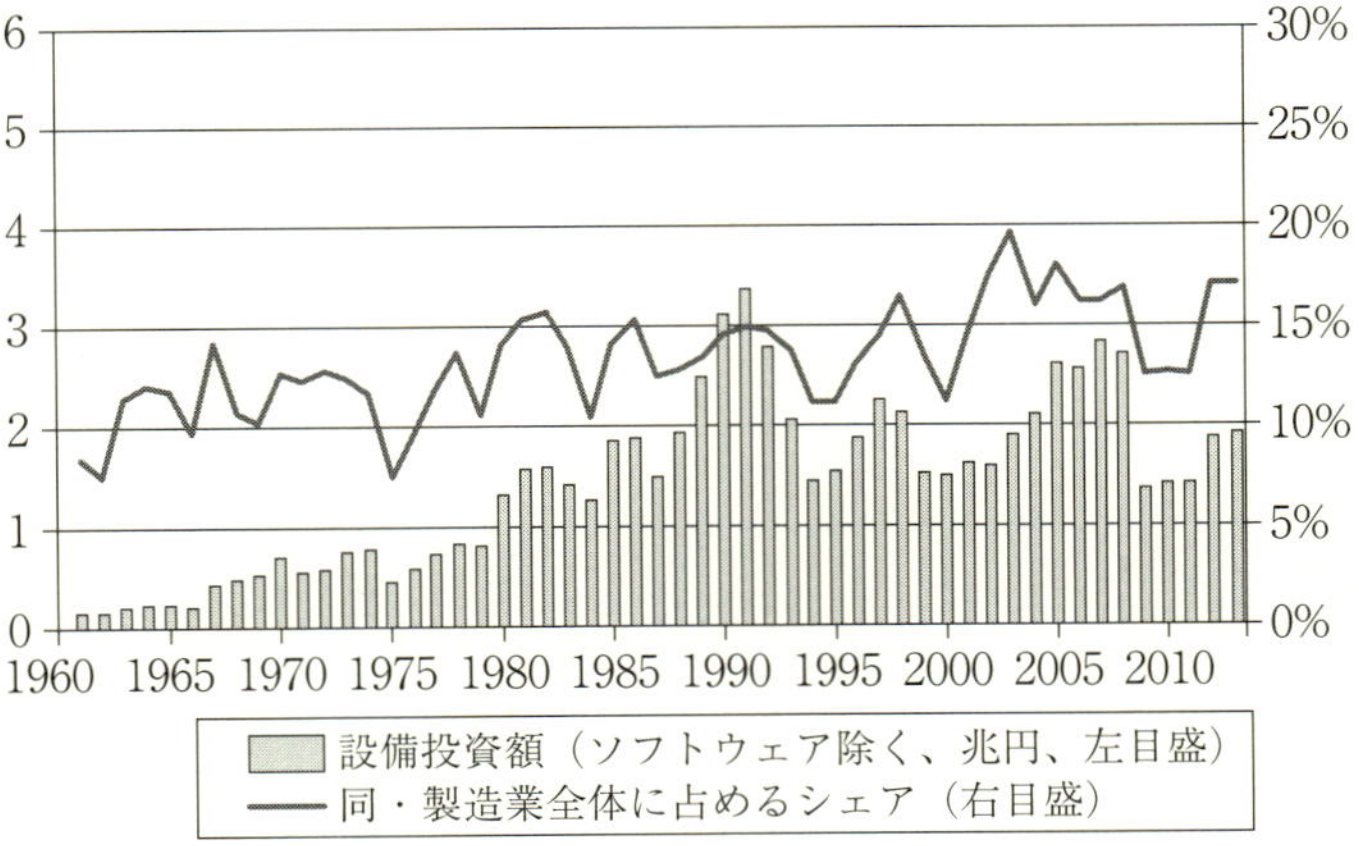

※出所：財務省

電機産業は過去に積極的な投資を行った分、こうしたダメージも深かったと考えられる。こうなると、新規の設備投資は大幅に縮小せざるを得ない。今や、国内電機産業の設備投資額合計が、韓国の一企業にすぎないサムソン電子の半導体分野への設備投資額にすら及ばない状況である。これでは、国際競争力が加速度的に低下するのは必然の成り行きである。

一九九七年から二〇一三年にかけて、サムソン電子の本国韓国では、名目GDP、名目財政支出の年換算伸び率が、それぞれ六・三九%、七・五〇%に達した。同時期の日本は、それぞれマイナス〇・五四%、マイナス〇・〇四%にとどまっている。一国の経済成長率がその国の産業競争力のすべてを説明するわけではないものの、営利企業の論理からすれば大きな要因であることは間違いない。つまり、国際競争力を高めるのも積極財政の役割の一つなのである。

積極財政がもたらすマクロ経済の効率化

生産設備や労働力といった生産資源の効率的な配分も成長戦略の一環とすれば、積極財政はここでも力を発揮する。

第4章では、「内生的景気循環＝民間経済がもたらす不均衡メカニズム」と述べた。不均衡とは、経済全体で見たときには何らかの非効率が生じている状態である。たとえば、金融循環によって

図表５−８：内生的景気循環モデルにおいて財政スタンスを変化させた時の、「名目GDP÷ 名目政府支出」の変動

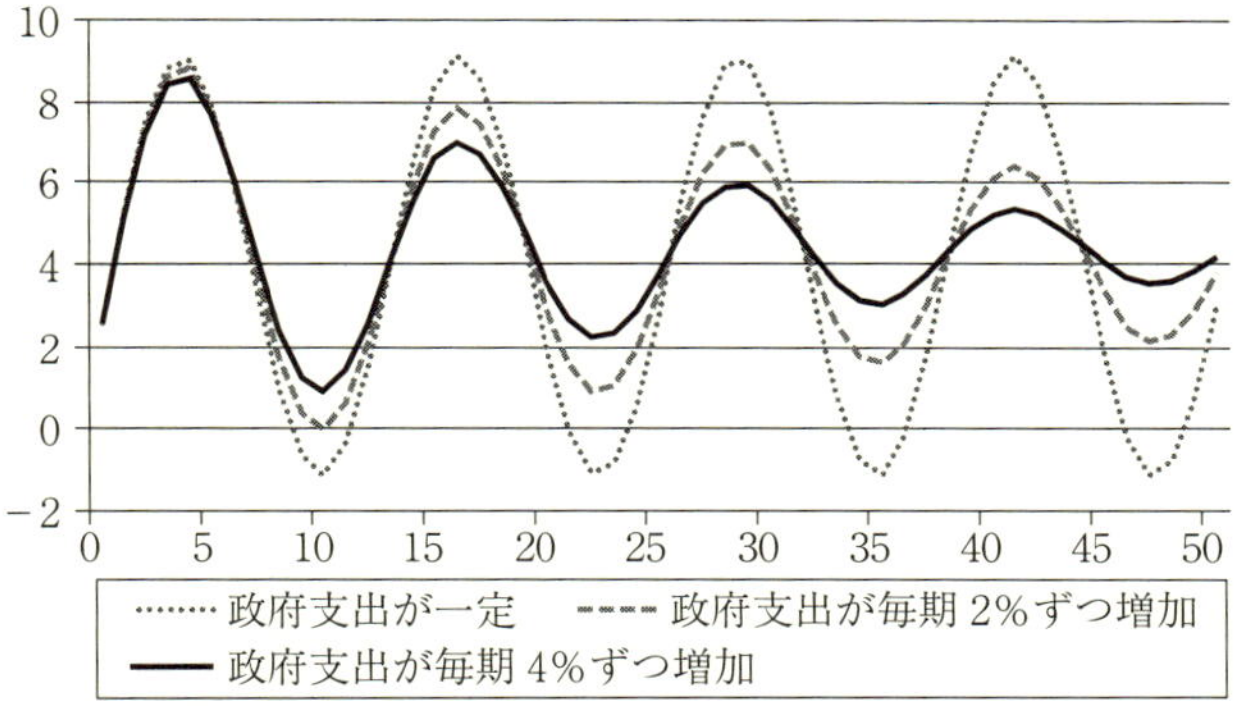

※政府支出が一定の時に循環の波の大きさも一定になるよう、パラメーターを調整している。

もたらされるバブルの天井では、端から見れば到底正当化できない価格で株や不動産が取引され、明らかに非効率な資源配分が行われている。逆に、バブルが崩壊した後には、ピーク時に資産の高値づかみをした企業が債務超過に陥り、それ自体は健全で問題がないはずの本業のリストラや売却を行う、といった事象がしばしば発生する。これもまた、非効率な資源配分の一例である。

このような経済に財政政策がどのような影響を与えるかを示したのが**図表５−８**である。これは、第４章で紹介した筆者作成の内生的景気循環モデルにおいて政府支出の増加率を変化させたとき、「名目ＧＤＰ÷名目政府支出」がどのように変動するかを示している。

図表５−８は、「政府支出の増加率が高いシ

ナリオほど、時間の経過とともに景気循環の波が小さくなる」ことを示している（サミュエルソンの「乗数＝加速度モデル」でも、同様な結果が得られる）。これは、景気循環の発生要因である「民間投資に対する過去の所得の影響」が、政府支出拡大を通じて「現在の民間所得」を拡大することによって「薄められる」ことに起因している（逆に、緊縮財政を行うほど景気循環の波は大きくなる）。

「景気循環の波が小さくなる」とは、経済全体の不均衡が縮小していることを意味する。不均衡が縮小すれば、効率性の向上すなわち経済全体の資源がより有効に活用され、より豊かな社会の実現につながるはずである。

緊縮財政を正当化する立場からは、「政府支出をできるだけ減らした『小さい政府』が望ましい」という主張がなされることがある。これは、「資金調達の制約がないために市場メカニズムの影響を受けにくい政府の支出は、民間の支出と比べて非効率・不経済になりがちである」という発想に基づいているが、ミクロレベルの近似でしかない、市場メカニズムを過信した主流派経済学の非現実的な世界観に基づく極論とも言える。現実の経済では、民間経済自身が景気循環という不均衡を生み出すがゆえに、積極財政はマクロレベルでの経済効率化に貢献するというのが**図表５－７**が示す理論的な帰結である。(5)

また、こうしたモデルに基づく議論とは別に、「積極財政＝持続的な名目経済成長」によって利益成長機会の確かな見通しを民間に対して示すことは、同じ民間投資のなかでも、より長期的な視点から行われる案件にとっての追い風となることだろう。こうした定性的なメリットも、積極財政から引き出すことができる。

現実の経済に求められる「第三の道」

「積極財政を行うほど景気循環の波が縮小し、経済全体が効率化する」という命題を突き詰め、財政支出の伸び率をある一定以上に拡大すると、モデル上は景気循環そのものが消失する。だからといって、本書は無尽蔵な積極財政を提唱するものではない。なぜなら、モデルはあくまでお金の流れ、すなわち名目経済に焦点を当てたものであり、過剰な支出拡大は「過剰なインフレ」

（5）　かつて、ケインズ経済学の影響が強かった一九六〇年代までは、完全雇用に達するまでの間は積極財政を行って政府が総需要を管理する「裁量的な財政政策」による景気の安定化が唱えられていた。そうした裁量的な対応を行わなくとも、長期継続的に財政支出を拡大すること自体が景気の安定化に貢献しうる、というのが本節の帰結である。これは、裁量的な財政政策に対して加えられた、「景気悪化の認識や政策決定・実行手続きに時間を要するため、適切なタイミングでの政策実行できず、かえって景気を不安定化させる」「政治的な要因で、完全雇用に達したからといっても財政支出を減らすのは現実的には困難である」といった主流派経済学側からの批判を、ある意味で克服したものと言えるだろう。

という実態面における異なる次元での不均衡をもたらすからである。

また本書は、ある意味では大きな政府の究極の姿と言えなくもない産業の完全国有化、すなわち社会主義体制などを提唱するものでもない。民間産業や市場メカニズムの全否定は、生産性向上や革新の意欲を削いでミクロレベルの効率を低下させ、経済全体をも停滞させることは歴史の教訓だからである。

他方で、「緊縮財政は民間産業の活力を奪い、経済を停滞させる」という命題もまた、日本の失われた二〇年という事例から引き出される歴史の教訓である。また、主流派経済学の合理的経済人の仮定が成り立たない現実の経済においては、経済自由主義を推し進めるほど経済的強者にとって有利な環境がもたらされ、所得格差という不均衡が拡大する。所得格差が拡大すると経済成長が低下することは、ＯＥＣＤが最近発表した報告書でも指摘されている(6)。

取られるべきは新自由主義や社会主義のような極論ではなく、適度な積極財政を伴う、いわば「第三の道」である。どの程度の財政支出拡大をもって「適度」とするかは、適切な計量モデルのもと、各国の実態に合わせて検討されるべきである。

また、政府支出の内容を時代の変化に合わせたより効果的なものにするために、適切な議論や検証を積み重ねるべきことは言うまでもない。ただし、それは「政府支出の総額を増やすべきか否か」とは別次元の、いわばミクロのテーマであることも忘れてはならない。無駄をなくすことにとらわれすぎて経済全体のパイを縮小し、より大きなレベルでの非効率や国力低下を招いてしまっては本末転倒であり、過去一五年あまりの失敗をまた繰り返すことになってしまう。

なお、第4章でも指摘したように、金融自由化やグローバリゼーションの進展によって金融循環による不均衡は拡大し、結果生じる金融危機も大規模化する傾向にある。「グローバリゼーションのもとでは各国政府が果たせる役割は限定的なものになるため、政府の機能は縮小すべきである」という議論が一般的だが、景気循環による不均衡を緩和する積極財政の機能を踏まえれば、むしろグローバリゼーションの時代だからこそ、積極財政を主体とした政府の役割がよりいっそう重要とも言える。これに対して金融緩和とは、不均衡の拡大要因である資本移動性をさらに助長する行為にほかならず、過度な実施はむしろ弊害を高めるというのが論理的な帰結である。

すなわち、マクロ経済政策は積極財政を主体とし、金融政策はそのサポート役にとどめるべきである。また、さまざまな制度改革、いわゆる構造改革についても、市場経済の必然的結果である、景気循環や所得格差がもたらす不均衡の緩和に配慮したものでなければならない。

（6） OECD, "Focus on Inequality and Growth," December 2014. 参照。なお、エマニュエル・トッド他著『グローバリズムは世界を滅ぼす』（文春新書、二〇一四年）では、市場メカニズムを信奉し、政府の介入を最低限にすべきとするネオリベラリズム（新自由主義）が推進された一九八〇年代以降の世界各地域の経済成長率はそれ以前と比べて低位にとどまる、という事実が指摘されている（同書、八〇～八四ページ）。

これに対して、アベノミクスの成長戦略の下では、雇用規制の緩和や緊縮的な社会保障制度改革、あるいは後述する法人税改革など、総じて格差助長的な政策が進められようとしている。これでは、過剰な金融緩和とあいまって不均衡をよりいっそう促進することにもなりかねず、あるべき経済政策の方向性と「逆行している」とすら言えるだろう。

緊縮財政と雇用規制緩和で深刻化した格差問題

ここで、アベノミクスがあるべき方向性と逆行している典型例として、雇用規制の緩和について取り上げてみたい。

図表5－9・図表5－10は、日本とアメリカそれぞれにおける、長期的な就業状況の推移を示したものである。進学率の上昇、女性の社会進出、退職年齢の引き上げといった構造的な変化を除外し、雇用環境そのものの変化を極力純粋に把握するため、対象期間中一貫して大半が就業している二五歳から五四歳の男性を集計の対象としている。

日米とも共通して見られるのは、一九七〇年代以降の長期的な就業率の低下傾向である。これは、グローバル化の進展によって国際移動の自由が増した資本の論理が強まるにつれて、徐々に雇用環境が悪化していることの反映と考えられる。とりわけ、アメリカの就業率の低下は著しい。

図表５－９：日本の25～54歳男性の就業状況の推移

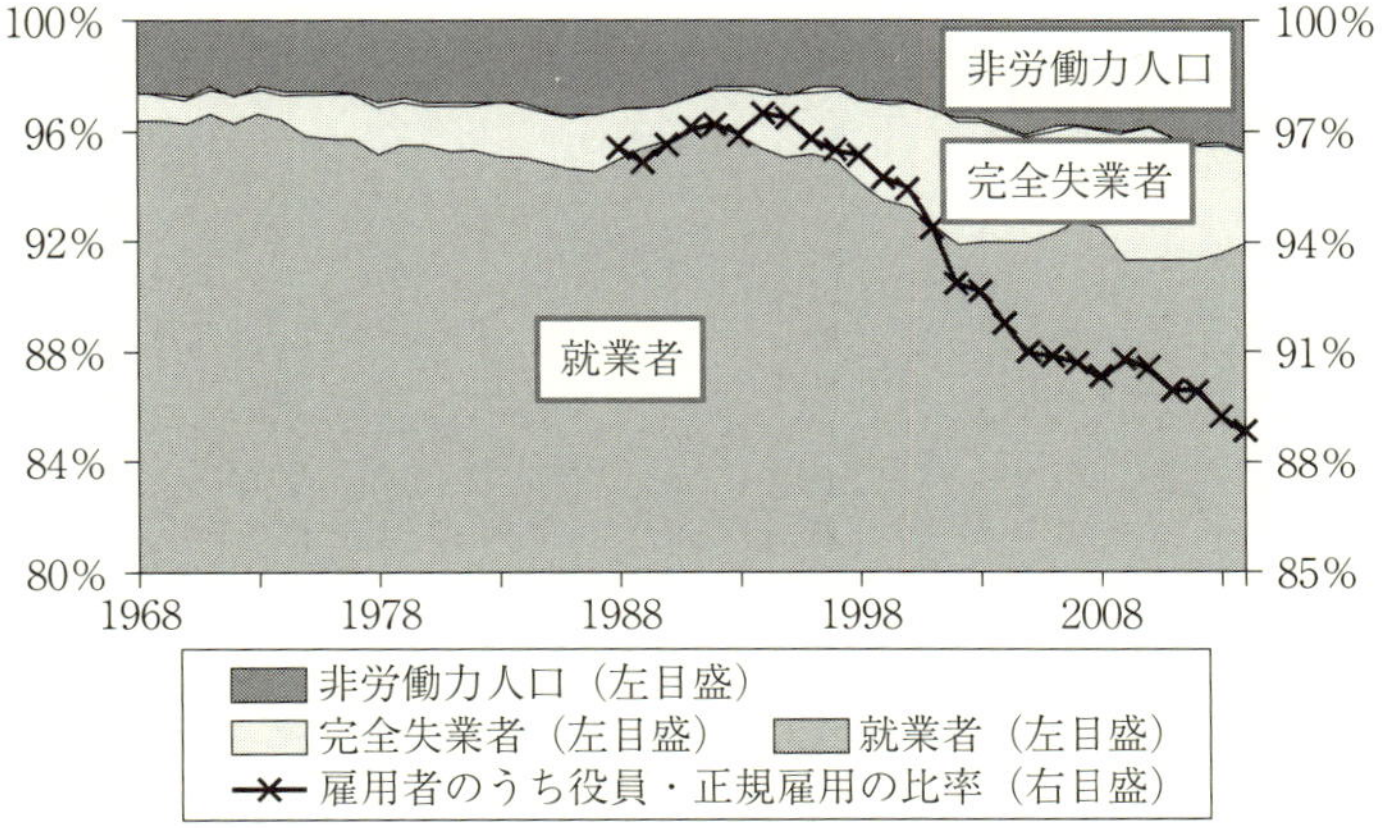

※出所：総務省

図表５－10：アメリカの25～54歳男性の就業状況の推移

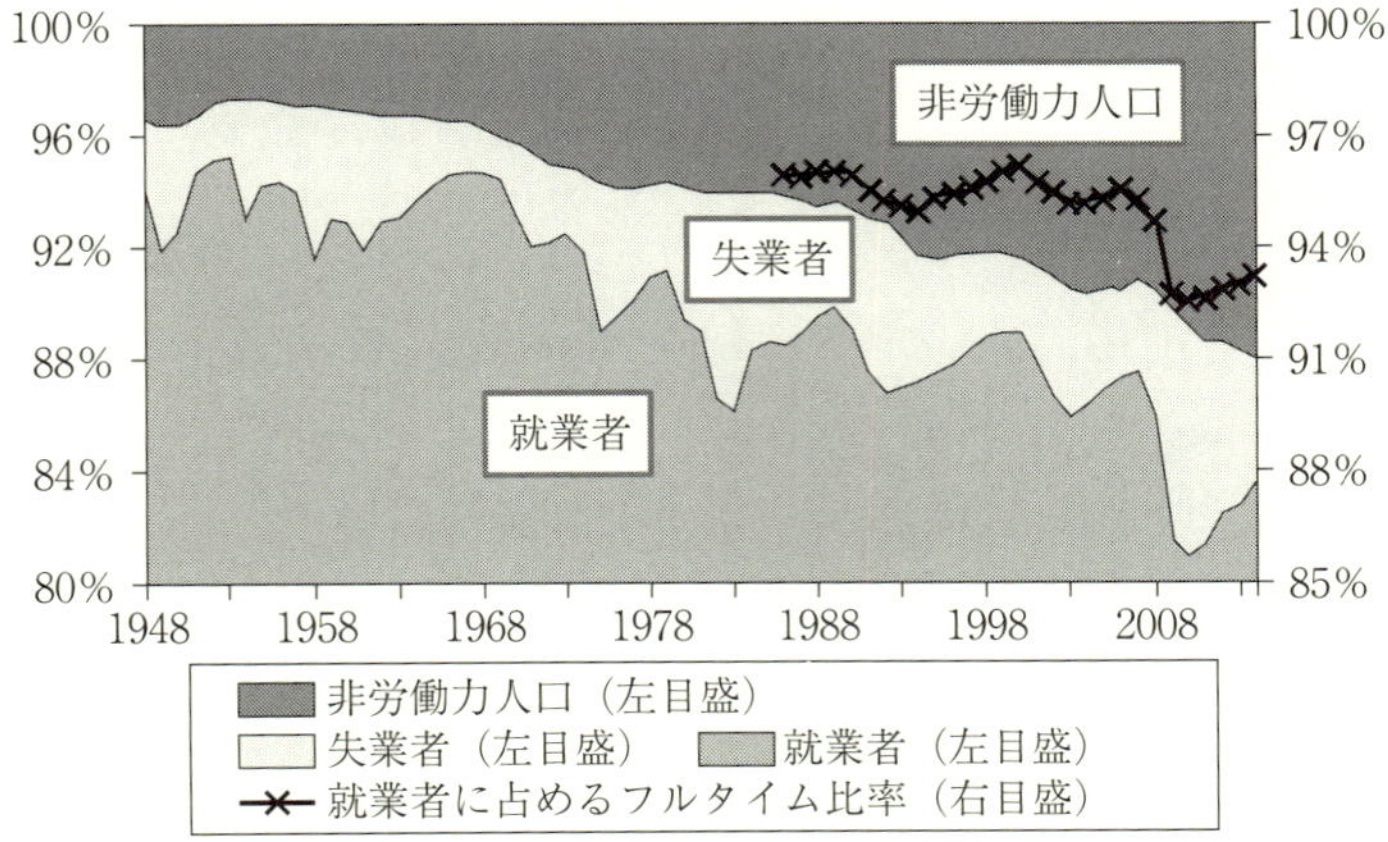

※出所：米労働統計局

他方で、統計期間がかぎられているものの、雇用者に占める正規雇用者の比率、あるいは就業者に占めるフルタイム就業者の比率もまた長期的に低下している。こちらはむしろ、(定義が異なるため単純比較はできないが)日本の低下幅のほうが大きい。

とくに一九九〇年代後半以降、正規雇用の比率は著しく低下しており、正規社員・非正規社員の待遇格差が近年の社会問題となっている。それまで比較的緩やかだった就業率の低下が加速しているのもこのころからである。

こうした状況のなか、アベノミクスの成長戦略では、「雇用政策の基本を行き過ぎた雇用維持型から労働移動支援型へと大胆に転換する」(7)という方針のもと、「グローバルにも通用する労働紛争解決システム等の在り方について、幅広く検討を進める」(8)とされている。これは、一定の金銭補償を行えば正規社員の解雇も事実上自由に行える、いわゆる金銭解雇制度の導入を視野に入れたものである。産業競争力会議の有力な民間議員である竹中平蔵氏の言説にも見られるように、この背景には、「終身雇用」という言葉に代表される、正規社員の解雇が容易ではない日本の制度や慣行が、企業の正規雇用意欲を押し下げ、かつ正規社員と非正規社員の待遇格差の拡大につながっている、という認識がある。(9)

また、一定の要件を満たすことを前提として、派遣社員の受け入れ期限の制限を事実上廃止する労働者派遣法改正案が、二度の廃案を経た後の二〇一五年三月一三日、第一八九回通常国会に提出された。こうした一連の雇用規制緩和への取り組みは、「経済は極力市場原理に委ね、政府の介入を縮小するほど適正化する」という新自由主義的な発想に基づくものである。

しかしながら、正規社員の解雇が比較的容易で、雇用調整もフルタイム雇用者を中心に行われるアメリカの状況からも明らかなように、正規社員の解雇を容易にする規制緩和を行えば、グローバル化のもとでの就業率低下に歯止めがきかなくなり、むしろより深刻な、就業者・非就業者間の格差問題をもたらすことだろう。そうした状況で正規・非正規間の格差が縮小したとしても、それは全体として雇用環境が悪化するなかでの「底辺への競争」以外の何物でもない。

しかも、業績悪化時の経費削減余地を狭めるという意味で、企業にとって一見デメリットに映る雇用保障には、「解雇の心配をする必要がないため、現在の自身の仕事を失いかねない合理化や生産性向上に対しても、従業員が意欲的に取り組める」という、企業から見ても明らかなメリ

---

(7) 閣議決定資料「日本再興戦略 —JAPAN is BACK—」(二〇一三年六月一四日付) 五ページ。http://www.kantei.go.jp/jp/singi/keizaisaisei/pdf/saikou_jpn.pdf

(8) 閣議決定資料「「日本再興戦略」改訂2014—未来への挑戦—」(二〇一四年六月二四日付) 二二ページ。http://www.kantei.go.jp/jp/singi/keizaisaisei/pdf/honbunJP.pdf

(9) The Huffington Post「竹中平蔵氏の『正社員をなくせばいい』発言に賛否」二〇一五年一月四日付。http://www.huffingtonpost.jp/2015/01/04/heizo-takenaka_n_6412240.html

ットが存在する。カナダの経営学者ヘンリー・ミンツバーグ（Henry Mintzberg, 1939～）もかつて指摘したように、そうした雇用保障の存在が、日本企業の国際競争力として長期にわたって機能してきた事実は否定しがたい(10)。

正規雇用の比率が一九九九年以降大幅に低下している直接の要因としては、同年の派遣対象業務原則自由化を皮切りとした派遣労働制度の拡充などが挙げられる。しかしその背景には、緊縮財政による名目経済成長の停止が、企業側によるそうした制度の積極的な利用を促したという、より根本的な要因がある。すなわち、名目経済成長の停止以降、企業の国内での設備投資意欲が大幅に低下しているのとまったく同様に、利益成長期待の喪失が、終身雇用といういわば超長期的観点からの人材投資意欲を、企業から奪っているのである。

したがって、経済政策として行うべきは、持続的な名目経済成長を実現しつつ景気循環による不均衡を緩和することによって、日本企業の強みとして機能してきた終身雇用制度の維持を企業にとっても合理的なものにする、積極財政にほかならない。安易な解雇規制の緩和は行うべきではなく、むしろこれまでの格差や景気後退時の雇用削減圧力の拡大をもたらした、行きすぎた派遣労働の拡大には歯止めをかけるべきであろう。それらによって、格差が比較的小さい安定した社会を取り戻しつつ、企業の国際競争力も回復するのが、正しい経済政策のあり方である。

また、こうした事例は、雇用分野にかぎらず、安易に構造改革を推し進めることの危険性も示している。構造改革とは、「従来からの規制や制度が現状に合わなくなったため、変革する必要がある」という問題認識のもとで行われるもので、確かにそうした解決策が適切な分野もあるだろう。しかしながら雇用に関しては、「国内での利益成長期待が喪失した現状の下で維持することが、企業にとって負担となっている雇用保障制度」が変革の対象と目されているものの、実際の問題はむしろ、緊縮財政という誤った政策によってもたらされた「現状」のほうにある。

すなわち、積極財政という正しい経済政策を行なって現状自体が変わってしまえば、現行の雇用保障制度を変革する必要がなく、むしろ変えることのデメリットのほうが大きいのと同様に、他分野の構造改革についても、合理性が失われる可能性は十分にある。実際、構造改革論のなかには、とにかく自由化・規制緩和を行えば、現在よりも良い状態になることが当然の前提であるかのような言説が少なからず見受けられるが、それは主流派経済学の非現実的な世界観に基づくもので、決して当然の前提とは言えないことは、本書で再三指摘しているとおりである。

したがって、各政策が積極財政のもとでも合理的な改革と言えるかどうか、今一度慎重な議論が行われるべきである。真っ先に変革の対象とすべきはむしろ、緊縮財政をもたらしている、均

---

(10)　ヘンリー・ミンツバーグ／DIAMONDハーバード・ビジネス・レビュー編集部編訳『H・ミンツバーグ経営論』ダイヤモンド社、二〇〇七年、一五九～一六一ページ参照。なお、ミンツバーグの原論文が、日本の緊縮財政が始まる前年の一九九六年に書かれていることは、ある意味象徴的である。

衡財政主義的な政策運営そのものである。

消費税増税の問題点

二〇一四年四月より、消費税が五％から八％に引き上げられた。さらに、いったん延期されたものの、二〇一七年四月には一〇％への再引き上げが予定されている。こうした増税もまた、緊縮財政の一環として行われている。

第1章でも述べたように、国全体の経済活動の規模を表す名目ＧＤＰは国全体の所得の合計でもある。消費税とは、ＧＤＰ統計上政府所得として数えられる間接税の一種である。誰かが税込み価格でモノやサービスに支出したとき、代金を受け取るのは販売した企業だが、そのうちの一部が消費税として徴収され、そこで政府の所得が発生する。

すなわち、消費税の増税とは、所得全体における政府の取り分を増やす行為にほかならない。当然ながら、その分家計や企業といった民間部門の取り分は削られる。取り分を減らされた民間部門は、消費や投資といった支出意欲を低下させるので、いわばマイナスの乗数効果が働く。これもまた、緊縮財政による経済成長の阻害である。しかも、多くのところで論じられているように、消費税には低所得者ほど負担感が高まる、いわゆる逆進性の問題もある。

さらに、内生的景気循環論の観点から見れば、消費税増税には別のデメリットも存在する。所得税、法人税といった民間部門の所得に連動する税収は景気変動の影響を受けやすく、名目GDPに対する比率は景気循環のピーク近くで大幅に上昇する傾向がある。これに対して、消費税の名目GDPに対する比率は相対的に安定している。

したがって、景気がよくなっても税収の伸びがさほど伸びない消費税の比率を高めた場合、民間部門にとっては、景気がよいときには所得の取り分がより一層増えて金回りがよくなり、景気が悪いときには逆に金回りが苦しくなる。これは、景気循環による不均衡のより一層の拡大、言い換えれば、経済全体の効率低下と不安定化を意味する。これに対し、所得税、法人税といった景気変動の影響を受けやすい税金はまったく逆に作用するため、「ビルト・イン・スタビライザー（built-in stabilizer）」と呼ばれる経済安定化効果をもたらす。

他方で、主流派経済学の立場からはこうした発想が生まれにくい。むしろ、経済活動における政府の役割を否定的に捉えがちな主流派経済学は、政府は単年度の収支バランスの確保に努めるべきであるとする「均衡財政主義」と結び付きやすい。さらに、主流派経済学の世界観のもとでは、内生的景気循環の存在自体が否定ないし軽視される。

ところが、現実の経済は内生的景気循環、とくに第4章で述べた金融循環の強い影響を受けている。日本の財政収支にしても、第4章で述べた公的支出倍率（＝名目GDP÷名目公的支出）

図表５−11：金融循環と財政政策の関係

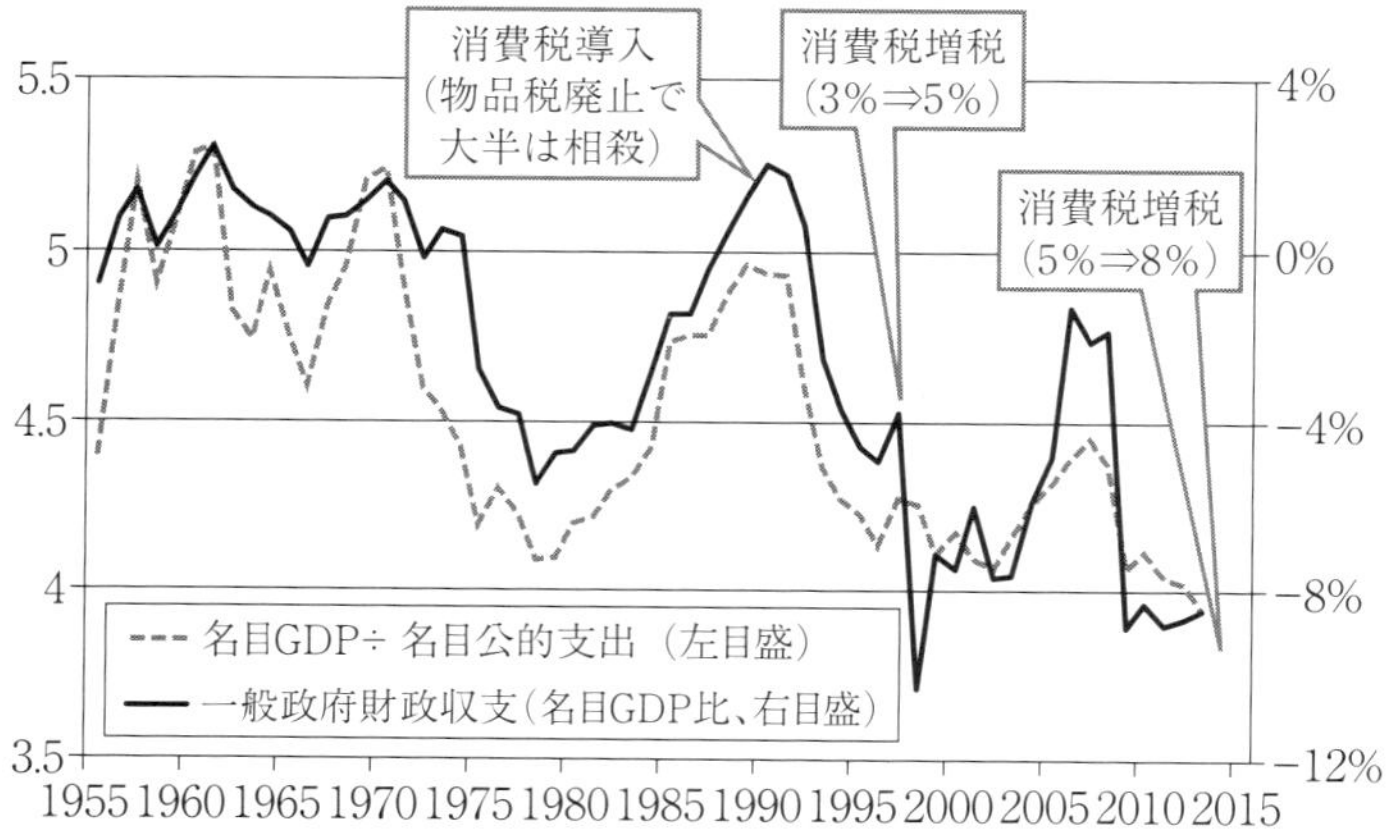

※出所：内閣府、OECD

の動向、言い換えれば、金融循環と密接なかかわりをもっている（**図表5－11**。プライマリーバランスも同様であることについては、**図表5－3**を参照）。公的支出倍率が低下する金融循環の底では、国民全体の所得である名目GDPとともに税収も伸び悩み、財政赤字が拡大する。均衡財政主義にとらわれると、こうした環境では増税を含めた緊縮財政の発想に偏りがちになる。

現に、過去の消費増税は、物品税廃止などとセットで実質的にはむしろ減税だったともいわれる一九八九年の導入時を除き、いずれも財政赤字が拡大する金融循環の底に近いタイミングで実施されている。これは、政策当局者、マスコミ、世論のすべてが、財政収支（あるいはプライマリーバランス）の循環的な性質を見落として目先の財政赤字拡大にとらわれ、近視眼的に財政収支の改善を追求した結果と言えるだろう。その結果が、一九九八年以降の長期デフレ不況への突入であり、二〇一四年四～六月期以降の景気後退である。主流派経済学の誤った世界観の悪影響は、こんなところにも及んでいる。

以上より、日本経済や国民全体の利益という観点から見れば、消費税の比率を引き下げ、所得連動税の比率を高めることが望ましい。今回の消費税増税にかぎらず、近年検討されている政策は、総じて「高所得層にとっての負担軽減」「政府にとっての安定税収確保」という方向だが、これではあるべき姿に逆行している。

投資活性化にはつながらない法人税改革

アベノミクスの第三の矢は「民間投資を喚起する成長戦略」である。法人税制の改革は、その一環として検討されている。法人所得税を引き下げることで投資対象としての日本の魅力を高め、海外からも投資資金を呼び込んで経済を活性化させるのが目的とされている。

しかしながら、本書で再三指摘しているように、国内の投資が停滞しているのは緊縮財政によって経済成長が停止したことが原因である。こうした環境を変え、法人税の対象となる事業利益自体が成長するという期待を取り戻さないかぎり、問題の根本的な解決にはつながらない。今回の改革では、とくに海外からの投資拡大が期待されているが、国内企業が自国を見かぎって海外に投資している状況のなかで、海外からの投資資金の流入に期待するのもおかしな話である。

しかも、現在進められている内容は、「利益に連動する法人所得税を引き下げ、その分を外形標準課税その他の、利益とは無関係で固定的な税金によって補う」というものである。これは、「景気がよいときには民間企業の取り分がより一層増え、景気が悪いときには取り分が減る」という結果をもたらす。すなわち、消費税増税とまったく同じ構図である。

したがって、その結果もたらされるのは経済全体の効率低下と不安定化であり、全体として見ればむしろマイナスである。さらに、企業間格差の拡大という別の弊害も無視できない。なぜなら、事業法人の約七割が経済不振の影響で欠損を抱えて法人税改革のメリットを得られず、しかも企業規模が小さくなるほど欠損法人の比率が高いのが現実だからである。

主流派理論から見ても不合理な法人税改革

そもそも、こうした「法人所得税の引き下げ、その他の固定的な税の引き上げ」という方向の法人税改革は、主流派のファイナンス理論から見ても不合理な政策である。

主流派のファイナンス理論では、投資案件の価値を以下の公式で評価する。

投資案件の価値＝年間利益の期待値÷（調達金利＋リスクプレミアム－期待利益成長率）

これは、算出された投資案件の価値が必要な投資金額を下回る場合には、その案件に投資しないほうが合理的であることを意味している。

制度変更前後の税収を変えない前提で法人所得税引き下げと外形標準課税引き上げをセットにした場合、年間利益の期待値は基本的に従来のままである。他方で、「投資が失敗したときの損失」と「投資が成功したときと失敗したときの損益格差」はいずれも拡大する。したがって、失敗したときのリスクの大きさを反映する「リスクプレミアム」は、制度変更前と比べて確実に上昇する。つまり、分子はそのままで分母だけが大きくなるため、同じ投資案件であっても、計算上の価値は従来より確実に低下する。その結果は、経済全体での投資意欲の低下である。

このように、現在検討されている法人税改革は、いずれの立場から見ても妥当とは言えない政策である。唯一、「安定税収を確保したい」という考え方の政府関係者にはメリットがあるのかもしれないが、これも消費税同様、短期的な効果にとどまることは必然である。中長期的にはむしろ、健全財政の基盤となるべき国力を損なうリスクが高い政策と言えるだろう。

やはり、「積極財政による経済成長で国内の利益成長期待を高め、企業の投資意欲を盛り上げる」ことこそが成長戦略の王道である。現在掲げられている成長戦略の多くは、分配の仕方を変える「ミクロの政策」である規制改革であって、日本経済全体の拡大につながる「マクロの政策」ではない。

しかも、主流派経済学の世界観、すなわち経済自由主義に基づく規制改革の推進とは、不均衡の拡大であり、強者の論理の拡張である。これを積極財政なしに行えば、かぎられた所得の奪い合いを誘発し、格差拡大をはじめとした社会の不安定化を招くデメリットのほうがむしろ大きい、というのが論理的な帰結である。

3 公共投資を復権せよ

緊縮財政のターゲットになった公共投資

公共投資とは、道路・港湾・上下水道などの公共インフラの整備を中心とした、公的部門(政府および公的企業)によって行われる投資のことである。GDP統計上の「名目公的総固定資本形成」の金額(土地取得費用を除く公共投資額に相当)は、一九九六年をピーク(四四・六兆円)として概ね減少傾向が続いてきた。東日本大震災以降は増加に転じているものの、二〇一四年の金額はピーク時の約半分である二四・六兆円にとどまっている。

公共投資、あるいは公共事業というと、「バラマキ」「無駄遣い」といったイメージを思い浮かべるかもしれない。確かに、一部の政治家が選挙区に利益誘導するため、時には「景気対策」の名のもと、地元向けの公共事業予算がつくよう役所に働き掛けをしてきたという事実は折に触れて明らかになっている。また、使う人がほとんどなく明らかに無駄と思われる施設が公共事業の名のもとに造られたことも事実である。「バブル経済崩壊後の一九九〇年代前半に景気対策として実施された公共投資には無駄なものが多く、経済効果も乏しく財政状況を悪化させただけだ」といった議論がなされることもしばしばで、公共投資を削ることに格別の違和感をもたないのがむしろ一般的だろう。

しかしながら、この二〇年近くの公共投資削減は、こうした無駄の排除を目的として行われたものではない。緊縮財政路線のもと、高齢化を背景とした医療・介護など社会保障支出の増加分を埋め合わせるため、個々の事業の必要性の有無とはかかわりなく、半ば機械的に公共投資の総額が削減されてきたのが現実である。

そもそも、「一九九〇年代前半の景気対策は効果が乏しかった」という議論自体が内生的景気循環を見落とした「錯覚」であることは、既に第４章で述べたとおりである。さらに、本章第１節で確認したとおり、いわゆる国の借金問題をもたらしたのはむしろ緊縮財政である。だとすれ

図表５−12：G7各国の実質公共投資額の推移（1996年＝100）

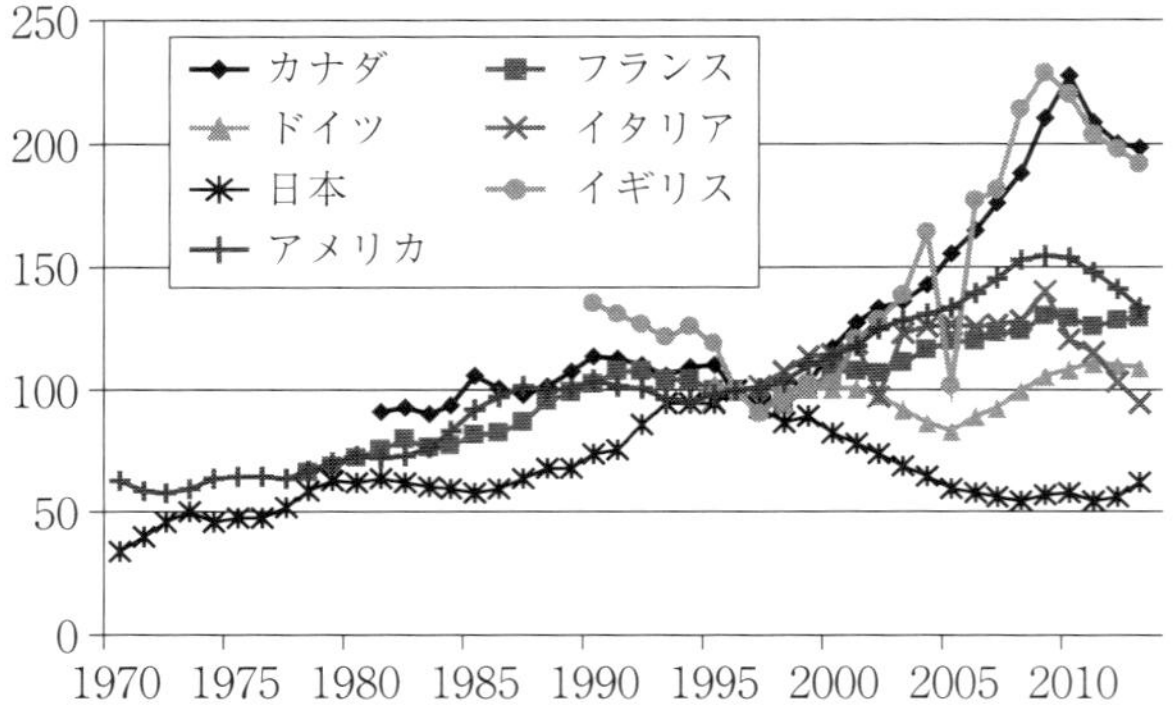

※出所：OECD、内閣府、米経済分析局

※名目政府総固定資本形成（日本は名目公的総固定資本形成）をGDPデフレータで実質化している。

ば、緊縮財政を維持することを目的とした、必要性の有無を考慮しない公共投資の機械的な削減は、政策として著しく不合理なものと言えるだろう。

図表５−12は、日本も含めた先進七か国（G7）の実質公共投資額（GDP統計上の公的または政府総固定資本形成）の二〇一三年までの長期的な推移を示している。トレンドを比較するため、日本の実質公共投資額のピークである一九九六年を一〇〇として指数化している。

日本の公共投資は東日本大震災以降増加傾向にあるものの、それでもピーク時の約六割、一九八〇年前後の水準にとどまっている。リーマン・ショック直後の景気対策の反動、あるいはユーロ危機後のユーロ圏諸国の緊縮財政傾向を反映して、諸外国の公共投資額も近年やや抑制傾向にあるものの、日本の長期間にわたる落ち込みは際立っている。

そもそも国際的に見れば、日本の公共インフラは、決して十分とは言えない状況である。たとえば、道路のサービス水準を示す「保有自動車台数あたりの道路延長」では先進国最低水準だし、コンテナ取扱量の世界ランキングが示すように、かつては世界有数の港であった神戸、横浜、東京も、今や大型化の立ち遅れによる凋落が著しい。[11] こうしたインフラの未整備による輸送コストの高止まりは、国際的な産業競争力の低下にもつながるものである。

また、一部関係者の利権しかもたらさない「無駄な公共投資」を極力排除すべきであることは言うまでもないが、政府の無駄遣いを過度に強調することは、「国民全体の利益」の観点からもかえって有害である。なぜなら、第４章でも論じたように、財政支出には支出額の四倍強の乗数効果があるとすると、ある公共事業が仮にまったく無駄なものだとしても、経済効果全体に占める無駄な部分は二〇％強にとどまり、残り八〇％弱は関係者以外の一般国民にも波及しているからである。

現実には、すべての公共投資が無駄なものではない以上、「公共投資全体の経済効果に占める無駄な部分の比率」はさらに下回るはずである。だとすれば、「無駄の排除」を掲げて機械的に

---

(11)　藤井聡『公共事業が日本を救う』文春新書、二〇一〇年、二五～二七ページおよび八四～九〇ページ。

公共投資の総額を削減するのは、かえってデメリットのほうが大きいことは明らかではないだろうか。

今こそ拡大が必要な公共投資

さらに、「大規模災害に対する安全対策」という観点から、喫緊の課題として公共投資の拡大が必要とされているのが今の日本の状況である。

東日本大震災が起こった今、日本列島は大地震が集中的に起こる「地震活動期」にあることが多くの科学者から指摘されている。歴史的に見ても、過去二〇〇〇年の間に、今回以外でマグニチュード8以上の巨大地震は東日本の太平洋沖で四回発生しているが、いずれもその前後一〇年以内に首都圏直下型の大地震（マグニチュード6以上）が発生している。[12]

また、公共インフラは五〇年も経つと老朽化が激しくなり、将来においても使い続けるには、補修や改修、場合によっては更新を行う必要が生じてくる。これを怠れば、橋やトンネルの崩落のように、多数の人々を巻き込む大事故が発生する危険性が高まるのは必然である。日本の公共インフラは、高度成長期の一九六〇年代に入って数多く造られ始めている。今後二〇年の間に公共インフラの多くが建設後五〇年を経過し（**図表5－13**参照）、維持管理や更新に必要な公共投

資の金額も増え続けていく見通しである。(13)

こうした状況に対応して政府が推進しているのが、「国土強靭化」と呼ばれる防災・減災に向けた取り組みである。そこでは、地震をはじめとした大規模災害による被害を最小化するため、重要施設の耐震性強化、エネルギーや情報通信など重要システムの分散化、災害救助体制の整備、防災教育の充実といった幅広い取り組みが検討・推進されようとしている。こうした取り組みを現実のものとするためには、公共投資拡大のための十分な予算確保が欠かせない。

決して過大ではない総額二〇〇兆円の強靭化投資

もともと、自民党が野党時代に「国土強靭化基本法案」を国会に提出した際には、「一〇年間で総額二〇〇兆円をインフラ整備などに集中投資する」と想定されていた。そうした数字も念頭に、「バラマキ政治の復活」「政府の借金が増え、財政が悪化する」という批判も少なくない。

---

(12)　藤井聡『巨大地震Xデー　南海トラフ地震、首都直下地震に打ち克つ45の国家プログラム』光文社、二〇一三年、二二三〜二二五ページ。

(13)　国土交通省「今後の社会資本の維持管理・更新のあり方について（答申）」二〇一三年一二月二五日付。http://www.mlit.go.jp/common/001023147.pdf

図表５−13：建設後50年を経過する社会資本の割合

	2013年３月	2023年３月	2033年３月
道路橋 [橋長２m以上の橋約70万のうち、建設年度が判明している約40万橋。]	約18%	約43%	約67%
トンネル [約１万本。建設年度不明の約250本については、割合の算出にあたり除外。]	約20%	約34%	約50%
河川管理施設（水門等） [国管理の約１万施設。建設年度が不明な約1,000施設については50年以上経過した施設として整理。]	約25%	約43%	約64%
下水道管きょ [総延長約45万km。建設年度が不明な約１万５千kmについては約30年以上経過した施設として整理し、記録が確認できる経過年数毎の整備延長割合により不明な施設の整備延長を按分し、計上。]	約２%	約９%	約24%
港湾岸壁 [水深−4.5m以深の約５千施設。建設年度不明の約100施設については、割合の算出にあたり除外。]	約８%	約32%	約58%

※出所：国土交通省

まず、財政悪化批判が的外れであることは第1節で示したとおりである。また、緊縮財政によって日本経済が長期停滞してきた状況をふまえれば、バラマキ批判への拘泥はむしろ本当に必要な強靭化投資を妨げかねず、かえって弊害のほうが大きいことも前述通りである。国土強靭化を掲げる現政権ですら、実態は緊縮財政路線のままであることからすればなおさらだろう。

短期的な景気対策にとどまらず、「現に存在するリスクに対応する」という明確かつ長期的な目的を有する国土強靭化計画に関しては、むしろ日本経済再生の柱の一つとして十分な予算を確保することを優先すべきだろう。もちろん、適正な手続きの確保などを通じて、できるだけ実効性のある予算の使い方をすべきなのは言うまでもないが、それは国土強靭化自体の妥当性とは別次元の問題である。

もっとも、筆者自身は土木産業の専門家ではないため、「総額二〇〇兆円」という金額の妥当性を厳密に論じることはできない。しかしながら、一九九〇年代後半以降の公共投資が必要性の有無を考慮せずに機械的に削減されてきた現実を踏まえれば、国際比較の観点から大まかな判断をすることは可能である。すなわち、**図表5－9**で示したデータに基づき、「仮に、公共投資の削減が始まった一九九七年以降二〇一三年まで、他のG7諸国と同様なトレンドで公共投資を実施していたとすると、累計投資額は現実よりもどの程度多かったか」という試算を、二〇一三年の物価水準を基準として行ってみた。

その結果は、仮に、日本以外のＧ７諸国のうち累計投資額の伸びがもっとも大きいカナダ並みに実施していたとすれば五七三兆円、もっとも小さいドイツ並みに実施していたとしても一九六兆円、現実の累計投資額とのギャップが存在するというものであった。しかもこの数字は、近年における世界的な緊縮財政の傾向を織り込んだ上での結果である。大雑把な試算ではあるが、こうした結果より「本来行われるべきであった『失われた公共投資』がもともと二〇〇兆円近く存在する」と考えれば、新たに顕在化した大規模災害リスクへの対応を包含する国土強靭化投資に二〇〇兆円を要するという想定は、決して過大なものではないだろう。

供給力不足だからこそ公共投資の拡大を

二〇一二年度補正予算の効果もあり、ＧＤＰ統計上の公共投資を示す二〇一三年の公的総資本形成は、名目ベースで前年と比べて九・五％増加した。他方で、建築資材の値上がりに建設労働者の人手不足が重なり、建設費が高騰した。その結果、小売・外食企業の出店計画が抑制方向で見直されるようになった(14)。

こうした状況を受けて、「公共投資の増加は失業対策や景気刺激策として効果が小さいのみならず、建設コストを引き上げて民間産業を圧迫している。したがって、公共投資は削減の方向で見直すべきである」という見解が一部の経済学者から出されている。[15] しかしながら、こうした議論は、「建設費が高騰するほど建設業の供給能力が落ち込んでいるのは、長年にわたる公共投資削減が招いた結果である」という事実を見過ごしている。

図表５－14・５－15は、供給能力の源泉である実質資本ストック・就業者数の推移を産業別に示している。緊縮財政によって名目ＧＤＰがピークを打った一九九七年以降、他産業の実質資本ストックがまがりなりにも増加しているのに対し、建設業のそれはほぼ横ばいにとどまっている。

他方で就業者数に関しては、建設業は全産業よりは落ち込んでいるとはいえ、落ち込み方は製造業と同程度にとどまっている。しかしながら、製造業には海外生産や輸入という代替の供給手段が存在し、実際に海外生産へのシフトが進んでいるのに対し、建設業は地域性も高く、そうした代替手段の確保は困難である。したがって、建設業の就業者数減少はより一層深刻と捉えるべきである。そして、こうした資本・労働両面にわたる供給力の低下が、緊縮財政の下での公共投資の大幅削減によることは明らかである。

言うまでもなく、公共投資の削減自体が土木・建設需要の落ち込みを意味する。さらに、新幹

(14) 日本経済新聞「建設費高騰で出店抑制」二〇一四年三月九日付朝刊。
(15) 原田泰「[アベノミクス第二の矢]ついに暴かれた公共事業の効果」Voice・二〇一四年六月号。

図表 5－14：産業別実質資本ストックの推移（1997年＝100）

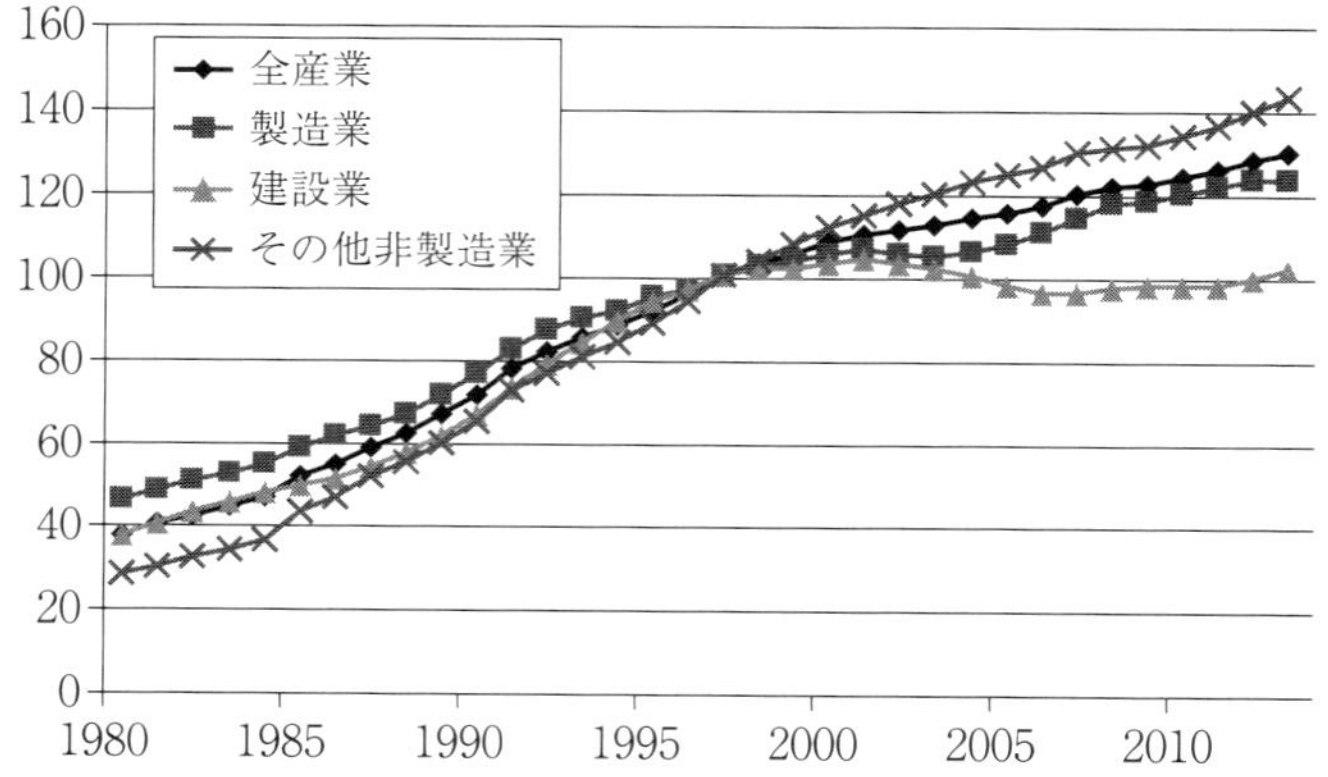

※出所：内閣府

図表 5－15：産業別就業者数の推移（1997年＝100）

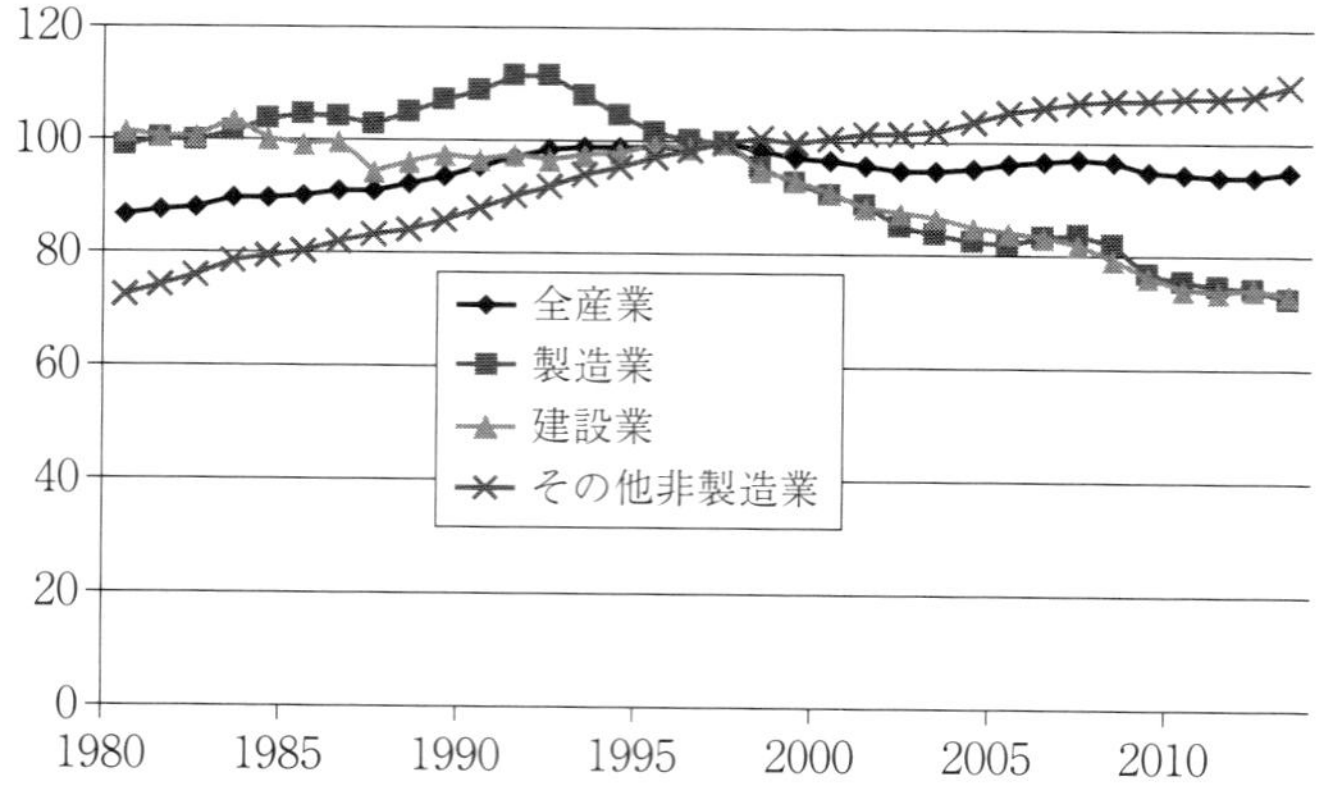

※出所：内閣府

線・高速道路などの輸送インフラ整備が周辺地域の開発を盛り上げることでも明らかなように、公共投資の削減は民間の土木・建設需要も押し下げてしまう。つまり、公共投資の削減とは、土木・建設業界にとっては二重の意味での事業機会の喪失であり、設備や人材に投資して供給力を維持・拡大しようとする意欲が失われるのは必然の結果である。

また、日本経済を全体として見れば、「公共投資の拡大が、建設コストを高騰させて小売・外食などの民間産業を圧迫している」という批判も的外れである。小売・外食産業は、名目経済成長の停止とともに業界全体の売上高が落ち込んでいるにもかかわらず、各社が目先の売上拡大を優先して店舗拡大を続けてきた結果、経営効率の低下に苦しんでいる。両産業はいわば「供給過剰産業」であり、業界全体として見れば、出店の抑制はむしろ経営効率の向上につながる。

たとえば、**図表5－16**は小売業の商品販売額・従業者数・売場面積の推移を示している。小売業の従業者数と売場面積は、商品販売額がピークを打った一九九七年以降もしばらく拡大を続け、直近の統計でも一九九七年の水準を上回っている。言うまでもなくその結果は、従業員当たり、あるいは売場面積当たりの売上高といった経営効率の低下である。

公共投資の拡大はこうした出店競争による効率の低下に歯止めをかけるだけでなく、経済成長を通じて業界全体の売上高拡大も実現する。すなわち、小売・外食産業にとっても、中長期的には二重の意味で恩恵をもたらす政策であると言えるだろう。

図表５－16：小売業の商品販売額／従業者数／売場面積の推移
（1997年＝100）

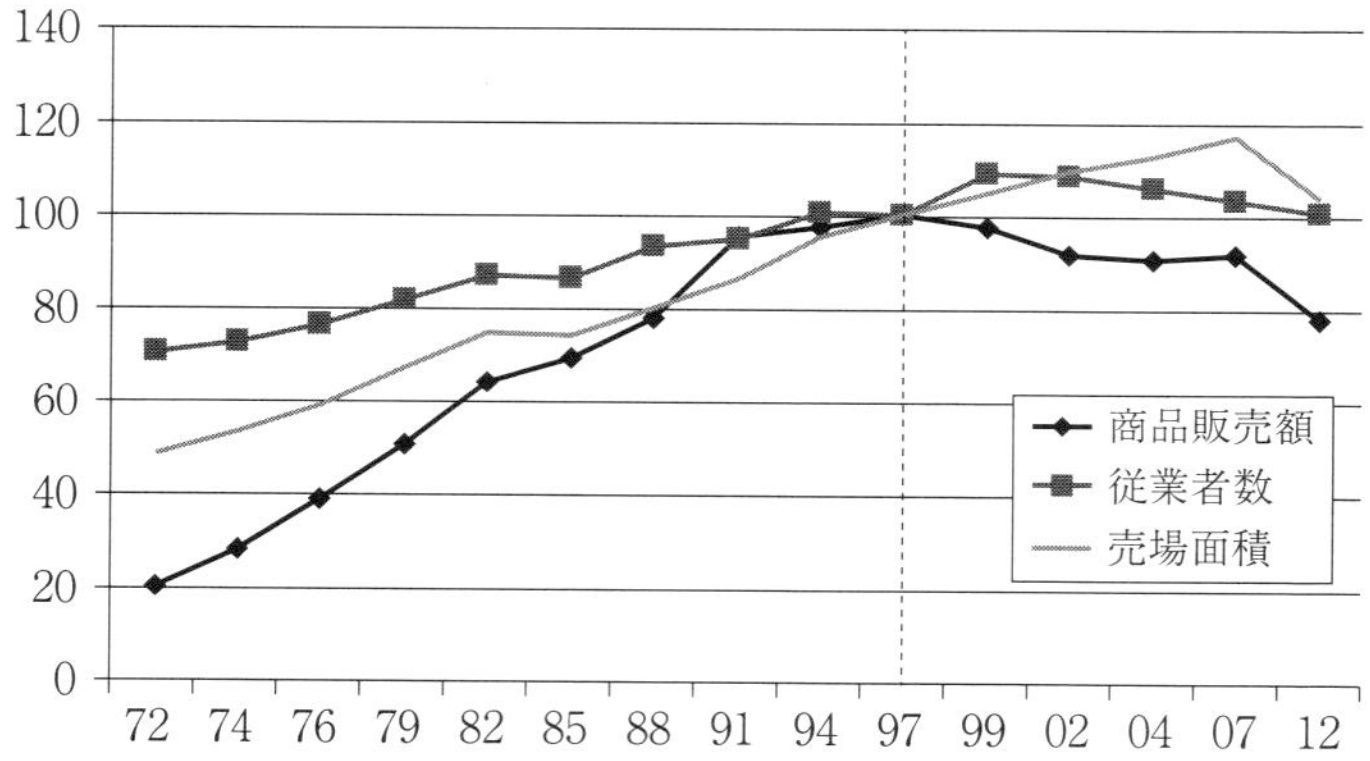

※出所：経済産業省、総務省。

前述のとおり、東日本大震災からの復興も含めた大規模災害への対応、あるいは老朽化した公共インフラの維持・更新を実行するためには、建設業の供給能力拡大が必要不可欠である。供給能力削減の原因が公共投資の削減だとすれば、供給能力拡大を促すには公共投資を拡大し、建設業界の利益成長期待を高める以外に方法はない。技術革新による生産性向上を促すにしても、利益成長期待に基づく先行投資意欲が不可欠であり、そのためには需要の拡大が欠かせない。その意味では、公共工事の単価引上げを通じて、建設業界の賃上げや雇用拡大を促すことも必要だろう[16]。

もちろん、短期的には現状のように建設費の高騰が先行して供給能力が追いつかない事態も起こるだろう。しかし、こうした事態に至った原因が一五年以上に及ぶ経済失政である以上、そのツケを払っていると考えれば、解決にある程度時間がかかるのもやむを得ない。逆にここで、「供給より需要が多いから」といって公共投資を減らしてしまったら、供給能力の縮小がより一層進み、国民生活の安全は守れなくなってしまうだろう。

4 積極財政によるエネルギー政策の再構築

東日本大震災による未曽有の原発事故

二〇一一年三月一一日に発生した東日本大震災は、死者・行方不明者合わせて一万八〇〇〇人

(16) 公共投資による雇用拡大は、実は内生的景気循環論からも正当化できる。なぜなら、グローバル化した現代の経済が「建設循環」と結び付いた金融循環の多大な影響を受けていることに象徴されるように、建設関連産業は景気循環の影響をきわめて受けやすく、公共投資の拡大によってそうした悪影響を緩和する意義は大きいと考えられるからである。ハンセン『財政政策と景気循環』でも、同様な見地から、公共投資は他の政府支出に比べて雇用に与える影響が大きいという議論が展開されている（同書、八九〜九〇ページ）。

を超える近年にない大災害となった。福島第一原子力発電所では、地震やその後発生した津波によって冷却プロセスが働かなくなり、原子炉や周辺施設が大破し、大量の放射性物質が放出された。

運営事業者である東京電力は、二〇一三年一二月一八日までに発電所内のすべての原子炉の廃止を決定した。他方で、本書執筆時点で事故発生から丸四年が経過しているにもかかわらず、放射性物質放出による汚染はいまだに続いている。

国内未曽有の原発事故を受けて、事故原因の究明が進められた。その結果、福島第一原発の耐震性や津波対策に問題があることが二〇〇二年以降何度も指摘されていたにもかかわらず、しかるべき安全対策が取られず、規制当局もそれを黙認していた事実が明らかになっている。(17)

原発停止がもたらす国民経済へのマイナス効果

今回の事故をきっかけに、原発そのものの安全性や継続性について根本的な見直しが求められるようになった。新たな原子力規制の担い手である「原子力規制委員会」が環境省の外局として二〇一二年九月に設置され、二〇一三年七月には安全性に関する新たな規制基準が施行された。

二〇一五年三月時点で、国内に約五〇基あるすべての原発が停止している。再稼働するには、新規制基準に基づく原子力規制委員会の審査をクリアする必要があり、鹿児島県の川内《せんだい》原発１、２号機と、福井県の高浜原発３、４号機のみが審査に合格している。他方で、原発の安全性に対する懸念は根強く、二〇一四年五月二一日には福井地方裁判所が福井県民ら一八九名の訴えを認め、審査を受けている最中の大飯原発３、４号機の運転禁止を命じる判決を出している。

原発停止による電力供給不足は、現状、ほとんどは火力発電によって補われている。日本の貿易サービス収支が赤字に転落した主な原因は、二〇一一年以降、原発停止によって石油、天然ガスなど化石燃料の輸入が急増したことである。

輸入された化石燃料の六分の一が原発停止分の火力発電に用いられているとすると、(18)二〇一四年の一年間だけで原発停止によって輸入額が約四・六兆円増加した計算になる。輸入の増加とは海外への所得流出であり、国民全体の所得であるＧＤＰが減少していることを意味する。四・六兆円とは、被害者への損害賠償、放射性物質の除染費用、原発廃炉費用などを含めた、福島第一原発の損害総額の約四割にも相当する金額である。(19)

---

(17)　東京電力福島原子力発電所事故調査委員会『報告書』二〇一二年七月五日。http://warp.da.ndl.go.jp/info:ndljp/pid/3856371/naiic.go.jp/report/

(18)　「化石燃料の六分の一が原発停止分」という試算の前提は、藤沢数希著『「反原発」の不都合な真実』（新潮新書、二〇一二年）を参考にしている（同書、一一八～一一九ページ参照）。

原発はもともと核燃料費をはじめとしたランニングコストが低い一方、停止中も維持管理コストがかかり、核燃料も劣化する。したがって、化石燃料の輸入が増加した分はほぼ丸々電力会社のコストアップ要因となり、電力料金の値上がりにつながる。

つまり、原発停止とは、国民全体の所得を減らしながら物価を押し上げる、二重の意味での経済的な打撃である。また、第1節でも述べたように、輸入増加による経常収支の悪化は中長期的な財政破たんリスクを高める。これもまた、国民経済にとってのマイナス要因である。

とはいえ、今回の事故によって改めて原発リスクの大きさへの認識が高まり、「脱原発」を唱える声が強まっている。安倍政権は新規制基準に合格した原発については再稼働を進める方針を打ち出しているが、これに対しては世論調査でも反対意見が多い。

「脱原発」によって高まる安全保障リスク

しかしながら、原発停止によるダメージは対外収支の問題にとどまらない。性急な脱原発は、むしろ国民全体の安全を脅かしかねない。原発の稼働が停止した現在、日本の電力供給の約九割は火力発電に依存している。このような偏ったエネルギー供給源への依存は、国際情勢の変化によっては一気にエネルギー供給がストップする、いわゆる安全保障上のリスクを高めている。

実際、約七〇年前には、アメリカから石油の輸出を止められたことが、日本が第二次世界大戦に参戦する引き金となった。近年でも、イラク・アフガン戦争の勃発以来、石油・天然ガスの主な輸入先である中東情勢は不安定化の一途を辿っている。国際情勢のさまざまな変化に備えてエネルギー供給源を多様化しておくことは、国民生活の安全を確保する上できわめて重要な政策である、というのが歴史の教訓である。

さらに、後述する電力業界の設備投資意欲低下の影響もあり、原発停止による電力供給不足を補っている火力発電も老朽化が進んでいる。大地震その他の自然災害リスクも顕在化するなか、老朽化した火力発電への過度な依存を続けることは、安全保障の観点から今やきわめて危険な選択と言わざるを得ない。

これに対して、原発に代わるものとして太陽光・風力発電といった再生可能エネルギーなどに期待する向きもある。しかしながら、再生可能エネルギーが原発停止分をカバーするだけの十分な供給能力に達するまでには相当な時間が必要である。しかも、再生可能エネルギー発電は天候に左右されやすく発電量が不安定であり、原子力発電の代替手段として機能することは難しい。

(19)　ＮＨＫオンライン「震災３年　原発事故の損害額11兆円超に」二〇一四年三月一一日付。http://www3.nhk.or.jp/news/genpatsu-fukushima/20140311/1516_songaigaku.html

再生可能エネルギー先進国といえばドイツの名が挙げられる。確かに、ドイツではすでに発電量の二〇%以上を再生可能エネルギーで賄っている。ところが、イギリスの経済紙「フィナンシャル・タイムズ」の社説によれば、再生可能エネルギー導入促進策は企業や家計の負担を高めただけで決してうまくいってはおらず、ドイツ国内の電力料金はヨーロッパ平均を四八%も上回っている。[20] ドイツ政府が組織した専門家からなる調査グループの分析レポートによれば、これは、再生可能エネルギーの普及促進のため日本でも導入された固定価格買い取り制度によって、発電コストが割高で技術革新も進まない再生エネルギー発電が普及したことが原因である。[21]

しかも、ドイツにおいて原発閉鎖分の発電能力を埋め合わせているのは供給不安定な再生可能エネルギーではなく、自国で採れる石炭を用いた火力発電と、発電の九〇%を原発で賄う隣国フランスからの電力輸入である。こうした代替手段を日本に当てはめるのは現実的ではないし、環境保護や脱原発といった再生可能エネルギー導入の目的とも矛盾している。

原発事故の原因は緊縮財政?

このように、原発をめぐる状況は、今や「進むも地獄、退くも地獄」の様相すら呈している。

しかしながら、マクロ経済的な観点から「原発事故が発生した構造的要因」を分析すれば、打開策に関して従来とは異なる議論を行うことができる。

先に、安全対策の不備が原発事故を引き起こしたと述べた。したがって、必要な対策を怠った東京電力や、それを黙認していた規制当局に直接の責任があることは言うまでもない。また、このような運営事業者や規制当局の姿勢が、原発そのものに対する国民的な不信感を高めているのもやむを得ない話である。

しかしながら、構造的な事故発生要因を探るには、東京電力や規制当局の個別責任を追及するにとどまらず、なぜ東京電力がこのような「手抜き」を行うに至ったのか、その背景を分析する必要がある。そして、分析の結果浮かび上がるのが、「緊縮財政が引き起こした日本経済の停滞による、企業の投資意欲低下」というマクロ経済上の要因なのである。

インフラ産業である電力事業の収益は、名目ＧＤＰときわめて近い動きを示す。名目ＧＤＰと

---

(20) FT View, “The costly muddle of German energy policy – Merkel's decision to phase out nuclear power has been a huge mistake,” Financial Times, 10/6/2014. http://www.ft.com/cms/s/0/ffa462f2-4d4b-11e4-bf60-00144feab7de.html#axzz3MVDFGuSi（翻訳は下記の日本経済新聞 Web サイトに掲載）http://www.nikkei.com/article/DGXLASGM07H0H_X01C14A000000/

(21) Expertenkommission Forschung und Innovation, “Research, Innovation and Technological Performance in Germany 2014,” 2014 (English version). http://www.e-fi.de/fileadmin/Gutachten_2014/EFI_Report_2014.pdf

ともに収益の伸びが止まった一九九〇年代後半以降、電力会社の設備投資は民間企業全体と比較して大幅に落ち込んでおり、今やピークの四割弱にとどまっている（**図表5－17**参照）。これは、電力設備が一般の企業設備に比べて使用年数が長く、将来の成長見通しの変化に影響を受けやすいことが要因と考えられる。

そのなかで、原子力発電は真っ先に設備削減の対象になった（**図表5－18**参照）。これは、原子力発電が他の発電方法に比べてコスト全体に占める初期投資の比重が高く、もっとも将来見通しの変化に影響を受けやすいためであると考えられる。

「安全」とは目に見えず、かつ収益に直接結び付かない項目である。設備投資意欲が低下する状況では、そうした収益に結び付かない項目への対応費用が真っ先に削られるのが世の常である。その影響で、二〇〇〇年代に入ると原発事故が多発するようになった。

事故が発生すると対応が完了するまで原発を止める必要があるので、必然的に原発の稼働率が低下する。原発稼働率の低下は代替手段としての火力発電への依存を高めるので、化石燃料コストが増加する。

二〇〇〇年代以降は原油価格も高騰したため、化石燃料コストは加速度的に増加した。そうなると電力事業の採算がより一層悪化するため、安全対策を含めた設備投資意欲はますます低下する。また、一九九〇年代後半以降の電力自由化の動きによって経営環境の不確実性が高まったこ

図表５−17：マクロ経済と電力業界の動向（1997年＝100）

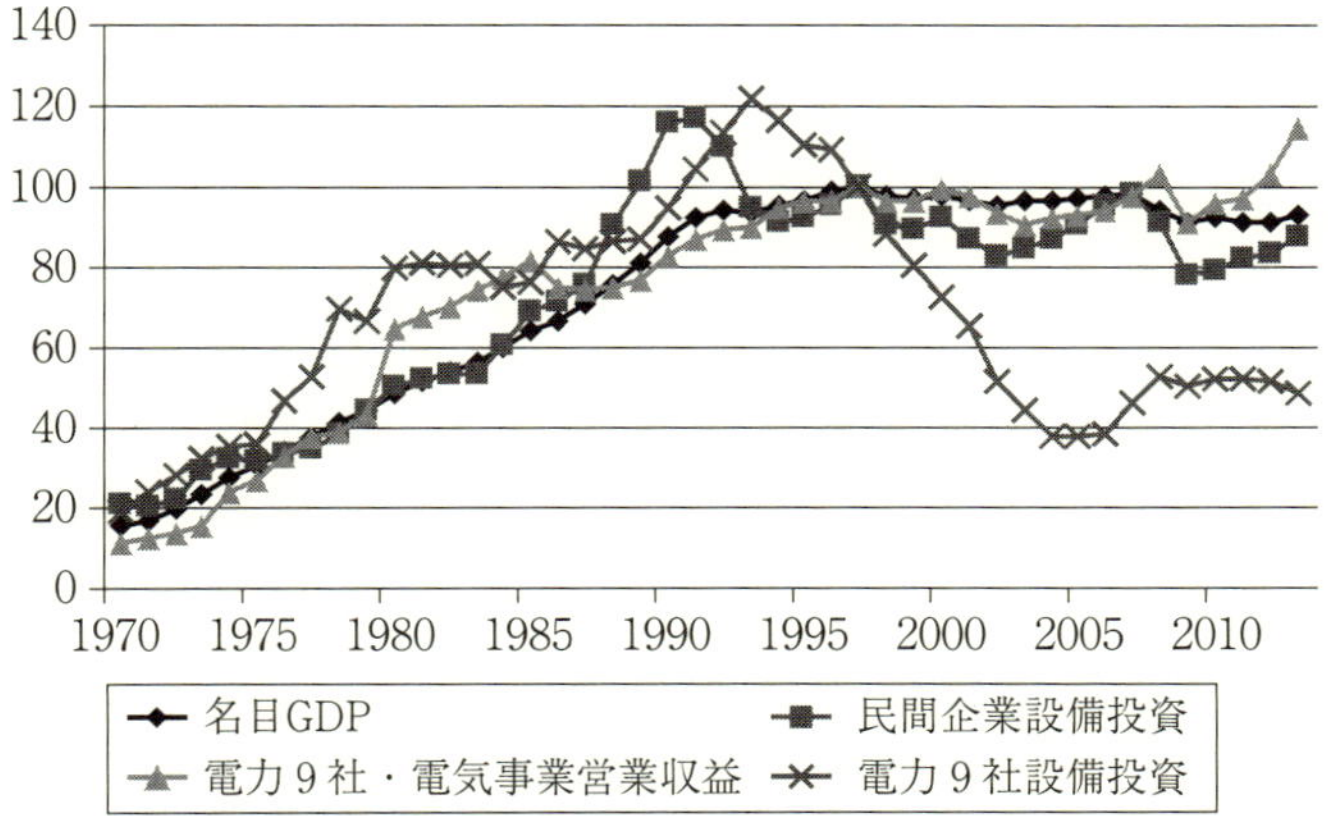

※出所：内閣府、電気事業連合会

図表５−18：電力９社の発電設備簿価の推移（1997年＝100）

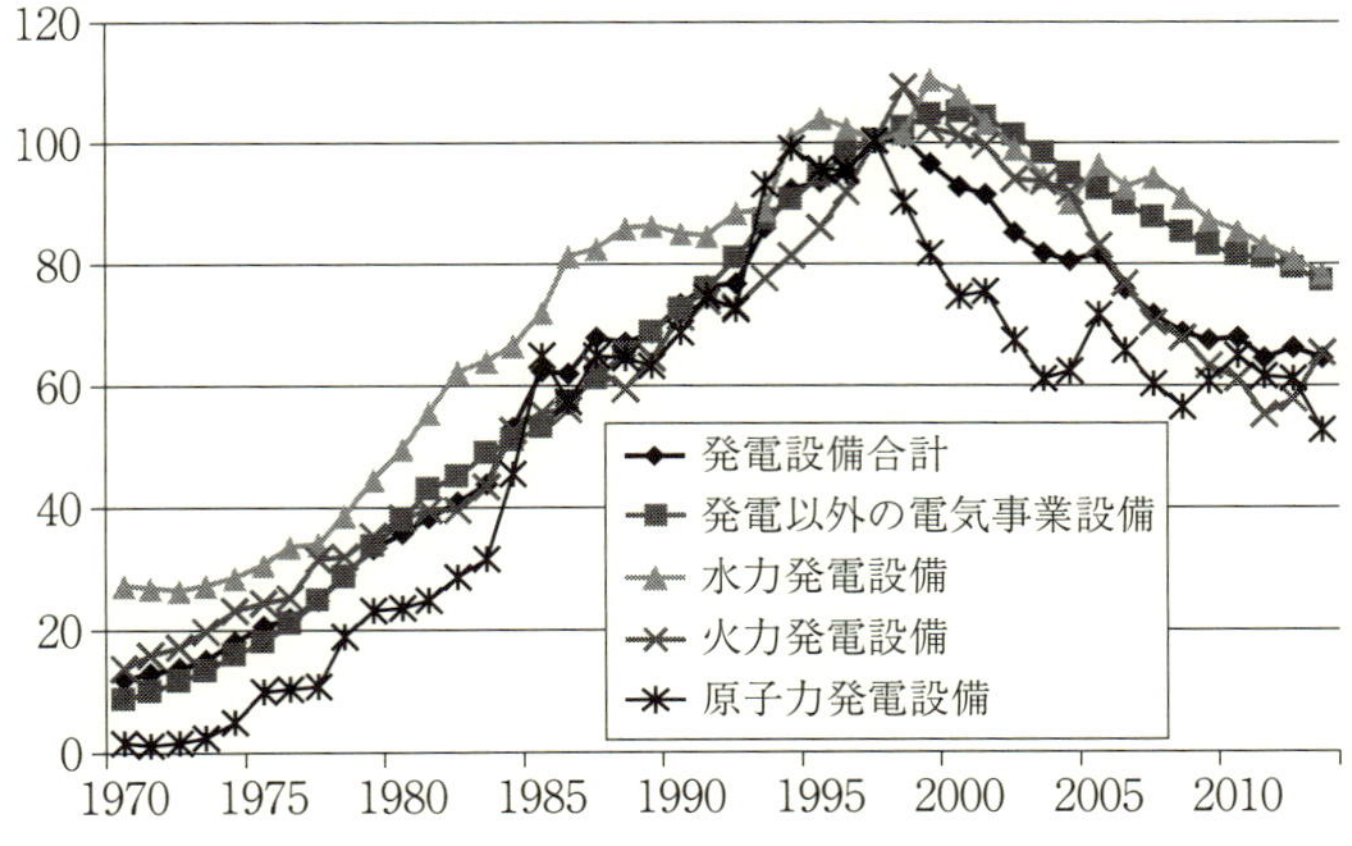

※出所：電気事業連合会

図表5−19：緊縮財政から原発事故に至る悪循環の構図

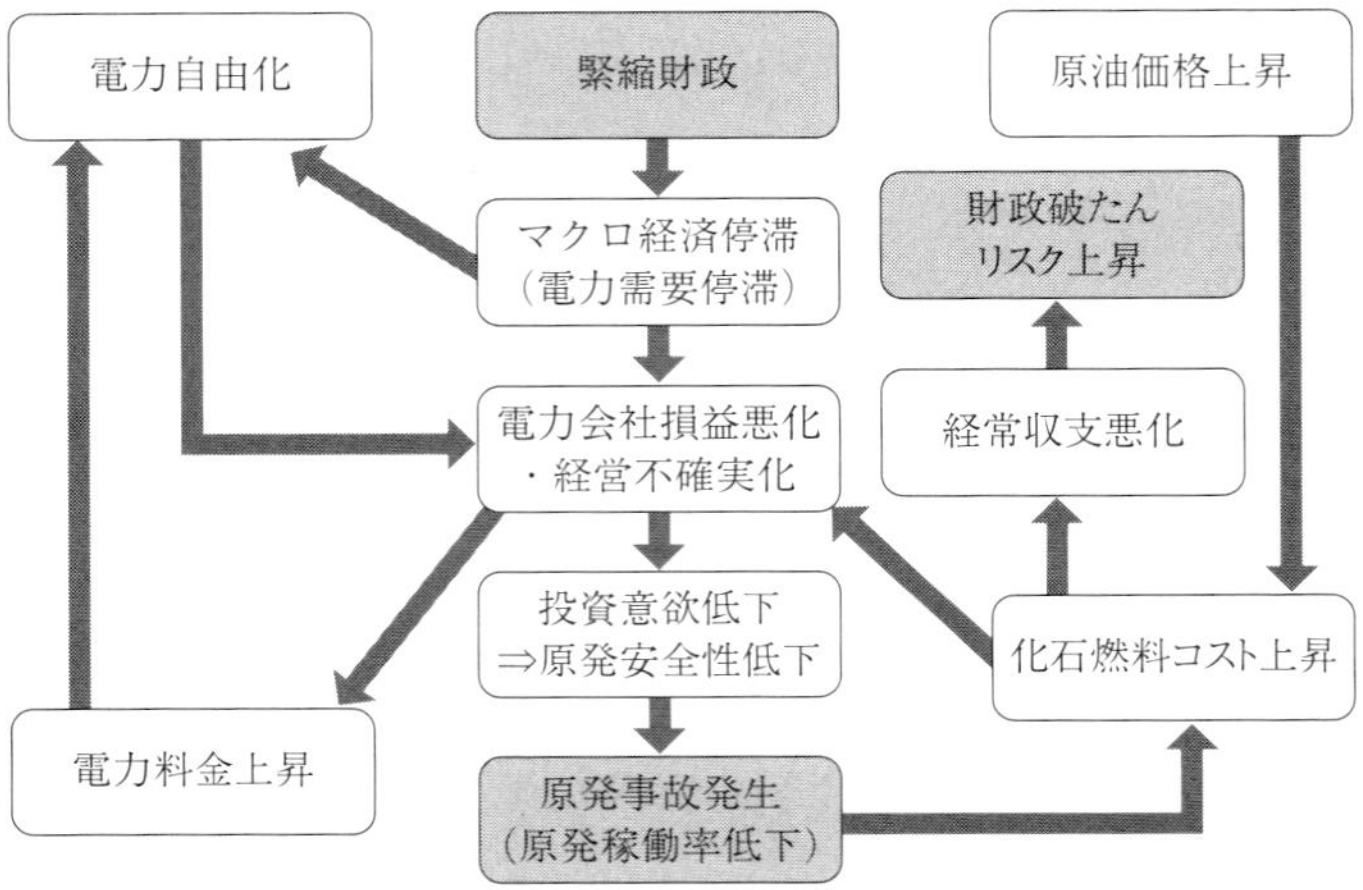

とも、設備投資意欲の低下に拍車をかける要因となった。

そもそも、安全対策を行うこと自体、一時的な原発停止を必要とし、化石燃料コストの増加を招いてしまう。つまり、原油価格も高騰する状況では、事故が起こっていない原発は稼働を最優先しようという誘因が電力会社に働く。そうなると、安全対策はより一層ないがしろにされ、潜在的なリスクがさらに高まるという悪循環の構図が成立する。福島第一原発も、そうした構図のなかで稼働が優先された原発の一つであった[22]。

さらに福島第一原発は、一九六〇年代から一九七〇年代にかけて建設されたもっとも古い世代に属する原発であった。そのため、今回の大惨事をもたらした要因として問題になった非常用ディーゼル発電機の設置場所についても、仮に見直せば設計の大幅変更として多額の費用が発生することが見込まれており、それもまた安全対策よりも稼働が優先される誘因となった。

これに対して、同じく東京電力が運営する福島第二原発は、世代を経て設計も改良されていたため、地震や津波の被害を受けたにもかかわらず、福島第一原発のような事態は避けることができた。[23] 同じく安全に停止し、被災者の避難場所としても利用された女川原発（運営事業者は東北電力）も、福島第二原発と同世代である。

こうした構図をまとめると**図表5－19**のようになる。仮に外的な要因である原油価格の上昇がなかったとしても、緊縮財政を起点として原発事故に至る悪循環の構図が成立している。[24] その行き着く先が福島第一原発の悲劇であった。

そして、緊縮財政がもたらした民間投資意欲の低下は「化石燃料輸入の増加」のみならず、第

---

(22) 原発事故に至った悪循環の構図に関するここでの記述は、中瀬哲史「一九七〇年代半ば以降の日本の原子力発電開発に対する改良標準化計画の影響」（科学史研究．第Ⅱ期 42 (228) 一九三～二〇六ページ、二〇〇三年）、同「東京電力福島第1原子力発電所事故後の日本の電力供給システム」（経営研究、62 (3) 三九～六二ページ、二〇一一年）、吉岡斉『原子力の社会史』（朝日新聞出版、二〇一一年）を参考にしている。

(23) 朝日新聞デジタル「福島第一原発の安全不備　非常設備は改修せず」二〇一一年四月六日付。http://www.asahi.com/special/10005/TKY201104060163.html

1節で述べた「国内生産力の低下」という経路も通じて経常収支の悪化をもたらし、それによって中長期的な財政破たんリスクが上昇している。つまり緊縮財政とは、国民経済の発展のみならず国民の安全や国家財政の持続性をも脅かす、二重、三重の意味での愚策にほかならない。

積極財政を前提としたエネルギー政策の再構築を

裏を返せば、積極財政に転じてこうした悪循環を断ち切れば、「安全性の高い原発を引き続きエネルギー源として確保する」という選択肢も検討の対象となり得る。

積極財政のもとで名目経済成長率が高まり電力事業の収支が改善すれば、安全対策投資を行う余裕が生まれるため、原発の安全性はその分確実に高まるであろう。安全性の高い原発の稼働が実現すれば、化石燃料の輸入を減らし、電力料金の値上がりを抑えながら、経常収支の改善によって国民全体の所得を増やすことが可能になる。また、名目経済成長率が高まって投資採算が改善すれば、原発にせよ火力発電にせよ、老朽化した発電設備の稼働年数を無理に延ばそうという誘因も働かなくなるため、より安全性の高い最新鋭設備への更新も進むであろう。

もちろん、原発の安全対策については、こうしたマクロ経済政策のみに解決を委ねるべきではない。今回の事故原因の究明で明らかになった制度運営上の不備、とりわけ責任の所在のあいまいさをもたらした「国策民営」体制については一定の改善が行われるべきである。

もともと日本への原発導入は、民間による営利企業の論理ではなく、安全保障という国家的見地から進められたものであった。にもかかわらず、現行の「原子力損害の賠償に関する法律」では、原発事故で生じた損害について、原則として原子力事業者が責任を負うとされる一方で、政府の責任や義務は具体的に定められていない。これは、国家財政への負担を懸念した当時の大蔵省サイドの意向が強く働いた結果であると指摘されている。[25] しかしながら、そのことが責任の所在があいまいな現行の体制をもたらし、今回の事故での被害者への対応の遅れにもつながっていることは否めない。

たとえば、原発事業については東京電力をはじめとした電力各社から切り離し、原発先進国であるフランスのように実質国有化することも検討に値するだろう。もちろん、事業運営は引き続き民間電力会社に委ねることも考えられる。ただしその場合も、安全対策およびそのために必要

---

(24) 図表５－19では明示していないが、緊縮財政によるマクロ経済の停滞が財政バランスを悪化させ、それが政府の緊縮財政志向をより一層強化するという悪循環を招いていることは本章第1節で既に述べたとおりである。また、現在のギリシャのように財政破たんが緊縮財政を引き起こすとすれば、同図の「財政破たんリスク上昇」と「緊縮財政」の間にも、潜在的な因果関係の矢印が存在すると言うべきだろう。

(25) 竹森俊平著『国策民営の罠　原子力政策に秘められた戦い』日本経済新聞出版社、二〇一一年、第5章参照。

な資金調達の最終責任はあくまで国家が負う。安全に対する国家責任が明確化されれば、著しく低下している原発に対する信頼の回復にもつながるだろう。

その参考事例と考えられるのが茨城県の東海第二原発である。同原発は福島第一原発とほぼ同世代だが、事前に安全対策を施しており、結果的に今回の地震や津波に際しても安全に停止することができた。(26) これには、運営事業者である日本原子力発電の特殊な事業構造がプラスに働いた側面もあると思われる。同社は原発専業のため化石燃料コストの増加を考慮する必要がない一方で、原発を停止して電力供給を止めている間も電力各社から一定の「基本料金」を受け取ることができるため、東京電力のように原発の稼働を優先して安全対策を手抜きしようという誘因が働きにくい構造になっている。

しかしながら、民間の営利企業がこうした特殊な事業構造を安定的に維持し続けるのは本来無理がある。そのことは、原発停止による財務悪化に苦しんでいる民間電力各社からの「基本料金」に依存している日本原子力発電にもあてはまる。原発に対する国家責任を明確化することは、その意味でも筋が通っている。

また、積極財政の一環として、「第四世代原子炉」と呼ばれる次世代原子炉の実用化に向けた研究開発を強化することも考えられる。こうした研究開発は、緊縮財政や原発への不信感増大を背景に国内では停滞しているが、海外では積極的な研究が進められている。

既に実用化されている第三世代原子炉も、第二世代初期に属する福島第一原発に比べて安全性が向上しているが、第四世代原子炉はさらに安全性の向上が追求されている。なかでも、高温ガス炉、トリウム溶融塩炉などは、冷却材に水を使用しないために水蒸気爆発も起こらず、事故発生時には自動的に安全停止する構造になっている。さらに、核燃料の利用効率が高まることに加え、処理方法が問題視されているプルトニウムや放射性廃棄物を大幅に減らすことも可能になる。

繰り返しになるが、化石燃料の自給が困難な日本において「脱原発」を性急に進めるのは、国民生活の安全を確保するという観点からは現実的とは言い難い。もちろん、今回のような大事故が起きた以上、従来の発想のままで原発の運営を継続することは考えにくいだろう。しかしながら、今回の悲劇をもたらした背景に緊縮財政があったことを理解すれば、従来の枠組みを超えた、より建設的な議論が可能になるはずである。すなわち、積極財政の下で国家が主体的な責任を負うことを前提として、原発事故の被害者への十分な補償を行うとともに、十分な安全対策投資がなされた原発の運営体制を実現して原子力行政への信頼を回復し、ひいてはエネルギー安全保障を確保する――それこそが、今回の事故を受けて、新たに検討されるべき選択肢ではないだろうか。

(26) 中瀬哲史「東京電力福島第1原子力発電所事故後の日本の電力供給システム」四一ページ参照。

第6章 おわりに
――「より良い社会」を実現するために

前章まででは、日本の「失われた二〇年」の原因は「緊縮財政」という誤った経済政策であること、デフレからの脱却を掲げるアベノミクスもこの誤りから抜け出せていないことを説明してきた。こうした誤りが続いている背景には、非現実的な前提に基づく新古典派ベースの主流派経済学の影響力が存在する。

現実的な前提に基づく経済理論のもとでは、政府が持続的に支出を拡大する「積極財政」に転じることが長期不況からの脱却と成長軌道への復帰を実現する、という結論が導き出される。また、「財政が危機的な状況だから、積極財政は実現不可能」という議論はそもそも誤っており、積極財政はむしろ財政赤字や政府債務の問題を解消する。さらに積極財政は、格差・大規模災害・エネルギー問題といった、国民的な課題を解決する柱となり得る。

結びとなる本章では、これまでの議論を整理しつつ、積極財政をどのように実現して多くの課題を解決していくべきか、筆者なりの展望を述べてみたい。

「市場任せ、民間任せ」だけではうまくいかないのが現実の経済

「市場メカニズムのもとでの均衡状態への収れん」を想定して組み立てられている主流派経済学の理論は、一見すると単純明快で、ある種の美しさすら備えている。「個々人の自由な行動から成り立つ市場メカニズムに任せておけば最適な均衡状態に達する」という想定は、「自分はあまり余計なことを考えずに頑張っていれば、全体もそれなりにうまくいく」という一見ポジティブな連想にもつながるので、その意味での心地よさ、歯切れのよさもあるかもしれない。けれども、「市場に任せておけば均衡に達する」という想定自体が誤っているとしたらどうだろうか。

我々一人ひとりは、主流派経済学が仮定するような合理性や完全な情報を備えた存在ではない。主流派経済学の仮定は、「個人」というミクロな立場からは一見成立しているように見えるかもしれないが、それはミクロレベルで近似された、いわば近視眼的な錯覚にすぎない。不完全な人間の相互作用によってさまざまな不均衡が生じるのが現実の経済であり、主流派経済学の想定は、非現実的な前提のもとでのみ成り立つ「神話」でしかない。しかも、第5章で述べた雇用規制緩

和のように、社会制度や政治のありようによっては、個々の経済主体の自由競争に委ねることが、かえって社会全体にとってはマイナスの結果をもたらす場合もある。

景気循環とは、人間の経済が生み出す不均衡現象の一つである。主流派経済学の非現実的な前提から離れ、先人たちが現実的な考察に基づいてつくり上げてきた「内生的景気循環論」に立脚することで、リーマン・ショックや日本のバブル経済崩壊のような巨大な不均衡現象の発生メカニズム、ひいては単期的・長期的事実の包括的な説明も可能になる。

また、「中央銀行が金融緩和さえすれば、不況から脱却できる」というリフレ派の議論も、主流派経済学から派生したもう一つの非現実的な前提である「外生的貨幣供給論」のもとで成り立っているにすぎない。実証的にも問題があるにもかかわらず、こうした議論がまかり通っている背景には、「主流派経済学とアメリカの建国理念との親和性」という不合理な事情も存在することは第3章で述べたとおりである。

現実の経済において安定的かつ適正な経済成長を実現するためには、積極財政、すなわち政府が財政政策を通じて相応の積極的な役割を果たす必要がある。「政府が支出を拡大すれば経済成長が実現し、現に存在する多くの課題が解決する」という本書の提言は一見単純すぎるように思えるかもしれないが、第1章でも示したとおり、財政政策は長期的な経済成長率とも密接にかかわっていることは現実のデータでも確認できる。

さらに、内生的景気循環の存在を前提とすれば、「積極財政には、経済成長の促進にとどまらず、不均衡を緩和し、経済全体の効率を高める役割がある」という、主流派経済学と正反対の結論を導き出すことができる。現実の経済は「グローバリゼーション＝小さな政府」という主流派経済学の影響を受けた一般的な言説で片付くようなものではない。むしろグローバリゼーションで不均衡が高まる時代だからこそ、積極財政によって民間経済の欠陥を補う政府の役割が重要になることは第5章でも指摘したとおりである。

ケインズの『一般理論』が刊行された一九三〇年代も、現代同様、主流派経済学の非現実的な世界観が支配的であった。本書は、不況脱却の処方箋として積極財政を唱えたケインズの理論に、ケインズ自身も共有していたと考えられる内生的景気循環論の立場から、改めて光をあてたものと言えるかもしれない。また、内生的景気循環論を世界観の基本に据えること自体、ケインズと並び二〇世紀を代表する経済学者であるシュンペーターが遺作『経済分析の歴史』で述べたビジョンの復権と言えるであろう。

なぜ、アベノミクスでは豊かになれないのか

アベノミクスは、政府自らが総需要を刺激することでデフレからの脱却を目指す、というビジ

ヨンを前面に押し出した。その意味では近年において画期的であったことは事実だし、着眼点は決して間違っていない。

ところが、アベノミクスにおいてデフレ脱却を目指す手段は、あくまで「大胆な金融政策」である。第二の矢として掲げられた「機動的な財政政策」とは、消費税増税を含む、均衡財政主義を前提とした政策であり、積極財政とは別物である。[1] 結局のところ、アベノミクスも主流派経済学の非現実的な世界観の影響からは逃れられていない。しかも、二〇一六年以降の実現を目指すとされる自民党の憲法改正草案には、均衡財政主義を前提として財政の健全性確保をうたった、現行憲法にはない改悪とも言うべき規定が盛り込まれている。[2]

消費税増税が実行された二〇一四年四月以降、日本経済は前回増税時をも上回る急激な景気後退局面に陥り、はからずも財政政策の効果の大きさを証明した。長期停滞論がささやかれる欧米諸国においても、公共投資の抑制をはじめとして緊縮財政の傾向が見られるなか、リフレ派が手本とする大規模金融緩和は実体経済の本格的な回復にはつながっていないのが現実である。

消費税再引き上げの先送りとアベノミクスの推進について、「国民の判断を仰ぐ」として行わ

（1）自由民主党「J－ファイル２０１２　自民党総合政策集」五〇ページ。http://jimin.ncss.nifty.com/pdf/j_file2012.pdf

（2）日本経済新聞「憲法改正　自民が優先項目」二〇一五年二月二七日付朝刊。

れた二〇一四年一二月の解散総選挙で自民党は大勝した。しかし、自民党大勝の原因は、野党が代わりとなる経済政策を打ち出せなかったからであって、アベノミクスが評価されたからではない。(3)国民の大半には景気がよくなったという実感はなく、選挙前の世論調査では内閣不支持率が支持率を逆転していた。(4)選挙の投票率は戦後最低を記録する一方で、アベノミクスにもっとも批判的な姿勢を示した共産党が前回から大幅に得票数を伸ばし、議席を倍増している。

金融緩和と均衡財政主義、そして格差助長的な成長戦略を掲げるアベノミクスでは長期デフレ不況からの脱却は困難であり、かえって経済全体の不均衡が拡大する懸念もある。かといって、本書は社会主義・共産主義などを提唱するものでもない。資本主義に不可避な不均衡を緩和しつつ適度な経済成長を実現する、いわば「第三の道」こそが適切な経済政策であり、その柱となるのが積極財政である。

適度な経済成長は「より良い社会」の実現にも必要不可欠

「積極財政による経済成長の実現を」という本書の提言に対しては、「マクロ経済や経済政策など、そもそも自分には関係ない」、「自分の人生の目的は金銭的な価値とは別のところにあり、経済成長など何の意味もない」という意見もあるかもしれない。しかしながら、人は無人島で一人暮らしているのでないかぎり、生きるためには他人との経済的取引を必要とする。

そうした経済的取引の集合体であるマクロ経済が円滑に運営されなければ、場合によっては生存にも支障をきたし、金銭的価値以外の人生の目的を達成することもまた困難になる人々の割合が増えるだろう。所得の伸び悩みが将来への不安をもたらし、社会全体の閉塞感につながっていることは、多くの人々が実感するところではないだろうか。「マクロ経済の停滞」とは所得の伸び悩みそのものであり、我々一人ひとりも無関係ではいられない。

そして、日本のみならず世界の主要国経済は、お金を尺度とした「利益」の追求を目的とする営利企業が生産活動の主な担い手となる「資本主義」を前提としている。利益とは、国全体の所得を示す名目ＧＤＰの主要な構成要素の一つである。

したがって、経済成長をしない国では企業も利益成長機会を見いだせず、事業を継続・発展させるための「投資」意欲を喪失してしまう。そこでは、人々の働く機会も失われて所得が伸び悩み、ひいては「かぎられた所得の奪い合い」が激化することで、社会全体の閉塞感が増大する。

（３）　YOMIURI ONLINE「自民圧勝『他党よりまし』65％…読売世論調査」二〇一四年一二月一六日付。http://www.yomiuri.co.jp/feature/TO000302/20141216-OYT1T50123.html

（４）　47News「内閣不支持が逆転、共同世論調査　比例自民28％、民主10％」二〇一四年一一月二九日付。http://www.47news.jp/CN/201411/CN2014112901001545.html

さらに、投資とは、必ずしも経済的側面にとどまらない、より豊かな将来のための社会的基盤を構築する営みでもある。したがって、投資不足の状態が続けば将来への希望は失われ、やがては過去の投資の積み重ねによって築き上げられてきた、現在の生活水準を維持することすら困難になりかねない。

緊縮財政によってそうした状況がつくり出されてきたのが、過去一五年あまりの日本である。しかも、政府は緊縮財政に固執するあまり、豊かな将来に向けた自らの役割であるはずの公共投資を半ば放棄してきた。その結果が経済活動の停滞にとどまらず、大規模災害やエネルギーといった、安全にかかわる国民的な課題にも深刻な悪影響を与えていることは、第5章で述べたとおりである。

積極財政に転じることで適度な経済成長を持続させれば、こうした現状を打開することも可能になる。そうなれば、金銭的価値を追求する人もそうでない人も、総じて閉塞感が軽減され、国民全体の満足度が高まる「より良い社会」の実現につながることだろう。構造改革というのであれば、まず打破すべきは緊縮財政の背後にある均衡財政主義である。均衡財政主義の前提がくつがえれば、個別分野で採るべき政策も、分野によっては現在の議論と大幅に違ったものになるであろう。

適切な経済政策の実現は、国民一人ひとりの意識から

とはいえ、読者自身は政治や行政に直接携わる立場ではないかもしれない。そうした立場の人間（筆者もその一人である）にとっては、「不況を脱却してより良い社会を実現するためには積極財政が必要である」と言われても、自分にはどうしようもない、いわば他人事に聞こえるかもしれないが、決してそうではない。

政府の財政政策は、国会や地方議会で毎年議決される国や地方自治体の予算によって決められる。言うまでもなく、国会や地方議会の議員は、我々日本国民（地方議会は地域住民）の投票によって選ばれる。したがって、我々が積極財政の重要性を理解した議員を選択して投票しなければ、積極財政も絵に描いた餅にしかならない。

もちろん、黙っていても議員や政府関係者が積極財政を推進してくれれば、一般国民が経済政策に関心をもたなくても日本経済はそれなりにうまくいくだろう。むしろ、経済政策などに関心を払わず、自分自身の目的に集中して暮らしていられるのであれば、そのほうが個々人にとって得られるものが多いかもしれない。

しかしながら、「失われた二〇年」とは、政治家や行政関係者の多くが積極財政の重要性を理解していないがゆえに実現した事象である。何せ、本書がさんざんその非現実性を指摘した経済

理論が「主流派」経済学と呼ばれている事実が示すように、むしろ「経済通」と呼ばれる関係者の多くが現実を誤解し、積極財政に否定的なのが実態である。そうした人々が主導する誤った経済政策が日本経済の停滞と社会の閉塞感を招き、「日本経済が停滞しているのは、市場経済化を推進する改革が不十分だからだ」というさらなる誤解のもとで誤った経済政策がますます推進されるという悪循環こそが、「失われた二〇年」の正体にほかならない。

ただし、こうした事態を招いたのは政治や行政だけではない。「政府の経済に対する関与を小さくし、経済の自由化・市場化を進めるほどうまくいく」という主流派経済学によるフィクション、あるいは「財政赤字や政府債務は危機的な高水準にあるのだから、政府は支出削減を徹底させなければならない」という現実と矛盾した議論は、マスコミ報道やいわゆる専門家の言説として氾濫し、一般国民にも影響を与えている。さらに言えば、リフレ派や新自由主義を批判する論者は決して少なくないものの、その多くが「緊縮財政こそが国の借金問題を招いた真因である」という事実を見過ごし、対案としての積極財政論を唱えることがないのもまた現実である。

しかも、そうしたフィクションや誤った議論は、一見すると「もっともらしいきれいごと」でもある。したがって、選挙権を有する一般国民の多くが、事実を確かめることなくそうした議論を真に受けて、積極財政を否定的に捉える「空気」がつくられてしまえば、経済通であろうとなかろうと、政治家も自ずと誤った議論に基づく行動をとるようになる。これこそ、ケインズが『一般理論』の最終章で指摘したところの、「過去の経済学者の奴隷」（『一般理論』第二四章、三八三ページ）となった状況である。

こうした悪循環を断ち切るには、国民一人ひとりが有権者として現実を正しく理解し、選挙での投票を通じて、現実的な世界観に基づき適切な経済政策を掲げる政治家や政党に支持を与える必要がある。さらに、「積極財政悪玉論」が蔓延している状況を鑑みれば、自分自身が納得するだけではなく、周囲の人々と正しい理解を共有するための一定の努力も必要であろう。

しかも、積極財政はより良い社会を実現するための必要条件にすぎない。その先には、「財政支出を同じだけ拡大するなら、どういったお金の使い方をするのがもっともよいか」という問題が控えている。ここでもまた、現実の理解に基づく適切な世論を形成し、正しい政策の実行を促す必要がある。これもまた、有権者である国民一人ひとりの役割である。

本書の分析や考察はすべて公開された事実に基づいており、その大半はインターネットでも入手することが可能である。本書が、日本経済の停滞からの脱却、ひいてはより良い社会を実現するための出発点として、一人でも多くの方々の正しい現実理解に資するのであれば、筆者としてこれに勝る喜びはない。

参考文献一覧

（日本語）

・安達誠司『円高の正体』光文社新書、二〇一二年。
・伊東光晴『ケインズ――〝新しい経済学〟の誕生――』岩波新書、一九六二年。
・伊東光晴『「経済政策」はこれでよいか　現代経済と金融危機』岩波書店、一九九九年。
・伊東光晴『現代に生きるケインズ――モラル・サイエンスとしての経済理論』岩波新書、二〇〇六年。
・岩田規久男『金融政策の経済学』日本経済新聞社、一九九三年。
・岩田規久男『日本銀行　デフレの番人』日経プレミアシリーズ、二〇一二年。
・岩田規久男「最近の金融経済情勢と金融政策運営――宮崎県金融経済懇談会における挨拶――」日本銀行ホームページ、二〇一四年二月六日付。
http://www.boj.or.jp/announcements/press/koen_2014/ko140206a.htm/
・岩田規久男、浜田宏一、原田泰編著『リフレが日本経済を復活させる　経済を動かす貨幣の力』中央経済社、二〇一三年。
・宇沢弘文『経済学の考え方』岩波新書、一九八九年。
・大川一司、高松信清、山本有造『長期経済統計――推計と分析（1）国民所得』東洋経済新報社、一九七四年。
・小野善康『不況のメカニズム　ケインズ『一般理論』から新たな「不況動学」へ』中公新書、二〇〇七年。

・閣議決定資料「日本再興戦略－ＪＡＰＡＮ ｉｓ ＢＡＣＫ－」二〇一三年六月一四日付
http://www.kantei.go.jp/jp/singi/keizaisaisei/pdf/saikou_jpn.pdf
・閣議決定資料「経済財政運営と改革の基本方針2014～デフレから好循環拡大へ～」二〇一四年六月二四日付。
http://www5.cao.go.jp/keizai-shimon/kaigi/cabinet/2014/decision0624.html
・閣議決定資料「「日本再興戦略」改訂２０１４－未来への挑戦－」二〇一四年六月二四日付
http://www.kantei.go.jp/jp/singi/keizaisaisei/pdf/honbunJP.pdf
・ジョン・ケネス・ガルブレイス／鈴木哲太郎訳『［新版］バブルの物語　人々はなぜ「熱狂」を繰り返すのか』ダイヤモンド社、二〇〇八年。
・川本卓司「日本経済の技術進歩率計測の試み：「修正ソロー残差」は失われた10年について何を語るか？」金融研究　第二三巻第四号、一四七～一八六ページ、二〇〇四年。
http://www.imes.boj.or.jp/japanese/kinyu/2004/kk23-4-7.pdf
・チャールズ・キンドルバーガー／石崎昭彦、木村一朗訳『大不況下の世界　一九二九－一九三九』東京大学出版会、一九八二年。
・Ｃ・Ｐ・キンドルバーガー／吉野俊彦、八木甫訳『熱狂、恐慌、崩壊　金融恐慌の歴史』日本経済新聞社、二〇〇四年。
・リチャード・クー／楡井浩一訳『デフレとバランスシート不況の経済学』徳間書店、二〇〇三年。
・Ｒ・Ｍ・グッドウィン／有賀裕二訳『非線形経済動学』日本経済評論社、一九九二年。

・経済産業省「第四三回海外事業活動基本調査（二〇一二年度実績）」
http://www.meti.go.jp/statistics/tyo/kaigaizi/result/result_43.html
・国土交通省「今後の社会資本の維持管理・更新のあり方について（答申）」二〇一三年一二月二五日付。
http://www.mlit.go.jp/common/001023147.pdf
・宍戸駿太郎『奇跡を起こせアベノミクス　あなたを豊かにする世直し提言』あ・うん、二〇一三年。
・嶋中雄二、三菱ＵＦＪ証券景気循環研究所編著『先読み！　景気循環入門』日本経済新聞出版社、二〇〇九年。
・自由民主党「Ｊ-ファイル２０１２　自民党総合政策集」二〇一二年。
http://jimin.ncss.nifty.com/pdf/j_file2012.pdf
・Ｊ・Ａ・シュンペーター／吉田昇三監修、金融経済研究所訳『景気循環論：資本主義過程の理論的・歴史的・統計的分析（１）〜（５）』有斐閣、二〇〇一年。
・Ｊ・Ａ・シュンペーター／東畑精一、福岡正夫訳『経済分析の歴史（上）（中）（下）』岩波書店、二〇〇五・二〇〇六年。
・ジョージ・ソロス／徳川家広訳『ソロスは警告する　超バブル崩壊＝悪夢のシナリオ』講談社、二〇〇八年。
・高橋洋一『この金融政策が日本経済を救う』光文社新書、二〇〇八年。
・竹森俊平『国策民営の罠　原子力政策に秘められた戦い』日本経済新聞出版社、二〇一一年。
・東京電力福島原子力発電所事故調査委員会『報告書』二〇一二年七月五日。
http://warp.da.ndl.go.jp/info:ndljp/pid/3856371/naiic.go.jp/report/

・エマニュエル・トッド、ハジュン・チャン、柴山桂太、中野剛志、藤井聡、堀茂樹『グローバリズムは世界を滅ぼす』文春新書、二〇一四年。
・中瀬哲史「一九七〇年代半ば以降の日本の原子力発電開発に対する改良標準化計画の影響」科学史研究、第Ⅱ期 42（228）一九三～二〇六ページ、二〇〇三年。
・中瀬哲史「東京電力福島第1原子力発電所事故後の日本の電力供給システム」経営研究、62（3）三九～六二ページ、二〇一一年。
・中野剛志『恐慌の黙示録』東洋経済新報社、二〇〇九年。
・中野剛志『レジーム・チェンジ　恐慌を突破する逆転の発想』ＮＨＫ出版新書、二〇一二年。
・那須正彦『実務家ケインズ――ケインズ経済学形成の背景』中公新書、一九九五年。
・日本銀行「総裁記者会見要旨」二〇一三年五月二三日付。
http://www.boj.or.jp/announcements/press/kaiken_2013/kk1305c.pdf
・野口悠紀雄『金融緩和で日本は破綻する』ダイヤモンド社、二〇一三年。
・ベン・バーナンキ／栗原潤・中村亨・三宅敦史訳『大恐慌論』日本経済新聞出版社、二〇一三年。
・G・ハーバラー／松本達治訳『景気変動論（上）（下）』東洋経済新報社、一九六六・一九六七年。
・浜田宏一、若田部昌澄、勝間和代『伝説の教授に学べ！　本当の経済学がわかる本』東洋経済新報社、二〇一〇年。
・原田泰「[アベノミクス第二の矢」ついに暴かれた公共事業の効果」Voice、二〇一四年六月号。
・アルヴィン・エッチ・ハンセン／都留重人訳『財政政策と景気循環』日本評論社、一九五〇年。

・東谷暁『経済学者の栄光と敗北――ケインズからクルーグマンまで14人の物語』朝日新書、二〇一三年。
・J・R・ヒックス／古谷弘訳『景気循環論』岩波書店、一九五一年。
・平山修『Excelで試す非線形力学』コロナ社、二〇〇八年。
・廣宮孝信『国債を刷れ！――「国の借金は税金で返せ」のウソ』彩図社、二〇〇九年。
・廣宮孝信著、三橋貴明監修『さらば、デフレ不況――日本を救う最良の景気回復論』彩図社、二〇一〇年。
・藤井聡『公共事業が日本を救う』文春新書、二〇一〇年。
・藤井聡『巨大地震Xデー　南海トラフ地震、首都直下地震に打ち克つ45の国家プログラム』光文社、二〇一三年。
・藤沢数希『「反原発」の不都合な真実』新潮新書、二〇一二年。
・藤野正三郎『日本のマネーサプライ』勁草書房、一九九四年。
・藤野正三郎、五十嵐副夫『景気指数――1888－1940年』一橋大学経済研究所日本経済統計文献センター、一九七三年。
・藤野正三郎、寺西重郎『日本金融の数量分析』東洋経済新報社、二〇〇〇年。
・M・フリードマン、N・カルドア、R・M・ソロー／新飯田宏訳『インフレーションと金融政策』日本経済新聞社、一九七二年。
・ミルトン・フリードマン、アンナ・シュウォーツ／久保恵美子訳『大収縮1929－1933：「米国金融史」第7章』日経BP社、二〇〇九年。
・トマス・ペイン／佐藤健志訳『コモン・センス完全版　アメリカを生んだ「過激な聖書」』PHP研究所、

二〇一四年。
・R・C・O・マシューズ／海老沢道進訳『景気循環』至誠堂、一九六一年。
・N・グレゴリー・マンキュー／足立英之、地主敏樹、中谷武、柳川隆訳『マンキュー　マクロ経済学（第3版）Ⅰ　入門編』東洋経済新報社、二〇一一年。
・B・R・ミッチェル編／犬井正監訳、中村寿男訳『イギリス歴史統計』原書房、一九九五年。
・ハイマン・ミンスキー／岩佐代市訳『投資と金融――資本主義経済の不安定性』日本経済評論社、一九八八年。
・ハイマン・ミンスキー／堀内昭義訳『ケインズ理論とは何か――市場経済の金融的不安定性』岩波書店、一九九九年。
・ヘンリー・ミンツバーグ／DIAMONDハーバード・ビジネス・レビュー編集部編訳『H・ミンツバーグ経営論』ダイヤモンド社、二〇〇七年。
・藻谷浩介『デフレの正体――経済は「人口の波」で動く』角川oneテーマ21、二〇一〇年。
・吉岡斉『原子力の社会史』朝日新聞出版、二〇一一年。
・デビッド・ローマー／堀雅博、岩成博夫、南條隆訳『上級マクロ経済学〔原著第三版〕』日本評論社、二〇一〇年。

（英語）
・Claudio Borio, "The Financial Cycle and Macroeconomics: What Have We Learnt?" Bank for International

Settlements Working Papers, No. 395, 2012. http://www.bis.org/publ/work395.pdf

・Claudio Borio, "On Time, Stocks and Flows: Understanding the Global Macroeconomic Challenges," National Institute Economic Review, vol. 225, R3-R13, 2013.

・Committee on the Global Financial System, "Ratings in structured finance: what went wrong and what can be done to address shortcomings?" CGFS Papers, No.32, July 2008.
http://www.bis.org/publ/cgfs32.htm

・Gauti Eggertsson, "Great Expectations and the End of the Depression," American Economic Review, 2008.

・Gauti Eggertsson and Paul Krugman, "Debt, Deleveraging, and the Liquidity Trap: A Fisher-Minsky-Koo Approach," The Quarterly Journal of Economics, 2012.

・Barry Eichengreen and Jeffrey Sachs, "Exchange Rates and Economic Recovery in the 1930s," Journal of Economic History, 1985.

・Expertenkommission Forschung und Innovation, "Research, Innovation and Technological Performance in Germany 2014," 2014 (English version).
http://www.e-fi.de/fileadmin/Gutachten_2014/EFI_Report_2014.pdf

・J. M. Fleming, "Domestic Financial Policies Under Fixed and Under Floating Exchange Rates," IMF Staff Papers, 1962, pp. 369-380.

・FOMC: Press Conference on December 12, 2012

http://www.federalreserve.gov/monetarypolicy/fomcpresconf20121212.htm

- Fumio Hayashi and Edward C. Prescott, "The 1990s in Japan: A Lost Decade," Review of Economic Dynamics, 2002.
- J. R. Hicks, "Mr. Keynes and the "Classics"; a suggested interpretation," Econometrica, pp. 147-159, 1937.
- Sydney Homer and Richard Sylla, *A History of Interest Rates, Fourth Edition*, John Wiley & Sons, Inc., Hoboken, 2005.
- Yasuyuki Iida and Tatsuyoshi Matsumae, "The Dynamic Effects of Japanese Macroeconomic Policies: Were There Any Changes in the 1990s?" ESRI Working Paper Series #209, 2009. http://www.esri.go.jp/jp/archive/e_dis/e_dis210/e_dis209a.pdf
- H. Iyetomi, Y. Nakayama, H. Yoshikawa, H. Aoyama, Y. Fujiwara, Y. Ikeda, and W. Souma, "What causes business cycles? Analysis of the Japanese industrial production data," Journal of the Japanese and International Economies, vol. 25, pp. 246-272, 2011.
- John Maynard Keynes, *The General Theory of Employment, Interest and Money*, Macmillan, London, 1936.（邦訳：ジョン・メイナード・ケインズ／山形浩生訳『雇用、利子、お金の一般理論』講談社学術文庫、二〇一二年など）
- Paul Krugman, "It's Baaack! Japan's Slump and the Return of the Liquidity Trap," Brookings Papers, 1998.

http://www.brookings.edu/～/media/projects/bpea/1998%202/1998b_bpea_krugman_dominquez_rogoff.

pdf

・Michael McLeay, Amar Radia and Ryland Thomas, "Money creation in the modern economy," Bank of England Quarterly Bulletin 2014 Q1, 2014.
http://www.bankofengland.co.uk/publications/Documents/quarterlybulletin/2014/qb14q102.pdf

・Hyman P. Minsky, "Monetary Systems and Accelerator Models," The American Economic Review, vol. 47, pp. 860-883, 1957.（邦訳：ハイマン・ミンスキー／岩佐代市訳『投資と金融――資本主義経済の不安定性』日本経済評論社、一九八八年、三三五～三六八ページ）

・Hyman P. Minsky, "A Linear Model of Cyclical Growth," The Review of Economics and Statistics, vol. 41, pp. 133-145, 1959.

・R. A. Mundell, "Capital Mobility and Stabilization Policy under Fixed and Flexible Exchange Rates," The Canadian Journal of Economics and Political Science, 1963, pp. 475-485.

・OECD, "Focus on Inequality and Growth," December 2014.
http://www.oecd.org/els/soc/Focus-Inequality-and-Growth-2014.pdf
（日本語訳）
http://www.oecd.org/els/soc/Focus-Inequality-and-Growth-JPN-2014.pdf

・C. M. Reinhart and K. S. Rogoff, "This Time is Different: A Panoramic View of Eight Centuries of Financial Crises," NBER Working Paper, no. 13882, 2008.

・Christina Romer, "What Ended the Great Depression?" The Journal of Economic History, 1992.

・Christina Romer, "Lessons from the Great Depression for Economic Recovery in 2009," Revista de Economía Institucional, Vol. 11, No. 21, Second Semester of 2009.

・Paul A. Samuelson, "Interactions between the Multiplier Analysis and the Principle of Acceleration," The Review of Economics and Statistics, vol. 21, pp. 75-78, 1939.

・Hajime Shimakura, "Fiscal policies and the business cycle: evidence from Japan," 2014. http://www.geocities.jp/hajime_shimakura/article.html

・Peter Temin and Barrie Wigmore, "The End of One Big Deflation," Explorations in Economic History, 1990.

著者紹介

島倉　原（しまくら・はじめ）
1974年生まれ。経済評論家。
1997年、東京大学法学部卒業。株式会社クレディセゾンに所属し、株式会社アトリウム担当部長、セゾン投信株式会社取締役などを歴任。景気循環学会会員。
現在、京都大学大学院工学研究科博士課程に在籍中（都市社会工学専攻）。会社勤務と学業の傍ら、メルマガ「三橋貴明の『新』日本経済新聞」への寄稿、インターネット動画「チャンネルAJER」への出演など、インターネットを中心に、積極財政の重要性を訴える経済評論活動を行っている。

積極財政宣言
――なぜ、アベノミクスでは豊かになれないのか――　（検印廃止）

2015年4月30日　初版第1刷発行

著者　島倉　原
発行者　武市一幸

発行所　株式会社 新評論

〒169-0051
東京都新宿区西早稲田3-16-28
http://www.shinhyoron.co.jp

電話　03(3202)7391
FAX　03(3202)5832
振替・00160-1-113487

落丁・乱丁はお取り替えします。
定価はカバーに表示してあります。

印刷　フォレスト
製本　中永製本所
装幀　山田英春

ISBN978-4-7948-1006-9
Printed in Japan

新評論　好評既刊書

向井文雄

日本国債のパラドックスと財政出動の経済学

ワルラス法則を基盤とする新たな経済学に向けて

国債と財政出動を斬新な視点から解明、真の解決策を探る野心作！

[四六並製　272頁　2500円　ISBN978-4-7948-0956-8]

関　満博・鈴木眞人　編

信用金庫の地域貢献

ビジネスから文化支援活動まで、全国9信金（大地みらい、花巻、日本海、のと共栄、長野、おかやま、愛媛、福岡ひびき、多摩）の先進的で真摯な取り組み。

[四六並製　208頁　2200円　ISBN978-4-7948-0772-4]

近藤修司

純減団体

人口・生産・消費の同時空洞化とその未来

地方の「衰退」はなぜ起きたのか——人口減少のプロセスを構造的に解明し、地方自治と地域再生の具体策を提示。各紙誌で話題。

[四六上製　256頁　3200円　ISBN978-4-7948-0854-7]

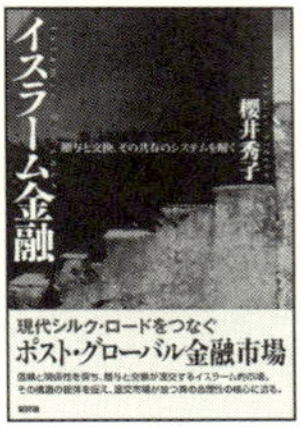

櫻井秀子

イスラーム金融

贈与と交換、その共存のシステムを解く

ポスト・グローバル下で存在感を高める独自の〈交換／贈与混交市場〉の構造を総合的に捉え、イスラーム社会の全体像を発見・解読する。

[四六上製　260頁　2500円　ISBN978-4-7948-0780-9]

表示価格はすべて本体価格（税抜）です。

新評論　好評既刊書

有限会社やさか共同農場 編著

やさか仙人物語

地域・人と協働して歩んだ「やさか共同農場」の40年

島根の小村に展開する共同農場の実践に地域活性化の極意を学ぶ。

[四六並製　308頁　2000円　ISBN978-4-7948-0946-9]

近江環人地域再生学座 編／責任編集：森川稔

地域再生　滋賀の挑戦

エコな暮らし・コミュニティ再生・人材育成

マザーレイク・琵琶湖を中心とした創造的なまちづくりの実例。

[A5並製　288頁　3000円　ISBN978-4-7948-0888-2]

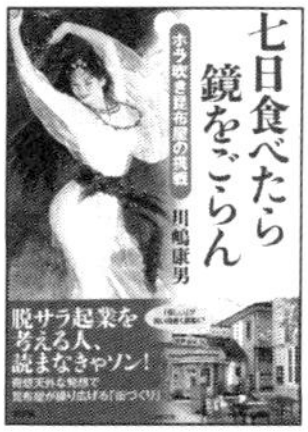

川嶋康男

七日食べたら鏡をごらん

ホラ吹き昆布屋の挑戦

昆布専門店「利尻屋みのや」が仕掛けた、小樽の街並み復古大作戦！

[四六並製　288頁　1600円　ISBN978-4-7948-0952-0]

西川芳昭・木全洋一郎・辰己佳寿子編

国境をこえた地域づくり

グローカルな絆が生まれる瞬間

途上国の研修員との対話と協働から紡ぎ出される新たなビジョン。

[A5並製　228頁　2400円　ISBN978-4-7948-0897-4]

表示価格はすべて本体価格（税抜）です。